国家自然科学基金项目（41861025）

# 长江经济带创新发展报告
## （2021）

## The Innovative Development Report of
## Yangtze River Economic Belt（2021）

王圣云　李汝资　向云波　等著

中国财经出版传媒集团

经济科学出版社
Economic Science Press

**图书在版编目（CIP）数据**

长江经济带创新发展报告.2021/王圣云等著.
—北京：经济科学出版社，2021.10
ISBN 978-7-5218-2989-1

Ⅰ.①长… Ⅱ.①王… Ⅲ.①长江经济带-区域经济
发展-研究报告-2021 Ⅳ.①F127.5

中国版本图书馆 CIP 数据核字（2021）第 215025 号

责任编辑：宋　涛
责任校对：隗立娜
责任印制：范　艳

**长江经济带创新发展报告（2021）**

王圣云　李汝资　向云波　等著
经济科学出版社出版、发行　新华书店经销
社址：北京市海淀区阜成路甲 28 号　邮编：100142
总编部电话：010-88191217　发行部电话：010-88191522
网址：www. esp. com. cn
电子邮箱：esp@ esp. com. cn
天猫网店：经济科学出版社旗舰店
网址：http://jjkxcbs. tmall. com
北京季蜂印刷有限公司印装
710×1000　16 开　14.75 印张　250000 字
2021 年 10 月第 1 版　2021 年 10 月第 1 次印刷
ISBN 978-7-5218-2989-1　定价：59.00 元
（图书出现印装问题，本社负责调换。电话：010-88191510）
（版权所有　侵权必究　打击盗版　举报热线：010-88191661
QQ：2242791300　营销中心电话：010-88191537
电子邮箱：dbts@ esp. com. cn）

# 前　言

在"只抓大保护，不搞大开发"要求下，创新驱动长江流域经济动能转换和高质量发展是十分紧要的战略任务。打造长江经济带成为我国重要的创新驱动带刻不容缓。长江经济带在我国T字形国土空间中作为一级经济轴带横贯我国东中西三大地带，覆盖了长江沿岸的11个省市，地域范围辽阔，人口分布集中，经济体量巨大，区域差异明显，是我国重要的创新增长极和经济腹地，在全国的区域创新格局和区域经济协调发展版图中具有十分重要的战略地位。

当前，长江经济带的创新发展能力已取得显著成就，但长江经济带依然面临着创新投入、创新产出、创新氛围、创新服务、创新支撑乃至创新能力等多个创新维度的发展不充分和区域不平衡问题。伴随着地区间、城市间的横向创新联系和城市区域层面的创新网络不断形成和发育，从"全国一盘棋"的区域高质量协调发展视域，谋求长江经济带各地区的协同创新，错位发展、协调互补，提升长江经济带的整体创新能力，对把长江经济带打造成为支撑我国经济高质量发展的横向经济轴带具有现实意义。

国内外创新指数研究的趋势演进表明，伴随创新理论日趋成熟，国内外创新指数研究浪潮不断显现。世界上诸多国际组织、学术机构和专家团队，相继开发出一些创新能力评价体系，并对世界各国的创新能力进行了卓有成效的评价和比较性研究。其中影响力大、测度范围广的指标体系主要有欧盟的综合创新指数、欧洲工商管理学院和印度工业联合会制定的《全球创新指数》报告。然而，国外著名的综合创新指数、全球创新指数等创新指数指标体系更注重知识流动、商业市场、创新主体等方面，并不适合直接用于评价长江经济带各省市的创新能力。国内比较流行的创新指数有中国科学技术发展战略研究院研究发布的国家创新指数、国家统计局社科文司颁布的中国创新指数（CII）、上海社科院王振等构建的长江经济带50城市创新驱动力综合评价指标体系。从国内区域创新指数来看，创新投入、创新产出、创新环境是衡量一个地区创新能力的最为重要的方面。关于区域创新能力，本人一直秉持这样一个认识，区域创新能力反映的是一个地区在市场机制作用下，在创新投入、创新产出、政府服务及其支撑环境协同作用下不断提高创新效益实现创新驱动发展升级的过程。

本报告撰写主线侧重综合、分析与比较，不仅注重创新能力的综合评价，还进行了结构上的分项对比、横向的区域比较与纵向的时序比较，而且将定性与定量分析相结合。本报告组织框架分为7篇，分别是综合评价篇、地区比较篇、省域比较篇、城市比较篇、创新网络篇、产业创新篇、创新效率篇；共分为18章内容。本报告首先从创新投入、创新产出、政府服务、创新支撑和创新效益五个维度提出并构建了长江经济带的创新指数，然后对2009～2018年长江经济带的创新指数进行了综合评价、分项对比、时空比较，尤其是覆盖了长江经济带地级市尺度对长江经济带的区域创新网络、城际创新联系，城市绿色创新效率等问题进行了分析，并选取了长江经济带高新技术产业进行了产业层面的创新能力评价研究。

本书由王圣云组织设计和总撰，从2018年起已连续组织编撰《长江经济带创新发展报告》四部，撰写过程中一直得到了南昌大学中国中部经济社会发展研究中心教育部人文社科重点研究基地的资助。十分感谢南昌大学中国中部经济社会发展研究中心各位领导和同仁的鼎力支持。感谢研究生景晓旭、张玉在本书初稿撰写时的辛勤工作，感谢张晶晶在书稿校对时付出的心血，也感谢经济科学出版社宋涛编辑在本书出版过程中的付出和大力支持。

王圣云

2021 年 7 月

# 目　　录

## 第一篇　综合评价篇

## 第二篇　地区比较篇

## 第三篇　省域比较篇

## 第四篇　城市比较篇

# 第五篇　创新网络篇

# 第六篇　产业创新篇

## 第七篇　创新效率篇

# 第一篇　综合评价篇

# 第一章　创新指数构建

## 第一节　长江经济带创新指数评价指标体系构建

区域创新能力是指一个地区在市场机制作用下，在创新投入、创新产出、政府服务及其支撑环境协同作用下不断提高创新效益，实现创新驱动发展升级的过程①。其中，创新投入和创新产出是衡量区域创新能力的主要分项，创新投入体现一个地区对创新资源的投入力度，创新产出反映一个地区的创新成果。创新效益反映一个地区创新驱动所带来的发展质量提升。

从全球产业链和价值链的中低端向高端升级是长江经济带产业结构转型最重要的趋势之一，加大研发投入，不断追求创新是实现产业结构升级的必由之路。创新投入一般包括研发资金的投入和从事研究的人力资源的投入。在现代社会，随着消费结构的不断升级和分工的不断深化，边际创新产出的难度越来越大，只有投入足够的创新资金和高质量的人力资源才能保证高效的创新产出（见图1－1）。

创新投入和产出是衡量一个地区创新能力最直接的一级指标。在衡量创新能力时纳入创新投入和创新产出指标，实质就已考虑创新绩效在内，但没有考虑创新效益问题。提高创新效益是衡量一个地区创新能力是否能够持续发展的重要维度。提高创新效益是提升区域创新能力的目标，政府服务能力是提升区域创新能力的重要力量。政府服务包括政府在促进创新发展方面的经费支持、重大创新平台构建和创新氛围培育等。创新支撑是创新得以产生的外部环境，包括软硬件环境。创新活动离不开创新环境的支持，主要包括体制环境、市场环境、社会文化环境、基础设施等。一个地区创新环境越好，交通通信设施越完善，越有利于吸

---

① 王圣云、魏博通、向云波：《长江经济带创新发展报告（2020）》，经济科学出版社2020年版。

引创新人才和集聚创新需要的金融资本，越有助于促进创新。

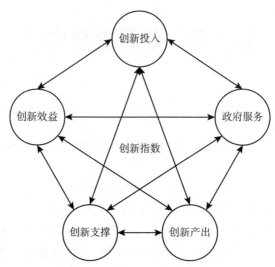

**图 1 - 1　长江经济带创新指数测评框架**

本报告提出的区域创新指数评估框架包括创新投入、创新产出、政府服务、创新支撑和创新效益五个分项维度，经过反复讨论和筛选，共得到由 40 个二级指标和 5 个一级指标构成的长江经济带创新指数（见表 1 - 1）。

表 1 - 1　　　　　　　长江经济带创新指数的指标体系构建

| 维度<br>（一级指标） | 指标编号：二级指标（单位） | 指标权重 | 总权重 |
|---|---|---|---|
| B1：创新投入<br>（0.20） | $C_1$：R&D 人员数（人） | 0.10 | 0.02 |
| | $C_2$：R&D 人员全时当量（人年） | 0.10 | 0.02 |
| | $C_3$：R&D 经费支出（亿元） | 0.10 | 0.02 |
| | $C_4$：R&D 经费投入强度（%） | 0.20 | 0.04 |
| | $C_5$：规模以上工业企业 R&D 人员数（人） | 0.10 | 0.02 |
| | $C_6$：规模以上工业企业 R&D 经费支出（亿元） | 0.15 | 0.03 |
| | $C_7$：高技术产业 R&D 经费支出（亿元） | 0.15 | 0.03 |
| | $C_8$：高技术产业 R&D 人员全时当量（万人年） | 0.10 | 0.02 |

| 维度<br>（一级指标） | 指标编号：二级指标（单位） | 指标权重 | 总权重 |
|---|---|---|---|
| B2：创新产出<br>（0.30） | $C_9$：规模以上工业企业新产品销售收入（万元） | 0.15 | 0.045 |
| | $C_{10}$：规模以上工业企业新产品出口收入（万元） | 0.10 | 0.03 |
| | $C_{11}$：高技术产业主营业务收入（亿元） | 0.15 | 0.045 |
| | $C_{12}$：高技术产业出口贸易额（百万美元） | 0.10 | 0.03 |
| | $C_{13}$：每万人发表的科技论文数（篇/万人） | 0.10 | 0.03 |
| | $C_{14}$：每万人专利申请数（件/万人） | 0.10 | 0.03 |
| | $C_{15}$：每万人发明专利申请数（件/万人） | 0.10 | 0.03 |
| | $C_{16}$：规模以上工业企业专利申请数（件） | 0.10 | 0.03 |
| | $C_{17}$：每万人商标注册申请数（万元） | 0.10 | 0.03 |
| B3：政府服务<br>（0.15） | $C_{18}$：人均教育预算支出（元/人） | 0.10 | 0.015 |
| | $C_{19}$：人均科学预算支出（元/人） | 0.20 | 0.03 |
| | $C_{20}$：全部 R&D 经费中的政府资金（亿元） | 0.15 | 0.0225 |
| | $C_{21}$：规模以上工业企业 R&D 经费中的政府资金（亿元） | 0.15 | 0.0225 |
| | $C_{22}$：研发机构 R&D 经费中的政府资金（亿元） | 0.10 | 0.015 |
| | $C_{23}$：地方部门属 R&D 经费支出中的政府资金（亿元） | 0.10 | 0.015 |
| | $C_{24}$：政府部门属研发机构数量（个） | 0.10 | 0.015 |
| | $C_{25}$：政府部门属研发机构 R&D 人员（人） | 0.10 | 0.015 |
| B4：创新支撑<br>（0.15） | $C_{26}$：规模以上工业企业研发机构数量（个） | 0.15 | 0.0225 |
| | $C_{27}$：规模以上工业企业 R&D 项目数（万个） | 0.15 | 0.0225 |
| | $C_{28}$：普通高等学校数（所） | 0.05 | 0.0075 |
| | $C_{29}$：每万人在校大学生数（人/万人） | 0.10 | 0.015 |
| | $C_{30}$：每万人高等学校专任教师数（人/万人） | 0.05 | 0.0075 |
| | $C_{31}$：本科以上就业人员比重（%） | 0.15 | 0.0225 |
| | $C_{32}$：金融业增加值占 GDP 比重（%） | 0.15 | 0.0225 |
| | $C_{33}$：互联网普及率（%） | 0.10 | 0.015 |
| | $C_{34}$：铁路公路密度（公里/平方公里） | 0.10 | 0.015 |

续表

| 维度<br>（一级指标） | 指标编号：二级指标（单位） | 指标权重 | 总权重 |
|---|---|---|---|
| B5：创新效益<br>（0.20） | $C_{35}$：人均 GDP（元/人） | 0.20 | 0.04 |
| | $C_{36}$：年末城镇登记失业率（%） | 0.10 | 0.02 |
| | $C_{37}$：单位 GDP 能耗（吨标准煤/万元） | 0.15 | 0.03 |
| | $C_{38}$：第三产业所占比重（%） | 0.15 | 0.03 |
| | $C_{39}$：新产品销售收入占主营业务收入的比重（%） | 0.20 | 0.04 |
| | $C_{40}$：高技术产品出口额占货物出口额的比重（%） | 0.20 | 0.04 |

注：$C_{36}$、$C_{37}$ 为负向指标，其余为正向指标。

## 第二节　长江经济带创新指数计算方法

应用德尔菲法，计算得到 5 个分项（或维度）和 40 项指标的权重（见表 1 - 1）。采用加权求和的方法计算得到长江经济带各省份的创新指数，计算公式如下：

$$ICI = \sum_{b=1}^{5} W_b B_b = \sum_{c=1}^{40} W_c C_c$$

其中，$ICI$ 为综合创新指数，也即创新指数总得分；$B_b$ 为各分项创新指数，也即表 1 - 1 中一级指标得分，$C_c$ 为表 1 - 1 中二级指标标准化后数据，$W_b$ 为各分项创新指数或一级指标权重，$W_c$ 为各二级指标权重，$b$ 为分项指数个数，$c$ 为二级指标个数。

利用 2010～2018 年长江经济带 11 省市的权威统计数据，计算得到 5 个分项创新指数以及综合创新指数，对长江经济带及各地区的创新能力进行综合评价与比较分析。

# 第二章 长江经济带创新指数评价：
## 2009～2018 年

### 第一节 长江经济带综合创新指数评价

　　长江经济带的总体创新指数在 2009 年为 0.488，2018 年增加到 0.620，增长率为 27.05%①，年平均增长率为 3.01%②，整体呈现稳步提升的可喜态势（见图 2－1）。与此同时，长江经济带创新投入、创新产出、政府服务、创新支撑、创新效益 5 个分项指数也不断提升（见表 2－1）。其中，2009～2018 年创新产出、创新效益的年均增长率分别为 3.17%、3.45%，创新投入、政府服务和创新支撑的年均增长率分别为 2.76%、2.87%、2.75%。可见，长江经济带创新效益和创新产出的提升速度在五个分项指数中是最快的。

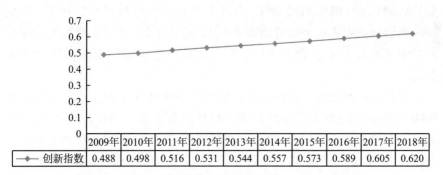

| | 2009年 | 2010年 | 2011年 | 2012年 | 2013年 | 2014年 | 2015年 | 2016年 | 2017年 | 2018年 |
|---|---|---|---|---|---|---|---|---|---|---|
| 创新指数 | 0.488 | 0.498 | 0.516 | 0.531 | 0.544 | 0.557 | 0.573 | 0.589 | 0.605 | 0.620 |

图 2－1　长江经济带综合创新指数演进：2009～2018 年

---

　　① 增长率＝增量÷原总量×100%，下同。
　　② 年均增长率＝增长率÷间隔年份，下同。

表2-1　　　2009～2018年长江经济带创新指数及各分项得分

| 年份 | 创新投入 | 创新产出 | 政府服务 | 创新支撑 | 创新效益 |
|------|----------|----------|----------|----------|----------|
| 2009 | 0.475 | 0.441 | 0.491 | 0.513 | 0.561 |
| 2010 | 0.480 | 0.454 | 0.503 | 0.527 | 0.568 |
| 2011 | 0.495 | 0.472 | 0.517 | 0.549 | 0.593 |
| 2012 | 0.512 | 0.485 | 0.534 | 0.567 | 0.607 |
| 2013 | 0.527 | 0.497 | 0.544 | 0.581 | 0.622 |
| 2014 | 0.538 | 0.508 | 0.558 | 0.595 | 0.639 |
| 2015 | 0.549 | 0.525 | 0.575 | 0.612 | 0.657 |
| 2016 | 0.560 | 0.543 | 0.585 | 0.626 | 0.681 |
| 2017 | 0.574 | 0.557 | 0.600 | 0.641 | 0.707 |
| 2018 | 0.593 | 0.567 | 0.618 | 0.640 | 0.735 |

资料来源：根据《中国统计年鉴（2010～2019）》《中国科技统计年鉴（2010～2019）》《中国高技术产业统计年鉴（2010～2019）》《中国能源统计年鉴（2010～2019）》《中国劳动统计年鉴（2010～2019）》中的数据计算得到。

## 第二节　长江经济带创新投入指数评价

从2009～2018年长江经济带创新投入指数的变化来看，创新投入得分从0.475增加到0.593，增长了24.84%，年均增长率为2.76%，而同一时期创新指数从0.488增加到0.620，增长了27.05%，年均增长率为3.01%（见表2-1、图2-1）。可见，长江经济带创新投入还是不充分的。

尤其是从创新投入指标来看，2009～2018年9年间，长江经济带的R&D人员数、R&D人员全时当量、R&D经费支出、R&D经费投入强度、规模以上工业企业R&D人员数、规模以上工业企业R&D经费支出、高技术产业R&D经费支出、高技术产业R&D人员全时当量分别增长了124.10%、110.75%、274.13%、59.43%、143.72%、276.57%、338.23%、125.57%。除了高技术产业R&D经费支出、R&D经费支出、规模以上工业企业R&D经费支出指标增长较快外，其他一些创新投入指标的增速相对较慢（见表2-2）。

表 2 - 2　　　　2009～2018 年长江经济带创新投入的各指标变动

| 指标 | 2009 年 | 2010 年 | 2011 年 | 2012 年 | 2013 年 | 2014 年 | 2015 年 | 2016 年 | 2017 年 | 2018 年 |
|---|---|---|---|---|---|---|---|---|---|---|
| R&D 人员（万人） | 137.93 | 152.17 | 171.95 | 198.54 | 222.03 | 239.83 | 251.45 | 269.46 | 284.72 | 309.10 |
| R&D 人员全时当量（万人年） | 99.41 | 110.23 | 122.74 | 138.81 | 155.70 | 165.89 | 172.87 | 180.42 | 191.36 | 209.50 |
| R&D 经费支出（亿元） | 2460.53 | 2974.11 | 3643.78 | 4378.70 | 5045.79 | 5640.77 | 6249.45 | 7027.91 | 8077.61 | 9205.49 |
| R&D 经费投入强度（%） | 1.433 | 1.435 | 1.468 | 1.593 | 1.661 | 1.710 | 1.784 | 1.848 | 1.925 | 2.284 |
| 规模以上工业企业 R&D（万人） | 87.45 | 100.46 | 113.47 | 136.36 | 155.36 | 169.14 | 176.55 | 188.88 | 195.73 | 213.14 |
| 规模以上工业企业 R&D 经费支出（亿元） | 1688.67 | 1669.14 | 2612.22 | 3163.69 | 3656.67 | 4135.25 | 4594.93 | 5097.63 | 5727.04 | 6358.95 |
| 高技术产业 R&D 经费支出（亿元） | 348.50 | 349.79 | 531.42 | 655.42 | 784.77 | 891.36 | 1036.64 | 1166.21 | 1299.33 | 1527.25 |
| 高技术产业 R&D 人员全时当量（万人年） | 16.22 | 15.74 | 19.78 | 23.73 | 27.32 | 29.07 | 31.51 | 32.21 | 33.85 | 36.59 |

注：各年份的 R&D 经费投入强度是长江经济带 11 省市的算术平均值，其他指标值则是通过加总得到的。
资料来源：《中国科技统计年鉴（2010～2019）》。

　　分阶段来看，2009～2010 年长江经济带的 R&D 经费支出增长较快，但 R&D 经费投入强度却没有出现显著的增加。从 2010 年开始，经济增长快速回升，长江经济带的各项创新投入出现了大幅提升。规模以上工业企业 R&D 经费支出、高技术产业 R&D 经费支出的增幅超过 R&D 经费支出的增幅，规模以上工业企业 R&D 人员的增幅超过全部 R&D 人员的增幅，高技术产业 R&D 人员全时当量的增幅超过全部 R&D 人员全时当量的增幅。但 2013 年后，创新投入指标的增速开始放缓（见表 2 - 3）。

表 2 - 3　　　　2009～2018 年长江经济带创新投入的变动幅度　　　　单位：%

| 指标 | 2009～2010 年 | 2010～2011 年 | 2011～2012 年 | 2012～2013 年 | 2013～2014 年 | 2014～2015 年 | 2015～2016 年 | 2016～2017 年 | 2017～2018 年 | 2009～2018 年 |
|---|---|---|---|---|---|---|---|---|---|---|
| R&D 人员数 | 10.32 | 13.00 | 15.46 | 11.83 | 8.02 | 4.85 | 7.16 | 5.66 | 8.56 | 124.096 |
| R&D 人员全时当量 | 10.88 | 11.35 | 13.09 | 12.17 | 6.54 | 4.21 | 4.37 | 6.06 | 9.48 | 110.751 |

续表

| 指标 | 2009 ~ 2010 年 | 2010 ~ 2011 年 | 2011 ~ 2012 年 | 2012 ~ 2013 年 | 2013 ~ 2014 年 | 2014 ~ 2015 年 | 2015 ~ 2016 年 | 2016 ~ 2017 年 | 2017 ~ 2018 年 | 2009 ~ 2018 年 |
|---|---|---|---|---|---|---|---|---|---|---|
| R&D 经费支出 | 20.87 | 22.52 | 20.17 | 15.23 | 11.79 | 10.79 | 12.46 | 14.94 | 13.96 | 274.127 |
| R&D 经费投入强度 | 0.14 | 2.30 | 8.51 | 4.27 | 2.95 | 4.33 | 3.59 | 4.17 | 18.69 | 59.426 |
| 规模以上工业企业 R&D 人员 | 14.88 | 12.95 | 20.17 | 13.93 | 8.87 | 4.38 | 6.98 | 3.63 | 8.89 | 143.720 |
| 规模以上工业企业 R&D 经费支出 | -1.16 | 56.50 | 21.11 | 15.58 | 13.09 | 11.12 | 10.94 | 12.35 | 11.03 | 276.565 |
| 高技术产业 R&D 经费支出 | 0.37 | 51.93 | 23.33 | 19.74 | 13.58 | 16.30 | 12.50 | 11.41 | 17.54 | 338.233 |
| 高技术产业 R&D 人员全时当量 | -2.96 | 25.67 | 19.97 | 15.13 | 6.41 | 8.39 | 2.22 | 5.09 | 8.08 | 125.574 |

注：根据表 2-2 的数据计算得到。

## 第三节　长江经济带创新产出指数评价

长江经济带创新产出得分在 2009 年为 0.441，2018 年增长到 0.567，年均增长率为 3.17%，高于同期创新投入得分的年均增长率（2.76%）。

从创新产出维度的细分指标来看：规模以上工业企业新产品销售收入、规模以上工业企业新产品出口收入、高技术产业主营业务收入、高新技术产品出口贸易额、每万人发表科技论文数、每万人专利申请数、每万人发明专利数、规模以上工业企业专利申请数、每万人商标注册申请数分别从 2009 年的 2.59 万亿元、5261.26 亿元、2.63 万亿元、17.62 亿美元、2.36 篇/万人、8.45 件/万人、2.06 件/万人、7.52 万件、7.14 件/万人增加到 2018 年的 10.15 万亿元、15923.18 亿元、7.20 万亿元、36.26 亿美元、5.06 篇/万人、33.82 件/万人、11.94 件/万人、48.83 万件、47.29 件/万人，年均增长率分别为 32.38%、22.52%、19.36%、8.23%、12.72%、33.35%、53.32%、61.07%、62.51%，规模以上工业企业专利申请数、每万人商标注册申请数的年均增长率超过了 60%，显示出急速增长的活力（见表 2-4）。

表 2 - 4　　2009～2018 年长江经济带创新产出的各指标变动情况

| 指标 | 2009 年 | 2010 年 | 2011 年 | 2012 年 | 2013 年 | 2014 年 | 2015 年 | 2016 年 | 2017 年 | 2018 年 |
|---|---|---|---|---|---|---|---|---|---|---|
| 规模工业企业新产品销售收入（亿元） | 2.59 | 3.37 | 4.96 | 5.54 | 6.47 | 7.44 | 8.01 | 9.30 | 9.90 | 10.15 |
| 规模以上工业新产品出口收入（亿元） | 5261.26 | 7251.27 | 9241.28 | 10258.04 | 9332.59 | 11546.25 | 13296.95 | 14525.82 | 14606.28 | 15923.18 |
| 高技术产业主营业务收入（亿元） | 2.63 | 3.34 | 4.04 | 4.75 | 5.36 | 5.87 | 6.47 | 7.13 | 7.92 | 7.20 |
| 高新技术产品出口贸易额（亿美元） | 17.62 | 23.87 | 26.66 | 28.11 | 29.03 | 30.79 | 30.23 | 27.85 | 32.64 | 36.26 |
| 每万人发表国外主要检索工具收录的科技论文（篇/万人） | 2.36 | 2.81 | 2.65 | 2.84 | 3.35 | 3.76 | 4.27 | 4.82 | 5.45 | 5.06 |
| 每万人专利申请数（件/万人） | 8.45 | 10.61 | 14.00 | 17.83 | 20.10 | 19.25 | 22.73 | 27.27 | 28.68 | 33.82 |
| 每万人发明专利申请数（件/万人） | 2.06 | 2.60 | 3.66 | 4.64 | 5.68 | 6.62 | 8.32 | 9.87 | 10.34 | 11.94 |
| 规模以上工业企业专利申请（万件） | 7.52 | 9.73 | 20.64 | 26.47 | 30.20 | 34.12 | 36.15 | 38.29 | 40.88 | 48.83 |
| 每万人商标注册申请数（件/万人） | 7.14 | 9.50 | 12.71 | 14.47 | 16.42 | 19.38 | 26.18 | 33.94 | 50.86 | 47.29 |

　　注：科技论文是指用世界著名的三大科技文献检索系统 SCI（科学引文索引）、EI（工程索引）、ISTP（科技会议录索引）收录的科技论文；各年份的指标值是通过长江经济带 11 省市加总得到的。

　　资料来源：《中国科技统计年鉴（2010～2019）》。

## 第四节　长江经济带政府服务指数评价

　　2009 年长江经济带政府服务得分为 0.491，2018 年增加到 0.618，年均增长率为 2.87%（见表 2 - 1）。从具体指标来看，2009～2018 年，长江经济带人均教育预算支出、人均科学预算支出、全部 R&D 经费中的政府资金、规模以上工业企业 R&D 经费中的政府资金、政府部门属研发机构 R&D 人员分别从 813.01 元/人、202.57 元/人、509.58 亿元、65.22 亿元、11.37 万人增加到 2812.42 元/人、990.86 元/人、1667.58 亿元、201.08 亿元、17.50 万人，年均增长率分别为 27.33%、43.24%、25.25%、23.14%、5.99%。可以看出，这些政府服务指标的发展很不平衡，政府在科学方面的支出增长很快，但政府部门属研发机构 R&D 人员却增长很慢，反映出政府在自身创新智库建设方面还有待加强。此外，2009～2018 年，长江经济带研发机构 R&D 经费中的政府资金、地方部门属 R&D 经费支出中的政府资金分别从 300.18 亿元、26.87 亿元增加到 940.89 亿元、111.79 亿元，年均增长率为 23.72%、35.12%（见表 2 -5）。

表 2 -5　　　　2009～2018 年长江经济带政府服务的各指标变动

| 指标 | 2009 年 | 2010 年 | 2011 年 | 2012 年 | 2013 年 | 2014 年 | 2015 年 | 2016 年 | 2017 年 | 2018 年 |
|---|---|---|---|---|---|---|---|---|---|---|
| 人均教育预算支出（元/人） | 813.01 | 964.61 | 1265.92 | 1636.94 | 1684.11 | 1756.11 | 2014.53 | 2164.33 | 2324.65 | 2812.42 |
| 人均科技预算支出（元/人） | 202.57 | 208.16 | 240.95 | 277.67 | 310.4 | 334.6 | 370.21 | 441.64 | 505.25 | 990.86 |
| 全部 R&D 经费中的政府资金（亿元） | 509.58 | 642.52 | 710.48 | 849.69 | 913.07 | 1010.36 | 1155.66 | 1222.81 | 1409.01 | 1667.58 |
| 规模以上工业企业 R&D 经费中的政府资金（亿元） | 65.22 | 73.4 | 103.91 | 125.52 | 139.59 | 163.8 | 170.22 | 180.12 | 193.29 | 201.08 |
| 研发机构 R&D 经费中的政府资金（亿元） | 300.18 | 432.63 | 400.84 | 476.76 | 498.91 | 566.97 | 663.57 | 684.16 | 790.86 | 940.89 |
| 地方部门属 R&D 经费支出中的政府资金（万元） | 26.87 | 38.42 | 38.22 | 43.15 | 48.94 | 56.72 | 79.3 | 84.88 | 97.57 | 111.79 |
| 政府部门属研发机构（个） | 1258 | 1269 | 1264 | 1270 | 1264 | 1264 | 1255 | 1236 | 1206 | 1165 |
| 政府部门属研发机构 R&D 人员（万人） | 11.37 | 11.67 | 12.81 | 13.78 | 14.64 | 15.68 | 16.41 | 16.77 | 17.02 | 17.50 |

注：人均教育预算支出、人均科学预算支出通过对长江经济带 11 省市的算术平均得到；其他的指标值则是通过长江经济带 11 省市的加总得到。

资料来源：《中国科技统计年鉴（2010～2019）》。

## 第五节　长江经济带创新支撑指数评价

　　长江经济带的创新支撑得分从 2009 年的 0.513 增加到 2018 年的 0.640（见表 2－1），年均增长率为 2.75%，略低于同一时期综合创新指数的年均增长率。从发展趋势看，长江经济带创新支撑得分一直在持续增加，除 2015～2016 年增长速度为 2.29% 以外，其他年份的创新支撑分数增速均在 3% 以上。

　　创新支撑维度包括 9 个指标，在这 9 个指标中，2009～2018 年普通高等学校数从 989 所增加到 1147 所，年均增长率为 1.78%。每万人高等学校专任教师数、每万人在校大学生数分别从 9.9 人/万人、161.26 人/万人增加到 11.78 人/万人、201.79 人/万人，年均增长率分别为 2.79%、2.10%。教育投入的不断增加，使就业人员的学历水平得到很大程度的提高。尤其是 2009～2018 年本科以上就业人员占比从 3.39% 提升到 10.98%，年均增长率达到 24.90%，成为推动长江经济带经济发展的一股"智力"（见表 2－6）。

表 2－6　　　　　2009～2018 年长江经济带创新支撑的各指标变动

| 指标 | 2009 年 | 2010 年 | 2011 年 | 2012 年 | 2013 年 | 2014 年 | 2015 年 | 2016 年 | 2017 年 | 2018 年 |
|---|---|---|---|---|---|---|---|---|---|---|
| 规模以上工业企业 R&D 项目数（万个） | 2.25 | 5.99 | 11.21 | 14.17 | 16.03 | 17.37 | 16.63 | 19.19 | 22.97 | 25.34 |
| 普通高等学校数（所） | 989 | 1004 | 1049 | 1045 | 1065 | 1083 | 1101 | 1115 | 1131 | 1147 |
| 每万人在校大学生数（人/万人） | 161.26 | 166.08 | 170.9 | 176.38 | 180.54 | 185.46 | 190.81 | 195.68 | 199.04 | 201.79 |
| 每万人高等学校专任教师数（人/万人） | 9.9 | 10.1 | 10.43 | 10.73 | 11.04 | 11.28 | 11.58 | 11.74 | 11.91 | 11.78 |
| 规模以上工业企业研发机构数量（个） | 1.53 | 0.89 | 1.88 | 3.12 | 3.52 | 3.98 | 4.26 | 4.64 | 4.74 | 4.36 |
| 金融业增加值占 GDP 比重（%） | 5.25 | 5.21 | 5.4 | 5.75 | 6.14 | 6.71 | 7.39 | 7.7 | 7.92 | 7.63 |
| 本科以上就业人员占比（%） | 3.39 | 4.47 | 5.58 | 5.95 | 6.24 | 7.15 | 8.92 | 9.2 | 10.55 | 10.98 |
| 铁路公路密度（公里/平方公里） | 1.05 | 1.1 | 1.12 | 1.16 | 1.18 | 1.21 | 1.26 | 1.28 | 1.31 | 1.06 |
| 互联网普及率（%） | 27.32 | 32.21 | 36.16 | 39.79 | 42.98 | 44.85 | 47.29 | 50.52 | 53.38 | 53.65 |

　　注：每万人在校大学生数、每万人高等学校专任教师数、本科以上就业人员比重、金融业增加值占 GDP 比重、互联网普及率、铁路公路密度是通过对长江经济带 11 省市的算术平均得到的；其他的指标值则是通过长江经济带 11 省市的加总得到的。

　　资料来源：《中国科技统计年鉴（2010～2019）》。

根据区域金融学的理论，一个地区的金融业越发达，金融业的增加值越高，其对该地区创新能力提升所起的支撑作用就越强。据统计，2009～2018 年长江经济带的金融业增加值占 GDP 的比重从 5.25% 增加到 7.63%，年均增长率为 5.04%。21 世纪以来，互联网已成为现代社会国民生活以及创新发展至关重要的基础设施。互联网普及率越高，越能为一个地区创新水平的提高提供信息传播和知识扩散等服务，增强该地区的创新驱动能力。根据笔者统计，2009～2018 年长江经济带的互联网普及率从 27.32% 大幅提高到 53.65%，年均增长率达到 10.71%，互联网在长江经济带产业融合和转型升级中的作用越来越突出。

铁路公路密度是反映一个地区交通运输水平的指标。通常，创新能力强的地区，人流物流密集，铁路公路密度较高。长江经济带的铁路公路密度在 2009～2018 年从 1.05 公里/平方公里增加到 1.06 公里/平方公里，年均增长率为 0.12%，长江经济带路网密度的增长明显滞后于新时代长江经济带谋求经济高质量增长之所需。

## 第六节 长江经济带创新效益指数评价

2009～2018 年，长江经济带的创新效益得分从 0.561 增加到 0.735（见表 2－1），年均增长率为 3.45%。创新效益维度相较于其他维度，增长幅度较大。2009～2010 年长江经济带创新效益增幅仅为 1.25%，此后年份的增长趋势越来越显示出一定的后发特征。

从创新效益维度的 6 个指标来看，各个指标的增长趋势都十分明显。创新效益指标最能体现创新指数的质量，一个地区的创新效益得分越高，一个地区经济水平越高，单位 GDP 能耗越低，创新驱动地区经济增长的作用越突出。2009～2018 年长江经济带的人均 GDP 从 2.81 万元/人迅猛提高到 8.36 万元/人，其年均增长率高达 21.90%，实现了经济的快速增长。与此同时，长江经济带的单位 GDP 能耗从 1.02 吨标准煤/万元降到 0.75 吨标准煤/万元，年均降幅为 2.93%。创新效益得分越高，经济发展质量越高，带来更多的就业机会，年末登记失业率也越来越低，第三产业所占比重逐渐提高。笔者统计，2009～2018 年长江经济带年末登记失业率从 3.89% 下降到 3.13%，年均降幅为 2.19%。第三产业在产业结构中所占比重从 41.59% 增加到 51.78%，年均增长率为 2.72%。需要指出的是，创新效益还体现在新产品销售收入、高技术产品出口额增加，新产品销售收入占主营业务收入的比重、高技术产品出口额占货物出口额的比重等指标。2009～2018 年长江经济带新产品销售收入占主营业务收入的比重、高技术产品出口额占货物出口额的比重分别从 11.88%、18.12% 上升到 21.75%、31.54%，年均增长率分别为 9.24%、8.23%，这些指标的提高也表明长江经济带创新效益是不断趋于改善的（见表 2-7）。

表 2-7　　　　　　　2009～2018 年长江经济带创新效益的各指标变动

| 指标 | 2009 年 | 2010 年 | 2011 年 | 2012 年 | 2013 年 | 2014 年 | 2015 年 | 2016 年 | 2017 年 | 2018 年 |
|---|---|---|---|---|---|---|---|---|---|---|
| 人均国内总产值（元/人） | 2.81 | 3.21 | 3.78 | 4.16 | 4.57 | 4.96 | 5.3 | 5.85 | 6.37 | 8.36 |
| 年末城镇登记失业率（%）负向指标 | 3.89 | 3.81 | 3.66 | 3.51 | 3.55 | 3.53 | 3.47 | 3.43 | 3.29 | 3.13 |
| 单位 GDP 能耗（吨标准煤/万元）负向指标 | 1.02 | 0.93 | 0.83 | 0.77 | 0.66 | 0.62 | 0.58 | 0.54 | 0.51 | 0.75 |
| 第三产业所占比重（%） | 41.59 | 40.5 | 40.5 | 41.4 | 42.23 | 44.45 | 46.63 | 48.26 | 49.64 | 51.78 |
| 新产品销售收入占主营业务收入的比重（%） | 11.88 | 11.56 | 13.28 | 12.77 | 13.13 | 14.13 | 14.72 | 16.44 | 17.85 | 21.75 |
| 高技术产品出口额占货物出口额的比重（%） | 18.12 | 18.2 | 20.08 | 21.56 | 23.49 | 24.07 | 26.19 | 29.5 | 33.72 | 31.54 |

注：所有的指标值都是通过对长江经济带 11 省市的算术平均得到的。
资料来源：《中国科技统计年鉴（2010～2019）》。

# 第二篇　地区比较篇

# 第三章 长江经济带上中下游地区综合创新指数比较：2009～2018 年

2009～2018 年，在长江经济带中，综合创新指数从上游地区、中游地区到下游地区呈递增的空间梯度分布，也即长江上游地区的创新能力最弱，中游地区居中，下游地区最强。即使是从 5 个分项创新指数来看，长江下游地区创新能力最强，长江中游地区次之，长江上游地区最弱的区域差异格局也是十分明显的①（见表 3 - 1）。长江下游的三省一市区位优越，是长江经济带经济发展最发达的地区，拥有雄厚的产业基础和完善的产业体系。特别是近年来，随着安徽的迅猛发展以及长三角一体化进程的明显推进，长江流域上中下游地区之间的创新差异还是十分显著的。

表 3 - 1    2009～2018 年长江经济带上中下游创新发展的各分项及创新指数

| 年份 | 区域 | 创新投入 | 创新产出 | 政府服务 | 创新支撑 | 创新效益 |
|------|------|---------|---------|---------|---------|---------|
| 2009 | 上游 | 0.429 | 0.410 | 0.456 | 0.455 | 0.515 |
|      | 中游 | 0.451 | 0.415 | 0.474 | 0.498 | 0.538 |
|      | 下游 | 0.541 | 0.491 | 0.539 | 0.581 | 0.624 |
| 2010 | 上游 | 0.430 | 0.415 | 0.471 | 0.473 | 0.517 |
|      | 中游 | 0.453 | 0.420 | 0.476 | 0.512 | 0.548 |
|      | 下游 | 0.549 | 0.517 | 0.556 | 0.592 | 0.634 |
| 2011 | 上游 | 0.431 | 0.421 | 0.477 | 0.487 | 0.550 |
|      | 中游 | 0.463 | 0.428 | 0.490 | 0.529 | 0.560 |
|      | 下游 | 0.582 | 0.555 | 0.577 | 0.625 | 0.662 |

---

① 长江经济带九省二市（江苏省、浙江省、安徽省、江西省、湖南省、湖北省、四川省、云南省、贵州省、上海市、重庆市）划分为上游地区（贵州省、四川省、云南省、重庆市），中游地区（湖北省、湖南省、江西省）和下游地区（安徽省、江苏省、浙江省、上海市）。

续表

| 年份 | 区域 | 创新投入 | 创新产出 | 政府服务 | 创新支撑 | 创新效益 |
|------|------|----------|----------|----------|----------|----------|
| 2012 | 上游 | 0.438 | 0.426 | 0.489 | 0.504 | 0.563 |
|      | 中游 | 0.473 | 0.435 | 0.504 | 0.537 | 0.573 |
|      | 下游 | 0.615 | 0.582 | 0.603 | 0.653 | 0.676 |
| 2013 | 上游 | 0.444 | 0.433 | 0.493 | 0.518 | 0.582 |
|      | 中游 | 0.483 | 0.443 | 0.518 | 0.547 | 0.589 |
|      | 下游 | 0.642 | 0.602 | 0.614 | 0.668 | 0.687 |
| 2014 | 上游 | 0.448 | 0.441 | 0.502 | 0.530 | 0.591 |
|      | 中游 | 0.492 | 0.450 | 0.522 | 0.561 | 0.607 |
|      | 下游 | 0.661 | 0.620 | 0.640 | 0.687 | 0.710 |
| 2015 | 上游 | 0.455 | 0.451 | 0.533 | 0.544 | 0.608 |
|      | 中游 | 0.500 | 0.461 | 0.526 | 0.575 | 0.629 |
|      | 下游 | 0.679 | 0.645 | 0.652 | 0.708 | 0.726 |
| 2016 | 上游 | 0.464 | 0.454 | 0.542 | 0.558 | 0.636 |
|      | 中游 | 0.506 | 0.474 | 0.535 | 0.588 | 0.650 |
|      | 下游 | 0.698 | 0.685 | 0.664 | 0.722 | 0.749 |
| 2017 | 上游 | 0.474 | 0.464 | 0.550 | 0.570 | 0.674 |
|      | 中游 | 0.520 | 0.489 | 0.545 | 0.610 | 0.667 |
|      | 下游 | 0.714 | 0.702 | 0.691 | 0.736 | 0.771 |
| 2018 | 上游 | 0.485 | 0.466 | 0.571 | 0.572 | 0.697 |
|      | 中游 | 0.541 | 0.496 | 0.568 | 0.608 | 0.697 |
|      | 下游 | 0.741 | 0.720 | 0.702 | 0.733 | 0.802 |

注：长江经济带上中下游不同年份各分项的得分根据各省份算术平均得到，而创新指数是按照不同年份创新分项得分加权得到。

资料来源：根据《中国统计年鉴（2010～2019)》《中国科技统计年鉴（2010～2019)》《中国高技术产业统计年鉴（2010～2019)》《中国能源统计年鉴（2010～2019)》中的数据计算得到。

# 第四章 长江经济带上中下游地区创新分项指数比较：2009～2018 年

## 第一节 上中下游地区创新投入指数比较

长江上游地区创新投入得分最低，中游地区居中，下游地区最高。2009 年长江上、中、下游地区创新投入得分分别为 0.429、0.451、0.541，下游地区得分比中游地区高出 19.96%，中游地区比上游地区高出 5.13%。2018 年长江上、中、下游地区创新投入得分分别为 0.485、0.541、0.741，下游地区得分比中游地区高出 36.97%，中游地区得分比上游地区高出 11.55%。

长江下游地区的 R&D 人员数、规模以上工业企业 R&D 人员分别从 2009 年的 86.66 万人、61.07 万人增加到 2018 年的 192.54 万人、142.56 万人，分别增长了 122.18%、133.44%。而长江下游地区的 R&D 经费支出、规模以上工业企业 R&D 经费支出、高技术产业 R&D 经费支出等指标增长较小。

长江中游地区的 R&D 人员数、R&D 人员全时当量从 2009 年的 27.74 万人、18.81 万人分别增加到 2018 年的 61.43 万人、49.96 万人，分别增长了 121.45%、165.60%，增幅在上、中、下游地区是最高的。其 R&D 经费支出从 2009 年的 442.84 亿元增加到 2018 年的 2201.22 亿元，增长了 397.07%。R&D 经费投入强度从 2009 年的 1.27% 增加到 2018 年的 1.83%。长江中游地区规模以上工业企业 R&D 人员数、R&D 经费支出从 2009 年的 15.08 万人、288.45 亿元分别增加到 2018 年的 51.11 万人、1609.22 亿元，年均增长率分别为 26.54%、44.12%，涨幅较大，特别是高技术产业 R&D 经费支出、高技术产业 R&D 人员全时当量从 2009 年的 47.91 亿元、2.23 万人增加到 2018 年的 358.65 亿元、7.61 万人，分别增长了 648.59%、241.26%，年均增长率分别为 72.07%、26.86%，显现出长江中游地区的 R&D 投入以高技术产业带动的特征。

长江上游地区的创新投入得分在长江经济带是最低的。2009～2018年长江上游地区创新投入各项指标涨幅较大，R&D 人员数从 23.53 万人增加到 55.13 万人，其年均增长率为 14.92%；R&D 人员全时当量从 15.51 万人年增加到 33.38 万人年，增幅为 115.22%。2009～2018 年长江上游地区的 R&D 经费支出从 357.56 亿元增加到 1456.20 亿元，年均增长率为 34.14%；R&D 经费投入强度从 2009 年的 1.00% 提高到 2018 年的 2.82%，依然处于较低的水平。工业企业的 R&D 人员投入和 R&D 经费投入的增长率相对于全社会的 R&D 人员投入和 R&D 经费投入更高，长江上游地区的规模以上工业企业 R&D 人员数、规模以上工业企业 R&D 经费支出从 2009 年的 11.30 万人、172.14 亿元增加到 2018 年的 29.17 万人、824.85 亿元，分别增长了 158.14%、379.17%，年均增长率分别为 17.56%、42.13%，R&D 经费投入的增长高于 R&D 人员投入的增长。上游地区的高技术产业 R&D 人员全时当量和高技术产业 R&D 经费支出（亿元）分别从 2009 年的 2.30 万人、40.98 亿元增加到 2018 年的 5.57 万人、227.52 亿元，分别增长了 142.17%、455.20%，长江上游地区 R&D 人员的投入规模总体较小但增长较快（见表 4－1）。

表 4－1 　　　　2009～2018 年长江上中下游地区创新投入指标变化

| 指标 | 地区 | 2009 年 | 2010 年 | 2011 年 | 2012 年 | 2013 年 | 2014 年 | 2015 年 | 2016 年 | 2017 年 | 2018 年 |
|---|---|---|---|---|---|---|---|---|---|---|---|
| R&D 人员数（万人） | 上游 | 23.53 | 25.05 | 26.79 | 30.49 | 34.33 | 38.23 | 40.45 | 44.65 | 50.39 | 55.13 |
| | 中游 | 27.74 | 30.61 | 35.09 | 38.89 | 42.67 | 45.69 | 47.33 | 50.46 | 54.00 | 61.43 |
| | 下游 | 86.66 | 96.51 | 110.07 | 129.15 | 145.04 | 155.92 | 163.67 | 174.35 | 180.33 | 192.54 |
| R&D 人员全时当量（万人年） | 上游 | 15.51 | 15.85 | 16.42 | 19.07 | 21.47 | 23.25 | 24.14 | 25.79 | 29.88 | 33.38 |
| | 中游 | 18.81 | 20.54 | 23.72 | 26.00 | 28.00 | 29.16 | 29.69 | 30.66 | 33.27 | 49.96 |
| | 下游 | 65.09 | 73.84 | 82.60 | 93.64 | 106.23 | 113.47 | 119.04 | 123.98 | 128.20 | 135.36 |
| R&D 经费支出（亿元） | 上游 | 357.56 | 438.67 | 514.85 | 621.14 | 703.48 | 792.59 | 921.55 | 1069.76 | 1256.12 | 1456.20 |
| | 中游 | 442.84 | 537.83 | 652.98 | 785.86 | 908.73 | 1031.94 | 1147.59 | 1276.19 | 1524.96 | 2201.22 |
| | 下游 | 1660.12 | 1997.61 | 2475.95 | 2971.71 | 3433.58 | 3816.23 | 4180.30 | 4681.95 | 5296.53 | 5958.28 |
| R&D 经费投入强度（%） | 上游 | 1.00 | 1.02 | 0.99 | 1.04 | 1.04 | 1.07 | 1.16 | 1.24 | 1.31 | 2.82 |
| | 中游 | 1.27 | 1.25 | 1.22 | 1.30 | 1.36 | 1.40 | 1.46 | 1.50 | 1.60 | 1.83 |
| | 下游 | 1.98 | 2.00 | 2.13 | 2.37 | 2.51 | 2.59 | 2.66 | 2.72 | 2.78 | 2.82 |

| 指标 | 地区 | 2009 年 | 2010 年 | 2011 年 | 2012 年 | 2013 年 | 2014 年 | 2015 年 | 2016 年 | 2017 年 | 2018 年 |
|---|---|---|---|---|---|---|---|---|---|---|---|
| 规模以上工业企业 R&D 人员数（人） | 上游 | 11.30 | 12.19 | 13.09 | 16.01 | 18.66 | 20.74 | 21.05 | 24.34 | 27.67 | 29.17 |
| | 中游 | 15.08 | 18.03 | 20.98 | 23.91 | 27.46 | 29.86 | 30.99 | 34.64 | 35.95 | 51.11 |
| | 下游 | 61.07 | 70.24 | 79.41 | 96.45 | 109.25 | 118.54 | 124.51 | 129.90 | 132.11 | 142.56 |
| 规模以上工业企业 R&D 经费支出（亿元） | 上游 | 172.14 | 188.07 | 256.31 | 329.29 | 387.39 | 455.15 | 531.16 | 624.62 | 734.50 | 824.85 |
| | 中游 | 288.45 | 315.61 | 469.52 | 585.00 | 692.84 | 801.46 | 907.31 | 1018.68 | 1152.40 | 1609.22 |
| | 下游 | 1228.08 | 1165.46 | 1886.39 | 2249.41 | 2576.44 | 2878.63 | 3156.46 | 3454.33 | 3840.14 | 4224.09 |
| 高技术产业 R&D 经费支出（亿元） | 上游 | 40.98 | 42.76 | 56.74 | 67.65 | 100.12 | 107.96 | 139.32 | 170.46 | 191.17 | 227.52 |
| | 中游 | 47.91 | 39.89 | 84.34 | 101.52 | 138.09 | 156.32 | 189.42 | 196.88 | 234.40 | 358.65 |
| | 下游 | 259.61 | 267.14 | 390.34 | 486.25 | 546.56 | 627.08 | 707.90 | 798.87 | 873.76 | 999.23 |
| 高技术产业 R&D 人员全时当量（人年） | 上游 | 2.30 | 2.16 | 1.70 | 2.78 | 3.62 | 3.52 | 3.72 | 3.85 | 4.84 | 5.57 |
| | 中游 | 2.23 | 2.08 | 3.19 | 3.86 | 4.32 | 4.89 | 5.61 | 5.05 | 6.09 | 7.61 |
| | 下游 | 11.69 | 11.50 | 14.89 | 17.09 | 19.38 | 20.65 | 22.18 | 23.31 | 22.93 | 24.75 |

　　注：长江下游地区包括上海、江苏、浙江、安徽；中游地区包括江西、湖北、湖南；上游地区包括重庆、四川、贵州、云南。表中的企业是指规模以上工业企业；R&D 人员全时当量和 R&D 经费投入强度是用各省份数据算术平均得到的。

　　资料来源：根据《中国统计年鉴（2010～2019）》《中国科技统计年鉴（2010～2019）》《中国高技术产业统计年鉴（2010～2019）》中的数据计算得到。

## 第二节　上中下游地区创新产出指数比较

　　2009 年长江下游的创新产出指数得分为 0.491，在上中下游三大地区中是最高的。从数据来看，长江下游创新产出指标均占据优势，其 2009 年每万人发表的科技论文数、每万人专利申请数、每万人发明专利申请数、规模以上工业企业专利申请数、每万人商标注册申请数分别为 4.48 篇/万人、18.43 件/万人、4.43 件/万人、5.39 万件、14.99 件/万人，2018 年分别增加为 7.87 篇/万人、62.72 件/万人、22.78 件/万人、35.12 万件、78.98 件/万人，年均增长率分别为 8.42%、26.71%、46.02%、61.23%、47.44%，增幅十分明显。

　　从技术创新产出指标来看，长江下游地区规模以上工业企业新产品销售收入从 2009 年的 18167.58 亿元增加到 2018 年的 71062.31 亿元，年均增长率为 32.35%，增长较快。规模以上工业企业新产品出口收入、高技术产业主营业务收入、高技术产业出口贸易额的年均增长率分别为 20.58%、12.18%、6.74%。

长江中游地区的创新产出得分从 2009 年的 0.415 增加到 2018 年的 0.466，低于下游地区。从科研成果的数据来看，长江中游地区的每万人发表的科技论文数从 2009 年的 1.56 篇/万人增长到 2018 年的 4 篇/万人，增幅为 156.41%；每万人专利申请数、每万人发明专利申请数、规模以上工业企业专利申请数、每万人商标注册申请数分别从 2009 年的 2.81 件/万人、0.70 件/万人、1.13 万件、2.37 件/万人，增长到 2018 年的 17.47 件/万人、5.76 件/万人、9.87 万件、27.78 件/万人，年均增长率分别为 58.00%、80.82%、86.01%、119.04%。

从具体的创新产出指标分析，长江中游地区的规模以上工业企业新产品销售收入从 3895.29 亿元增加到 25207.31 亿元，年均增长率为 60.79%，比长江上、下游地区的增长更快。2009～2018 年长江中游地区的高技术产业主营业务收入、高技术产业出口贸易额的增长率也分别达 72.36%、141.07%。

长江上游地区的创新产出指数从 2009 年的 0.410 增加到 2018 年的 0.466。从科研成果指标来看，2009 年长江上游地区的各指标值均低，每万人发表的科技论文数、每万人专利申请数、每万人发明专利申请数、规模以上工业企业专利申请数、每万人商标注册申请数分别占到下游地区相应指标的 18.67%、14.67%、16.06%、18.44%、19.07%，其 2018 年上述指标分别达到 2.8 篇/万人、15.4 件/万人、5.89 件/万人、5.09 万件、28.48 件/万人。

从技术相关的指标来看，长江上游地区规模工业企业新产品销售收入从 2009 年的 3875.73 亿元增加到 2018 年的 9468.48 亿元，年均增长率为 16.03%。2009～2018 年规模以上工业企业新产品出口收入、高技术产业主营业务收入、高技术产业出口贸易额 3 项指标的年均增长率分别为 36.67%、57.31%、180.88%，在上、中、下游地区中增长率最高。尽管如此，但上游地区与下游地区的创新产出差距还是十分明显的（见表 4 - 2）。

**表 4 - 2　2009～2018 年长江上中下游地区创新产出指标变化**

| 指标 | 地区 | 2009 年 | 2010 年 | 2011 年 | 2012 年 | 2013 年 | 2014 年 | 2015 年 | 2016 年 | 2017 年 | 2018 年 |
|---|---|---|---|---|---|---|---|---|---|---|---|
| 规模工业企业新产品销售收入（亿元） | 上游 | 3875.73 | 4457.34 | 5953.38 | 5355.99 | 5983.69 | 7248.71 | 8335.28 | 9262.72 | 10419.94 | 9468.48 |
| | 中游 | 3895.29 | 5442.33 | 7800.81 | 9754.53 | 12062.04 | 13341.34 | 15085.31 | 17947.88 | 19966.38 | 25207.31 |
| | 下游 | 18167.58 | 23847.76 | 35846.31 | 40261.15 | 46663.77 | 53776.63 | 56655.57 | 65836.03 | 68640.40 | 71062.31 |
| 规模以上工业新产品出口收入（亿元） | 上游 | 264.45 | 418.64 | 572.84 | 368.18 | 395.43 | 626.41 | 1291.29 | 968.66 | 1548.57 | 1137.28 |
| | 中游 | 311.94 | 392.46 | 472.99 | 574.39 | 583.77 | 759.38 | 920.20 | 966.24 | 1071.06 | 2249.21 |
| | 下游 | 4684.88 | 6440.16 | 8195.45 | 9315.46 | 8353.38 | 10160.46 | 11085.46 | 12590.91 | 11986.65 | 13361.80 |
| 高技术产业主营业务收入（亿元） | 上游 | 2298.70 | 3038.80 | 4792.00 | 6427.80 | 8447.84 | 9798.67 | 10357.38 | 12360.28 | 14308.18 | 14156.00 |
| | 中游 | 2385.40 | 3202.40 | 4457.50 | 5764.70 | 7299.75 | 8394.32 | 10253.46 | 11786.77 | 13858.50 | 17921.00 |
| | 下游 | 21568.30 | 27174.50 | 31122.00 | 35352.10 | 37868.94 | 40496.25 | 44095.39 | 47190.81 | 51036.14 | 45215.00 |
| 高新技术产品出口贸易额（亿美元） | 上游 | 41.84 | 50.96 | 175.51 | 330.85 | 462.26 | 539.24 | 457.83 | 432.52 | 577.01 | 722.97 |
| | 中游 | 40.27 | 72.59 | 91.18 | 93.82 | 103.11 | 139.64 | 167.36 | 164.37 | 190.78 | 551.57 |
| | 下游 | 1679.85 | 2263.80 | 2399.04 | 2386.15 | 2337.78 | 2400.44 | 2398.29 | 2187.78 | 2495.74 | 2699.21 |
| 每万人发表国外主要检索工具收录的科技论文数（篇/万人） | 上游 | 0.84 | 1.14 | 1.12 | 1.30 | 1.49 | 1.74 | 1.92 | 2.26 | 2.60 | 2.80 |
| | 中游 | 1.56 | 1.87 | 1.69 | 1.86 | 2.18 | 2.51 | 2.82 | 3.22 | 3.68 | 4.00 |
| | 下游 | 4.48 | 5.20 | 4.89 | 5.13 | 6.10 | 6.73 | 7.71 | 8.59 | 9.64 | 7.87 |

续表

| 指标 | 地区 | 2009年 | 2010年 | 2011年 | 2012年 | 2013年 | 2014年 | 2015年 | 2016年 | 2017年 | 2018年 |
|---|---|---|---|---|---|---|---|---|---|---|---|
| 每万人专利申请数（件/万人） | 上游 | 2.70 | 3.85 | 5.28 | 6.66 | 8.53 | 9.73 | 12.46 | 12.22 | 14.21 | 15.40 |
| | 中游 | 2.81 | 3.43 | 4.67 | 5.67 | 6.23 | 7.45 | 9.60 | 13.09 | 15.10 | 17.47 |
| | 下游 | 18.43 | 22.74 | 29.71 | 38.11 | 42.08 | 37.61 | 42.84 | 52.95 | 53.33 | 62.72 |
| 每万人发明专利申请数（件/万人） | 上游 | 0.71 | 0.93 | 1.44 | 1.88 | 2.28 | 3.38 | 5.01 | 4.47 | 4.89 | 5.09 |
| | 中游 | 0.70 | 0.90 | 1.25 | 1.57 | 1.93 | 2.35 | 3.10 | 4.32 | 5.27 | 5.76 |
| | 下游 | 4.43 | 5.53 | 7.70 | 9.70 | 11.89 | 13.07 | 15.54 | 19.43 | 19.58 | 22.78 |
| 规模以上工业企业专利申请数（件） | 上游 | 9944 | 11582 | 17802 | 28425 | 34173 | 39757 | 49684 | 48479 | 54689 | 56492 |
| | 中游 | 11291 | 13641 | 25064 | 31811 | 38638 | 41583 | 44051 | 50417 | 62946 | 98694 |
| | 下游 | 53940 | 72045 | 163549 | 204417 | 229232 | 259843 | 267762 | 284032 | 291116 | 351204 |
| 每万人商标注册申请数（件/万人） | 上游 | 2.86 | 3.68 | 4.99 | 7.16 | 7.83 | 8.30 | 10.42 | 13.20 | 20.15 | 28.48 |
| | 中游 | 2.37 | 3.09 | 4.04 | 4.84 | 5.79 | 7.00 | 8.78 | 12.15 | 21.27 | 27.78 |
| | 下游 | 14.99 | 20.11 | 26.93 | 29.01 | 33.00 | 39.75 | 54.99 | 71.03 | 103.76 | 78.98 |

资料来源：根据《中国统计年鉴（2010~2019）》《中国科技统计年鉴（2010~2019）》《中国高技术产业统计年鉴（2010~2019）》中的数据计算得到。

## 第三节　上中下游地区政府服务指数比较

2009～2018 年长江下游地区的政府服务得分从 0.539 增加到 0.702，在长江经济带上中下游地区中是最高的。自 1978 年改革开放之后，长江下游地区充分利用自身地理位置优势，大力发展经济，改革经济体制，发展外资经济和民营经济，为企业创新提供人才和资金支持。2009 年长江下游地区的人均教育预算支出、人均科技预算支出分别达到 1243.02 元/人、489.78 元/人，2018 年分别提升至 3245.68 元/人、1795.20 元/人，年均增长率分别为 17.90%、29.61%。从政府资金的 R&D 投入来看，2009～2018 年长江下游地区全部 R&D 经费中的政府资金、研发机构 R&D 经费中的政府资金在上中下游三个地区中增长最快。地方部门属 R&D 经费支出中的政府资金投入也实现了年均 27.93% 的增长。规模以上工业企业 R&D 经费中的政府资金投入的年均增长率为 14.88%。长江下游地区的政府部门属研发机构数量从 2009 年的 495 个减少到 2018 年的 452 个，减少了 43 个。政府部门属研发机构 R&D 人员从 2009 年的 5.52 万人增加到 2018 年的 8.38 万人，增长了 51.81%，其增长率高于长江中游地区但低于长江上游地区。

长江中游地区的政府服务得分从 2009 年的 0.474 增加到 2018 年的 0.568（见表 4-3）。2009 年长江中游地区的人均教育预算支出、人均科技预算支出分别为 523.54 元/人、37.48 元/人，2018 年增长到 2330.82 元/人、659.87 元/人，年均增长率分别为 38.36%、184.52%。从政府资金对各类 R&D 资金的变化情况来看，长江中游地区的全部 R&D 经费中的政府资金、研发机构 R&D 经费中的政府资金、地方部门属 R&D 经费支出中的政府资金投入在上、中、下游地区中涨幅最小。相比之下，规模以上工业企业 R&D 经费中的政府资金投入较多，增幅较大，其年均增长率达到 40.31%，对长江上游地区企业的工业技术创新起了较大的支撑作用。长江中游地区的政府部门属研发机构从 2009 年的 401 个减少到 2018 年的 366 个，在上、中、下游地区数量最少。相应地，政府部门属研发机构 R&D 人员从 2.45 万人增加到 3.93 万人，增长率也最小。

长江上游地区的政府服务的得分从 2009 年的 0.456 增加到 2018 年的 0.571。从教育支出上来看，长江上游地区的教育投入逐渐提高，人均教育预算支出高于中游地区。在科技支出上，2009 年长江上游地区的人均

表4-3　　　　　2009~2018年长江上中下游地区政府服务指标变化

| 指标 | 地区 | 2009年 | 2010年 | 2011年 | 2012年 | 2013年 | 2014年 | 2015年 | 2016年 | 2017年 | 2018年 |
|---|---|---|---|---|---|---|---|---|---|---|---|
| 人均教育预算支出（元/人） | 上游 | 600.10 | 713.36 | 915.19 | 1296.84 | 1308.72 | 1368.29 | 1594.04 | 1718.25 | 1874.01 | 2744.33 |
| | 中游 | 523.54 | 600.08 | 849.40 | 1205.09 | 1210.23 | 1285.85 | 1458.30 | 1604.80 | 1735.28 | 2330.82 |
| | 下游 | 1243.02 | 1489.26 | 1929.02 | 2300.93 | 2414.91 | 2496.62 | 2852.19 | 3030.05 | 3217.32 | 3245.68 |
| 人均科技预算支出（元/人） | 上游 | 39.19 | 44.96 | 59.72 | 74.01 | 90.91 | 99.45 | 119.92 | 129.60 | 150.19 | 369.60 |
| | 中游 | 37.48 | 45.80 | 58.45 | 71.01 | 99.61 | 139.73 | 166.40 | 191.04 | 249.09 | 659.87 |
| | 下游 | 489.78 | 493.12 | 559.06 | 636.32 | 687.98 | 715.91 | 773.36 | 941.63 | 1052.43 | 1795.20 |
| 全部R&D经费中的政府资金（亿元） | 上游 | 141.22 | 195.31 | 195.33 | 224.92 | 214.12 | 254.67 | 320.53 | 337.41 | 364.64 | 431.17 |
| | 中游 | 97.16 | 105.82 | 122.06 | 139.56 | 162.77 | 173.94 | 179.27 | 193.68 | 237.84 | 362.15 |
| | 下游 | 271.20 | 341.39 | 393.10 | 485.20 | 536.18 | 581.75 | 655.86 | 691.71 | 806.53 | 943.98 |
| 规模以上工业企业R&D经费中的政府资金（亿元） | 上游 | 11.04 | 20.11 | 19.22 | 21.10 | 24.56 | 25.80 | 41.36 | 44.25 | 47.09 | 51.07 |
| | 中游 | 13.72 | 11.96 | 21.90 | 27.96 | 38.62 | 39.12 | 38.85 | 47.73 | 50.60 | 67.65 |
| | 下游 | 40.47 | 41.33 | 62.79 | 76.46 | 76.41 | 98.88 | 90.01 | 88.14 | 95.60 | 94.65 |
| 研发机构R&D经费中的政府资金（亿元） | 上游 | 106.03 | 150.05 | 141.18 | 166.23 | 149.04 | 182.90 | 223.80 | 230.24 | 236.09 | 279.74 |
| | 中游 | 49.63 | 62.19 | 54.53 | 57.94 | 68.43 | 75.48 | 73.57 | 83.77 | 105.64 | 157.77 |
| | 下游 | 144.52 | 220.40 | 205.26 | 252.58 | 281.44 | 308.59 | 366.20 | 370.14 | 449.13 | 528.56 |
| 地方部门属R&D经费支出中的政府资金（万元） | 上游 | 6.31 | 8.61 | 11.62 | 13.62 | 15.57 | 17.65 | 31.57 | 34.31 | 36.39 | 37.26 |
| | 中游 | 4.98 | 6.16 | 6.91 | 7.98 | 9.70 | 10.87 | 12.28 | 12.77 | 14.66 | 30.46 |
| | 下游 | 15.57 | 23.65 | 19.70 | 21.54 | 23.67 | 28.19 | 35.44 | 37.79 | 46.53 | 54.70 |
| 政府部门属研发机构（个） | 上游 | 362 | 379 | 379 | 382 | 379 | 388 | 389 | 403 | 394 | 377 |
| | 中游 | 401 | 397 | 398 | 398 | 397 | 388 | 384 | 363 | 349 | 366 |
| | 下游 | 495 | 493 | 487 | 490 | 488 | 488 | 482 | 470 | 463 | 452 |
| 政府部门属研发机构R&D人员（万人） | 上游 | 3.39 | 3.40 | 3.79 | 4.18 | 4.56 | 4.92 | 5.40 | 5.67 | 5.84 | 6.23 |
| | 中游 | 2.45 | 2.49 | 2.70 | 2.94 | 2.98 | 3.00 | 3.08 | 2.99 | 2.89 | 3.93 |
| | 下游 | 5.52 | 5.78 | 6.31 | 6.66 | 7.10 | 7.76 | 7.93 | 8.11 | 8.29 | 8.38 |

资料来源：根据《中国统计年鉴（2010~2019）》《中国科技统计年鉴（2010~2019）》中的数据计算得到。

科技预算支出为39.19元/人，2018年增长为369.60元/人。从政府资金投入上看，2009~2018年长江上游地区的全部R&D经费中的政府资金、研发机构R&D经费中的政府资金投入比长江中游地区高。2009年长江上游地区的地方部门属 R&D 经费支出中的政府资金投入为 6.31 亿元，2018 年增长为 37.26 亿元，年均增长率为 54.45%。2009 年长江上游地区在规模以上工业企业 R&D 经费中的政府资金上的投入为 11.04 亿元，经过年均 40.31% 的增长，与中下游地区间的差距进一步缩小。2009 年长江上游地区的政府部门属研发机构数量为 362 个，2018 年增加到 377 个。同期，长江上游地区的政府部门属研发机构 R&D 人员从 3.39 万人增加到 6.23 万人，增长明显。

## 第四节　上中下游地区创新支撑指数比较

2009～2018 年长江下游地区的创新支撑得分从 0.581 增加到 0.733。从企业创新支撑的指标来看，2009 年长江下游地区的规模以上工业企业研发机构为 12191 个，2018 年增长为 35295 个。同期，长江下游地区的规模以上工业企业 R&D 项目从 1.76 万个增长到 17.95 万个。长江下游地区金融业增加值占 GDP 比重、互联网普及率、铁路公路密度在长江经济带都是最高的，为长江下游地区的创新发展提供了基础支撑。从人才培养的角度来看，长江下游地区的普通高等学校数、每万人高等学校专任教师数较多，本科以上就业人员比重位居长江上中下游地区之首，为下游地区提供了充足的人才支撑。

长江中游的创新支撑得分从 2009 年的 0.498 增加到 2018 年的 0.608，始终位居长江上中下游地区第二位。从企业创新支撑的情况来看，长江中游地区的规模以上工业企业研发机构从 2009 年的 1658 个增加到 2018 年的 6346 个，年均增长率为 31.42%。规模以上工业企业 R&D 项目从 3195 个增加到 55027 个，年均增长率为 180.25%。从高等教育等情况来看，长江中游地区的普通高等学校数、每万人高等学校专任教师数虽然比长江下游地区要少，但每万人在校大学生数却是上、中、下游地区中最多的。长江中游地区的本科以上就业人员所占比重从 2009 年的 2.34% 增加到 2018 年的 7.37%，年均增长率为 23.88%。长江中游地区的金融业增加值占 GDP 比重、互联网普及率、铁路公路密度均在上、中、下游地区中位列第二位，尤其是前 2 项指标值在 2009～2018 年实现了快速增长，这为长江中游地区的创新产出提供了更好的支撑。

长江上游地区的创新支撑得分从 2009 年的 0.455 增加到 2018 年的 0.572，一直在长江上中下游地区中居于第 3 位。从企业创新支撑上来说，长江上游地区的规模以上工业企业研发机构从 2009 年的 1420 个增加到 2018 年的 2896 个，年均增长率为 11.55%。同期，规模以上工业企业 R&D 项目从 0.17 万个增加到 3.13 万个，年均增长率为 188.21%。从高等教育等为创新支撑提供人才培养的情况上来看，虽然长江上游地区的普通高等学校数、每万人在校大学生数、每万人高等学校专任教师数、本科以上就业人员比重相对于长江经济带中下游地区更低，但这些指标值都实现了较大幅度的增长（见表 4 - 4）。

表 4 - 4　　　　　2009～2018 年长江上中下游地区创新支撑指标变化

| 指标 | 地区 | 2009 年 | 2010 年 | 2011 年 | 2012 年 | 2013 年 | 2014 年 | 2015 年 | 2016 年 | 2017 年 | 2018 年 |
|---|---|---|---|---|---|---|---|---|---|---|---|
| 规模以上工业企业 R&D 项目数（万个） | 上游 | 0.17 | 0.97 | 1.41 | 1.83 | 1.95 | 2.27 | 1.78 | 2.21 | 2.99 | 3.13 |
| | 中游 | 0.32 | 1.05 | 1.66 | 1.86 | 2.22 | 2.37 | 1.97 | 2.46 | 3.09 | 5.50 |
| | 下游 | 1.76 | 3.97 | 8.14 | 10.49 | 11.85 | 12.73 | 12.88 | 14.52 | 16.90 | 17.95 |
| 普通高等学校数（所） | 上游 | 250 | 253 | 267 | 274 | 285 | 292 | 301 | 310 | 321 | 335 |
| | 中游 | 320 | 322 | 341 | 331 | 337 | 342 | 347 | 349 | 353 | 419 |
| | 下游 | 419 | 429 | 441 | 440 | 443 | 449 | 453 | 456 | 457 | 458 |
| 每万人在校大学生数（人/万人） | 上游 | 116.65 | 126.13 | 135.13 | 145.84 | 153.87 | 162.01 | 169.56 | 178.62 | 186.47 | 190.19 |
| | 中游 | 185.38 | 189.60 | 193.10 | 197.28 | 200.07 | 204.84 | 210.25 | 214.68 | 216.59 | 218.71 |
| | 下游 | 187.79 | 188.40 | 190.03 | 191.23 | 192.55 | 194.37 | 197.48 | 198.48 | 198.44 | 198.91 |
| 每万人高等学校专任教师数（人/万人） | 上游 | 7.25 | 7.61 | 8.10 | 8.62 | 9.14 | 9.64 | 9.99 | 10.29 | 10.41 | 10.38 |
| | 中游 | 10.98 | 11.03 | 11.37 | 11.51 | 11.75 | 11.95 | 12.21 | 12.12 | 12.21 | 12.23 |
| | 下游 | 11.75 | 11.90 | 12.05 | 12.25 | 12.40 | 12.42 | 12.71 | 12.91 | 13.18 | 12.67 |
| 规模以上工业企业研发机构数量（个） | 上游 | 1420 | 1003 | 1334 | 1751 | 2049 | 2575 | 2639 | 3171 | 3624 | 2896 |
| | 中游 | 1658 | 1112 | 1808 | 2260 | 3251 | 3614 | 3936 | 4346 | 5129 | 6346 |
| | 下游 | 12191 | 6765 | 15697 | 27216 | 29901 | 33604 | 36003 | 38903 | 38631 | 35295 |
| 金融业增加值占 GDP 比重（%） | 上游 | 5.09 | 5.07 | 5.38 | 6.02 | 6.45 | 6.76 | 7.32 | 7.70 | 7.78 | 7.05 |
| | 中游 | 2.98 | 2.99 | 3.01 | 3.24 | 3.56 | 4.41 | 5.15 | 5.61 | 5.91 | 5.73 |
| | 下游 | 7.12 | 7.01 | 7.22 | 7.38 | 7.77 | 8.40 | 9.15 | 9.27 | 9.57 | 8.77 |
| 本科以上就业人员占比（%） | 上游 | 1.53 | 3.01 | 3.78 | 3.90 | 4.43 | 4.52 | 5.63 | 5.93 | 6.13 | 6.00 |
| | 中游 | 2.34 | 2.91 | 4.65 | 4.55 | 4.47 | 5.25 | 6.55 | 6.43 | 10.20 | 7.37 |
| | 下游 | 6.03 | 7.09 | 8.09 | 9.06 | 9.37 | 11.22 | 13.99 | 14.55 | 15.25 | 15.12 |

续表

| 指标 | 地区 | 2009 年 | 2010 年 | 2011 年 | 2012 年 | 2013 年 | 2014 年 | 2015 年 | 2016 年 | 2017 年 | 2018 年 |
|---|---|---|---|---|---|---|---|---|---|---|---|
| 铁路公路密度（公里/平方公里） | 上游 | 0.81 | 0.85 | 0.88 | 0.90 | 0.93 | 0.96 | 1.02 | 1.04 | 1.07 | 0.85 |
| | 中游 | 0.95 | 1.03 | 1.06 | 1.08 | 1.10 | 1.13 | 1.16 | 1.19 | 1.21 | 1.22 |
| | 下游 | 1.36 | 1.40 | 1.42 | 1.47 | 1.50 | 1.52 | 1.56 | 1.59 | 1.61 | 1.46 |
| 互联网普及率（%） | 上游 | 20.68 | 25.73 | 28.28 | 32.27 | 35.96 | 38.05 | 40.72 | 44.21 | 47.37 | 48.06 |
| | 中游 | 21.82 | 27.03 | 30.19 | 33.74 | 37.15 | 39.13 | 41.55 | 46.54 | 50.26 | 52.64 |
| | 下游 | 38.08 | 42.58 | 48.51 | 51.85 | 54.37 | 55.95 | 58.17 | 59.83 | 61.72 | 59.37 |

资料来源：根据《中国统计年鉴（2010～2019）》《中国科技统计年鉴（2010～2019）》中的数据计算得到。

## 第五节 上中下游地区创新效益指数比较

2009～2018 年长江下游地区的创新效益得分从 0.624 增加到 0.802，其创新效益得分在上、中、下游地区始终是最高的。2018 年长江下游地区的人均 GDP、年末城镇登记失业率、单位 GDP 能耗、第三产业所占比重分别为 10.85 万元/人、2.90%、0.35 吨标准煤/万元、54.07%。长江下游地区创新产出高，新产品销售收入占主营业务收入的比重高。2009 年长江下游地区的新产品销售收入占主营业务收入的比重为 12.86%，2018 年上升为 25.88%，年均增长率为 11.26%。2009 年长江下游地区的高技术产品出口额占货物出口额的比重为 26.29%，2018 年增长为 28.11%。

长江中游地区的创新效益得分从 2009 年的 0.538 增加到 2018 年的 0.697，仍低于下游地区。从与创新效益相关的指标上来说，长江中游地区的人均 GDP 在 2009 年是 2.01 万元/人，2018 年增长为 5.93 万元/人，年均增长率为 21.61%，有大幅增长。长江中游地区的年末城镇登记失业率、单位 GDP 能耗均出现了不同程度的下降，显示出其经济发展质量的提升。长江中游地区的三个省份目前仍然处于工业化发展阶段，制造业是驱动经济增长的最重要引擎，服务业相对滞后，其第三产业所占比重偏低。

长江上游地区的创新效益得分从 2009 年的 0.515 增加到 2018 年的 0.697。2009 年长江上游地区的人均 GDP 为 1.60 万元/人，2018 年增加为 5.26 万元/人，年均增长率为 25.35%。2009 年长江上游地区的年末城镇登记失业率、单位 GDP 能耗分别为 4.09%、1.37 吨标准煤/万元，

2018 年降为 3.34%、0.50 吨标准煤/万元，年均降幅分别为 2.03%、7.07%。2009 年长江上游地区的第三产业在产业结构中所占比重为 40.90%，2018 年提高到 50% 左右，年均增长率约为 2.47%。2009 年长江上游地区的新产品销售收入占主营业务收入的比重为 12.53%，2018 年降为 11.42%，降幅达到 8.86%。高技术产业出口额占货物出口额的比重从 2009 年的 11.18% 提升到 2018 年的 65.76%，其年均增长率为 54.24%（见表 4 – 5）。

表 4 – 5　　　　2009～2018 年长江上中下游地区创新效益指标变化

| 指标 | 地区 | 2009 年 | 2010 年 | 2011 年 | 2012 年 | 2013 年 | 2014 年 | 2015 年 | 2016 年 | 2017 年 | 2018 年 |
|---|---|---|---|---|---|---|---|---|---|---|---|
| 人均 GDP（万元/人） | 上游 | 1.60 | 1.94 | 2.41 | 2.76 | 3.11 | 3.42 | 3.69 | 4.07 | 4.49 | 5.26 |
| | 中游 | 2.01 | 2.46 | 3.01 | 3.36 | 3.72 | 4.07 | 4.34 | 4.75 | 5.09 | 5.93 |
| | 下游 | 4.62 | 5.04 | 5.74 | 6.15 | 6.68 | 7.17 | 7.64 | 8.45 | 9.21 | 10.85 |
| 年末城镇登记失业率（%）负向指标 | 上游 | 4.09 | 3.97 | 3.84 | 3.66 | 3.69 | 3.75 | 3.74 | 3.67 | 3.45 | 3.34 |
| | 中游 | 3.93 | 3.88 | 3.76 | 3.69 | 3.62 | 3.50 | 3.36 | 3.32 | 3.30 | 3.17 |
| | 下游 | 3.67 | 3.59 | 3.41 | 3.22 | 3.36 | 3.33 | 3.28 | 3.29 | 3.13 | 2.90 |
| 单位 GDP 能耗（吨标准煤/万元）负向指标 | 上游 | 1.37 | 1.25 | 1.12 | 1.03 | 0.84 | 0.79 | 0.73 | 0.68 | 0.64 | 0.50 |
| | 中游 | 0.95 | 0.85 | 0.75 | 0.70 | 0.59 | 0.56 | 0.53 | 0.50 | 0.47 | 0.41 |
| | 下游 | 0.73 | 0.67 | 0.60 | 0.57 | 0.53 | 0.49 | 0.48 | 0.44 | 0.42 | 0.35 |
| 第三产业所占比重（%） | 上游 | 40.90 | 39.70 | 40.00 | 40.73 | 41.25 | 43.35 | 45.35 | 46.68 | 47.93 | 50.00 |
| | 中游 | 38.47 | 36.87 | 36.23 | 36.85 | 37.83 | 40.17 | 42.12 | 44.09 | 46.22 | 48.54 |
| | 下游 | 44.63 | 44.03 | 44.20 | 45.47 | 46.50 | 48.75 | 51.31 | 52.95 | 53.92 | 54.07 |
| 新产品销售收入占主营业务收入的比重（%） | 上游 | 12.53 | 11.30 | 11.87 | 9.24 | 8.42 | 9.18 | 9.60 | 10.20 | 11.77 | 11.42 |
| | 中游 | 9.71 | 9.66 | 10.39 | 11.45 | 12.19 | 12.48 | 13.38 | 15.06 | 16.96 | 19.21 |
| | 下游 | 12.86 | 13.25 | 16.86 | 17.28 | 18.76 | 20.32 | 20.84 | 23.71 | 24.60 | 25.88 |
| 高技术产品出口额占货物出口额的比重（%） | 上游 | 11.18 | 9.67 | 18.33 | 23.03 | 28.50 | 26.84 | 29.34 | 37.92 | 48.00 | 65.76 |
| | 中游 | 16.49 | 18.51 | 16.26 | 16.12 | 15.41 | 17.37 | 20.57 | 21.91 | 21.74 | 25.68 |
| | 下游 | 26.29 | 26.50 | 24.70 | 24.18 | 24.53 | 26.33 | 27.26 | 26.77 | 28.41 | 28.11 |

资料来源：《中国统计年鉴（2010～2019）》《中国科技统计年鉴（2010～2019）》《中国能源统计年鉴（2010～2019）》中的数据计算得到。

# 第三篇　省域比较篇

# 第五章　长江经济带 11 省市创新指数比较：2009～2018 年

## 第一节　江苏省的创新指数分析

　　江苏的综合创新发展指数在 2009 年为 0.590，2018 年增长到 0.845，年均增长率为 4.80%，在长江经济带中提高最快。

　　2009 年江苏省的创新投入和创新产出得分分别为 0.626、0.541，2018 年分别增加为 0.951、0.879，年均增长率分别为 5.77%、6.94%。江苏 2009 年的创新支撑得分为 0.586，在长江经济带位列第三位，从 2013 年起跃居第一位。江苏的创新效益得分从 2009 年的 0.651 增长为 2018 年的 0.796，年均增长率为 2.47%。江苏的创新投入和创新产出指数在长江经济带 11 省市中一直处于领先地位（见表 5 - 1）。

表 5 - 1　　　　　2009～2018 年江苏的综合创新指数及分项指数得分变化

| 年份 | 创新投入 | 创新产出 | 政府服务 | 创新支撑 | 创新效益 | 综合创新指数 |
|------|---------|---------|---------|---------|---------|-------------|
| 2009 | 0.626 | 0.541 | 0.562 | 0.586 | 0.651 | 0.590 |
| 2010 | 0.645 | 0.591 | 0.581 | 0.610 | 0.668 | 0.618 |
| 2011 | 0.700 | 0.670 | 0.606 | 0.653 | 0.685 | 0.667 |
| 2012 | 0.756 | 0.729 | 0.622 | 0.714 | 0.699 | 0.710 |
| 2013 | 0.801 | 0.753 | 0.631 | 0.733 | 0.711 | 0.733 |
| 2014 | 0.832 | 0.784 | 0.640 | 0.757 | 0.730 | 0.757 |
| 2015 | 0.856 | 0.810 | 0.656 | 0.778 | 0.743 | 0.778 |
| 2016 | 0.894 | 0.864 | 0.654 | 0.801 | 0.757 | 0.808 |
| 2017 | 0.909 | 0.874 | 0.695 | 0.809 | 0.775 | 0.825 |
| 2018 | 0.951 | 0.879 | 0.739 | 0.808 | 0.796 | 0.845 |

　　资料来源：根据《中国统计年鉴（2010～2019）》和《中国科技统计年鉴（2010～2019）》中的数据计算得到。

## 第二节　浙江省的创新指数分析

2009～2018 年浙江的综合创新发展指数从 0.531 增加到 0.743，年均增长率为 4.44%，在长江经济带中排第三位。

对其 5 个分项进行分析可以发现，2009 年浙江的创新投入和创新产出分别是 0.541、0.480，到 2018 年增加为 0.787、0.747，其年均增长率分别为 5.05%、6.18%，得分位列长江经济带 11 省市第二位。2009～2018 年，浙江的政府服务水平得分从 0.488 增长到 0.607，年均增长率为 2.71%。浙江的创新支撑水平得分较高，一直在长江经济带中保持第 3 位。同期，创新支撑得分从 0.576 增加到 0.736，年均增长率为 3.77%。浙江的创新效益得分在 2009～2018 年分别从 0.598 增加到 0.801，增幅为 33.95%（见表 5 - 2）。

表 5 - 2　　　2009～2018 年浙江的综合创新指数及分项指数得分变化

| 年份 | 创新投入 | 创新产出 | 政府服务 | 创新支撑 | 创新效益 | 综合创新指数 |
|------|---------|---------|---------|---------|---------|-------------|
| 2009 | 0.541 | 0.480 | 0.488 | 0.576 | 0.598 | 0.531 |
| 2010 | 0.548 | 0.498 | 0.489 | 0.579 | 0.617 | 0.543 |
| 2011 | 0.587 | 0.539 | 0.507 | 0.628 | 0.651 | 0.579 |
| 2012 | 0.623 | 0.566 | 0.527 | 0.646 | 0.667 | 0.604 |
| 2013 | 0.648 | 0.597 | 0.533 | 0.661 | 0.693 | 0.627 |
| 2014 | 0.673 | 0.611 | 0.543 | 0.672 | 0.709 | 0.642 |
| 2015 | 0.703 | 0.639 | 0.559 | 0.694 | 0.736 | 0.667 |
| 2016 | 0.721 | 0.681 | 0.561 | 0.704 | 0.761 | 0.690 |
| 2017 | 0.742 | 0.697 | 0.578 | 0.726 | 0.776 | 0.708 |
| 2018 | 0.787 | 0.747 | 0.607 | 0.736 | 0.801 | 0.743 |

资料来源：根据《中国统计年鉴（2010～2019）》和《中国科技统计年鉴（2010～2019）》中的数据计算得到。

## 第三节　上海市的创新指数分析

上海的综合创新发展指数在 2009 年为 0.614，到 2018 年增加到 0.769，年均增长率为 2.80%。

从分项指数来看，2009～2018 年，上海的创新投入从 0.548 增加到的 0.661，其年均增长率为 2.29%；创新产出得分从 0.553 增加到 0.696，年均增长率为 3.40%；政府服务得分从 0.638 增加到 0.890，稳居第一位，其政府服务得分的增长率在长江经济带 11 省市中最高；创新支撑得分从 0.684 增加到 0.777，年均增长率为 1.51%；创新效益得分从 0.730 增加到 0.887，年均增长率为 2.39%（见表 5－3）。

表 5－3　　　　　2009～2018 年上海的综合创新指数及分项指数得分变化

| 年份 | 创新投入 | 创新产出 | 政府服务 | 创新支撑 | 创新效益 | 创新指数 |
| --- | --- | --- | --- | --- | --- | --- |
| 2009 | 0.548 | 0.533 | 0.638 | 0.684 | 0.730 | 0.614 |
| 2010 | 0.550 | 0.556 | 0.680 | 0.683 | 0.722 | 0.626 |
| 2011 | 0.573 | 0.575 | 0.702 | 0.705 | 0.768 | 0.652 |
| 2012 | 0.592 | 0.583 | 0.761 | 0.715 | 0.788 | 0.672 |
| 2013 | 0.611 | 0.591 | 0.762 | 0.725 | 0.773 | 0.677 |
| 2014 | 0.623 | 0.604 | 0.831 | 0.751 | 0.790 | 0.701 |
| 2015 | 0.630 | 0.633 | 0.846 | 0.777 | 0.798 | 0.719 |
| 2016 | 0.640 | 0.666 | 0.889 | 0.784 | 0.833 | 0.745 |
| 2017 | 0.653 | 0.696 | 0.933 | 0.797 | 0.848 | 0.769 |
| 2018 | 0.661 | 0.696 | 0.890 | 0.777 | 0.887 | 0.769 |

资料来源：根据《中国统计年鉴（2010～2019）》和《中国科技统计年鉴（2010～2019）》中的数据计算得到。

## 第四节　安徽省的创新指数分析

安徽的综合创新发展指数从 2009 年的 0.459 增加到 2018 年的 0.603，增速为 31.37%，年均增长率为 3.49%。

安徽的创新投入得分从 2009 年的 0.449 增加到 2018 年的 0.565，增长率达到 25.84%，年均增长率为 2.87%，仅次于江苏、浙江之下，比其他地区要高；创新产出得分从 0.412 增加到 0.558，增长率为 35.44%，年均增长率 3.94%；政府服务得分从 0.467 增加到 0.573，增幅为 22.70%，年均增长率为 2.52%；创新支撑得分从 0.478 增加到 0.609，增长了 39.73%，年均增长率为 3.05%，仅次于江苏；安徽的创新效益得分在 2009～2018 从 0.517 增加到 0.725，增长了 27.41%，年均增长率为 4.47%，仅次于湖北、重庆、贵州，列第四位（见表 5-4）。

表 5-4 　　　　　　2009~2018 年安徽的综合创新指数及分项指数得分变化

| 年份 | 创新投入 | 创新产出 | 政府服务 | 创新支撑 | 创新效益 | 综合创新指数 |
|------|---------|---------|---------|---------|---------|------------|
| 2009 | 0.449 | 0.412 | 0.467 | 0.478 | 0.517 | 0.459 |
| 2010 | 0.454 | 0.423 | 0.475 | 0.497 | 0.531 | 0.470 |
| 2011 | 0.469 | 0.436 | 0.495 | 0.515 | 0.543 | 0.484 |
| 2012 | 0.489 | 0.450 | 0.503 | 0.538 | 0.552 | 0.499 |
| 2013 | 0.506 | 0.465 | 0.529 | 0.552 | 0.573 | 0.518 |
| 2014 | 0.518 | 0.481 | 0.544 | 0.567 | 0.610 | 0.536 |
| 2015 | 0.527 | 0.500 | 0.548 | 0.585 | 0.628 | 0.551 |
| 2016 | 0.536 | 0.527 | 0.551 | 0.600 | 0.646 | 0.567 |
| 2017 | 0.551 | 0.542 | 0.561 | 0.611 | 0.683 | 0.585 |
| 2018 | 0.565 | 0.558 | 0.573 | 0.609 | 0.725 | 0.603 |

资料来源：根据《中国统计年鉴（2010~2019）》和《中国科技统计年鉴（2010~2019）》中的数据计算得到。

## 第五节　湖北省的创新指数分析

2009~2018 年湖北省的综合创新指数从 0.485 增加到 0.612，增长了 26.19%，年均增长率为 2.91%。

从 5 个分项进一步分析，湖北省的创新投入得分、创新产出得分、政府服务得分、创新支撑得分、创新效益得分分别从 2009 年的 0.477、0.423、0.502、0.532、0.539 增长到 2018 年的 0.580、0.519、0.622、0.639、0.756，年均增长率分别为 2.40%、2.52%、2.66%、2.23%、4.47%（见表 5-5）。

表 5-5 　　　　　　2009~2018 年湖北的综合创新指数及分项指数得分变化

| 年份 | 创新投入 | 创新产出 | 政府服务 | 创新支撑 | 创新效益 | 综合创新指数 |
|------|---------|---------|---------|---------|---------|------------|
| 2009 | 0.477 | 0.423 | 0.502 | 0.532 | 0.539 | 0.485 |
| 2010 | 0.482 | 0.429 | 0.501 | 0.550 | 0.557 | 0.494 |
| 2011 | 0.500 | 0.437 | 0.522 | 0.571 | 0.563 | 0.507 |
| 2012 | 0.515 | 0.446 | 0.544 | 0.581 | 0.582 | 0.522 |

续表

| 年份 | 创新投入 | 创新产出 | 政府服务 | 创新支撑 | 创新效益 | 综合创新指数 |
|------|---------|---------|---------|---------|---------|------------|
| 2013 | 0.528 | 0.455 | 0.557 | 0.591 | 0.609 | 0.536 |
| 2014 | 0.539 | 0.464 | 0.556 | 0.604 | 0.638 | 0.549 |
| 2015 | 0.545 | 0.476 | 0.560 | 0.620 | 0.669 | 0.562 |
| 2016 | 0.547 | 0.494 | 0.586 | 0.631 | 0.706 | 0.581 |
| 2017 | 0.557 | 0.512 | 0.585 | 0.654 | 0.725 | 0.596 |
| 2018 | 0.580 | 0.519 | 0.622 | 0.639 | 0.756 | 0.612 |

资料来源：根据《中国统计年鉴（2010～2019）》和《中国科技统计年鉴（2010～2019）》中的数据计算得到。

## 第六节　湖南省的创新指数分析

2009～2018 年湖南的综合创新指数从 0.465 增加到 0.566，涨幅 21.72%，年均增长率为 2.41%。

从具体的 5 个分项来看，湖南的创新投入得分在 2009～2018 年从 0.447 增加到 0.551，年均增长率为 2.59%；创新产出得分在从 2009 年的 0.416 增加到 2018 年的 0.489，退居第八位；政府服务得分在 2009～2018 年从 0.468 提升到 0.559，年均增长率为 2.16%；创新支撑得分在 2009～2018 年从 0.486 上升到 0.586，年均增长率为 2.29%；创新效益得分由 2009 年时的 0.536 增加到 2018 年的 0.687，增长了 28.17%，年均增长率为 3.13%（见表 5-6）。

表 5-6　　　　2009～2018 年湖南综合创新指数及分项指数得分变化

| 年份 | 创新投入 | 创新产出 | 政府服务 | 创新支撑 | 创新效益 | 综合创新指数 |
|------|---------|---------|---------|---------|---------|------------|
| 2009 | 0.447 | 0.416 | 0.468 | 0.486 | 0.536 | 0.465 |
| 2010 | 0.450 | 0.422 | 0.472 | 0.500 | 0.537 | 0.470 |
| 2011 | 0.462 | 0.434 | 0.483 | 0.517 | 0.551 | 0.483 |
| 2012 | 0.475 | 0.442 | 0.495 | 0.524 | 0.573 | 0.495 |
| 2013 | 0.484 | 0.451 | 0.520 | 0.531 | 0.592 | 0.508 |
| 2014 | 0.494 | 0.458 | 0.526 | 0.544 | 0.610 | 0.519 |
| 2015 | 0.509 | 0.468 | 0.532 | 0.550 | 0.637 | 0.532 |

续表

| 年份 | 创新投入 | 创新产出 | 政府服务 | 创新支撑 | 创新效益 | 综合创新指数 |
|------|----------|----------|----------|----------|----------|--------------|
| 2016 | 0.516 | 0.476 | 0.538 | 0.561 | 0.641 | 0.539 |
| 2017 | 0.536 | 0.487 | 0.553 | 0.597 | 0.660 | 0.558 |
| 2018 | 0.551 | 0.489 | 0.559 | 0.586 | 0.687 | 0.566 |

资料来源：根据《中国统计年鉴（2010～2019）》和《中国科技统计年鉴（2010～2019）》中的数据计算得到。

## 第七节 江西省的创新指数分析

江西的综合创新指数在 2009～2018 年从 0.455 增加到 0.540，增长了 18.68%，年均增长率为 2.08%。

江西的创新投入得分在 2009～2018 年从 0.428 增加到 0.492，增长了 14.95%，年均增长率为 1.66%；2009～2018 年其创新产出得分从 0.406 增加到 0.480，年均增长率为 2.03%；江西的政府服务得分在 2009～2018 年从 0.454 增加到 0.522，年均增长率为 1.66%；创新支撑得分在 2009 年时为 0.476，2018 年增加到 0.598，年均增长率为 2.85%，高于湖北、云南、上海；江西的创新效益得分在 2009～2018 年从 0.539 增加到 0.647，年均增长率为 2.23%（见表 5-7）。

表 5-7 　　　　2009～2018 年江西的综合创新指数及分项指数得分变化

| 年份 | 创新投入 | 创新产出 | 政府服务 | 创新支撑 | 创新效益 | 综合创新指数 |
|------|----------|----------|----------|----------|----------|--------------|
| 2009 | 0.428 | 0.406 | 0.454 | 0.476 | 0.539 | 0.455 |
| 2010 | 0.426 | 0.410 | 0.456 | 0.486 | 0.551 | 0.460 |
| 2011 | 0.427 | 0.414 | 0.466 | 0.499 | 0.565 | 0.467 |
| 2012 | 0.430 | 0.419 | 0.471 | 0.505 | 0.566 | 0.471 |
| 2013 | 0.438 | 0.424 | 0.476 | 0.520 | 0.567 | 0.478 |
| 2014 | 0.442 | 0.429 | 0.484 | 0.537 | 0.575 | 0.485 |
| 2015 | 0.447 | 0.438 | 0.487 | 0.556 | 0.581 | 0.494 |
| 2016 | 0.455 | 0.453 | 0.481 | 0.571 | 0.602 | 0.505 |
| 2017 | 0.467 | 0.468 | 0.498 | 0.580 | 0.616 | 0.519 |
| 2018 | 0.492 | 0.480 | 0.522 | 0.598 | 0.647 | 0.540 |

资料来源：根据《中国统计年鉴（2010～2019）》和《中国科技统计年鉴（2010～2019）》中的数据计算得到。

## 第八节　重庆市的创新指数分析

重庆的综合创新指数在 2009～2018 年从 0.469 增加到 0.595，增长了 26.87%，年均增长率为 2.99%，是除长江下游四省外增幅最大的。

重庆的创新投入得分在 2009～2018 年从 0.434 增加到 0.514，年均增长率为 2.05%；重庆的创新产出水平得分在 2009 年为 0.418，2018 年增加到 0.507，年均增长率为 2.37%；政府服务得分在 2009 年时是 0.413，2018 年增加到 0.526，增长了 27.36%，年均增长率为 3.04%，增幅位居长江经济带第四位；重庆的创新支撑得分从 2009 年时的 0.513 增加到 2018 年的 0.652，增长了 27.10%，年均增长率为 3.01%；重庆的创新效益得分在 2009～2018 年从 0.592 上升到 0.817，增幅为 38.01%，年均增长率为 4.22%，在所有地区中增幅最大（见表 5－8）。

表 5－8　　　　2009～2018 年重庆的综合创新指数及分项指数得分变化

| 年份 | 创新投入 | 创新产出 | 政府服务 | 创新支撑 | 创新效益 | 综合创新指数 |
|------|---------|---------|---------|---------|---------|------------|
| 2009 | 0.434 | 0.418 | 0.413 | 0.513 | 0.592 | 0.469 |
| 2010 | 0.438 | 0.428 | 0.422 | 0.540 | 0.599 | 0.480 |
| 2011 | 0.442 | 0.442 | 0.432 | 0.558 | 0.651 | 0.500 |
| 2012 | 0.450 | 0.447 | 0.443 | 0.580 | 0.656 | 0.509 |
| 2013 | 0.455 | 0.456 | 0.448 | 0.594 | 0.689 | 0.522 |
| 2014 | 0.461 | 0.473 | 0.445 | 0.608 | 0.706 | 0.533 |
| 2015 | 0.474 | 0.509 | 0.485 | 0.629 | 0.724 | 0.559 |
| 2016 | 0.487 | 0.495 | 0.499 | 0.638 | 0.749 | 0.566 |
| 2017 | 0.501 | 0.511 | 0.493 | 0.650 | 0.788 | 0.583 |
| 2018 | 0.514 | 0.507 | 0.526 | 0.652 | 0.817 | 0.595 |

资料来源：根据《中国统计年鉴（2010～2019）》和《中国科技统计年鉴（2010～2019）》中的数据计算得到。

## 第九节　四川省的创新指数分析

四川的综合创新指数在 2009～2018 年从 0.474 上升到 0.601，增幅为 38.01%，年均增长率为 2.98%。从具体的 5 个分项进行考察，2009～

2018 年四川的创新投入得分、创新产出得分分别从 0.472、0.421，增加到 0.559、0.499，年均增长率分别为 2.05%，2.06%；政府服务得分从 2009 年的 0.539 增加到 2018 年的 0.738，年均增长率为 4.10%，增幅仅次于上海；四川的创新支撑得分 2009 年为 0.451，2018 年上升到 0.564，年均增长率为 2.78%；创新效益得分在 2009 年时是 0.525，到 2018 年上升到 0.721，增长了 37.33%，年均增长率 4.15%（见表 5–9）。

表 5–9　　　　　2009~2018 年四川的综合创新指数及分项指数得分变化

| 年份 | 创新投入 | 创新产出 | 政府服务 | 创新支撑 | 创新效益 | 创新指数 |
|------|---------|---------|---------|---------|---------|---------|
| 2009 | 0.472 | 0.421 | 0.539 | 0.451 | 0.525 | 0.474 |
| 2010 | 0.472 | 0.425 | 0.575 | 0.467 | 0.513 | 0.481 |
| 2011 | 0.468 | 0.434 | 0.581 | 0.483 | 0.551 | 0.493 |
| 2012 | 0.483 | 0.445 | 0.599 | 0.508 | 0.574 | 0.511 |
| 2013 | 0.498 | 0.457 | 0.597 | 0.521 | 0.585 | 0.522 |
| 2014 | 0.506 | 0.464 | 0.629 | 0.531 | 0.597 | 0.534 |
| 2015 | 0.514 | 0.470 | 0.679 | 0.541 | 0.614 | 0.550 |
| 2016 | 0.527 | 0.483 | 0.699 | 0.557 | 0.644 | 0.568 |
| 2017 | 0.542 | 0.497 | 0.706 | 0.570 | 0.683 | 0.585 |
| 2018 | 0.559 | 0.499 | 0.738 | 0.564 | 0.721 | 0.601 |

资料来源：根据《中国统计年鉴（2010~2019）》和《中国科技统计年鉴（2010~2019）》中的数据计算得到。

## 第十节　贵州省的创新指数分析

2009~2018 年贵州的综合创新指数从 0.425 增加到 0.501，年均增长率为 1.99%。

从各分项创新指数来看，贵州的创新投入得分在 2009~2018 年从 0.405 增加到 0.427，年均增长率为 0.60%；创新产出在 2009 年时得分为 0.401，2018 年增加到 0.433，年均增长率为 0.89%；2009 年政府服务得分为 0.424，2018 年为 0.495，年均增长率为 1.86%；创新支撑在 2009 年时得分 0.429，2018 年的分数为 0.555，增幅为 29.37%，年均增长率为 3.26%；创新效益得分在 2009~2018 年从 0.476 增加到 0.638，年均增长率为 3.78%（见表 5–10）。

表 5-10　　　　2009~2018 年贵州省的综合创新指数及分项指数得分变化

| 年份 | 创新投入 | 创新产出 | 政府服务 | 创新支撑 | 创新效益 | 综合创新指数 |
|------|---------|---------|---------|---------|---------|------------|
| 2009 | 0.405 | 0.401 | 0.424 | 0.429 | 0.476 | 0.425 |
| 2010 | 0.407 | 0.402 | 0.430 | 0.445 | 0.488 | 0.431 |
| 2011 | 0.406 | 0.406 | 0.429 | 0.457 | 0.507 | 0.437 |
| 2012 | 0.409 | 0.407 | 0.440 | 0.467 | 0.517 | 0.443 |
| 2013 | 0.412 | 0.409 | 0.448 | 0.482 | 0.528 | 0.450 |
| 2014 | 0.413 | 0.415 | 0.450 | 0.492 | 0.533 | 0.455 |
| 2015 | 0.412 | 0.415 | 0.462 | 0.507 | 0.555 | 0.463 |
| 2016 | 0.415 | 0.421 | 0.464 | 0.528 | 0.580 | 0.474 |
| 2017 | 0.421 | 0.429 | 0.479 | 0.542 | 0.630 | 0.492 |
| 2018 | 0.427 | 0.433 | 0.495 | 0.555 | 0.638 | 0.501 |

资料来源：根据《中国统计年鉴（2010~2019）》和《中国科技统计年鉴（2010~2019）》中的数据计算得到。

## 第十一节　云南省的创新指数分析

云南的综合创新指数在 2009~2018 年从 0.426 增加到 0.494，增长了 15.96%，年均增长率为 1.77%。

云南的创新投入得分在 2009 年时为 0.403，2018 年增加到 0.438，年均增长率为 0.96%；创新产出得分从 2009 年的 0.402 增加到 2018 年的 0.424，年均增长率为 0.61%；云南的政府服务得分在 2009 年是 0.448，2018 年增加到 0.527，年均增长率为 1.96%；创新支撑得分在 2009~2018 年从 0.428 增加到 0.516，增长了 20.56%，年均增长率为 2.28%；云南的创新效益得分在 2009~2018 年间从 0.465 增加到 0.612，增幅为 31.61%，年均增长率为 3.51%（见表 5-11）。

表 5-11　　　　2009~2018 年云南省的综合创新指数及分项指数得分变化

| 年份 | 创新投入 | 创新产出 | 政府服务 | 创新支撑 | 创新效益 | 综合创新指数 |
|------|---------|---------|---------|---------|---------|------------|
| 2009 | 0.403 | 0.402 | 0.448 | 0.428 | 0.465 | 0.426 |
| 2010 | 0.405 | 0.403 | 0.457 | 0.439 | 0.469 | 0.430 |
| 2011 | 0.408 | 0.403 | 0.465 | 0.452 | 0.492 | 0.439 |

续表

| 年份 | 创新投入 | 创新产出 | 政府服务 | 创新支撑 | 创新效益 | 综合创新指数 |
|------|---------|---------|---------|---------|---------|------------|
| 2012 | 0.411 | 0.406 | 0.473 | 0.460 | 0.503 | 0.445 |
| 2013 | 0.412 | 0.408 | 0.480 | 0.475 | 0.528 | 0.454 |
| 2014 | 0.413 | 0.410 | 0.485 | 0.487 | 0.529 | 0.457 |
| 2015 | 0.422 | 0.412 | 0.507 | 0.499 | 0.538 | 0.467 |
| 2016 | 0.426 | 0.416 | 0.508 | 0.507 | 0.570 | 0.476 |
| 2017 | 0.431 | 0.420 | 0.522 | 0.517 | 0.596 | 0.487 |
| 2018 | 0.438 | 0.424 | 0.527 | 0.516 | 0.612 | 0.494 |

资料来源：根据《中国统计年鉴（2010～2019）》和《中国科技统计年鉴（2010～2019）》中的数据计算得到。

# 第六章 长江经济带 11 省市创新分项 指数比较：2009～2018 年

## 第一节 长江经济带 11 省市创新投入指数比较

### 一、江浙沪皖三省一市创新投入水平比较

在长江下游地区，江苏的创新投入得分排名第一位，2009 年得分为 0.626，比浙江、上海、安徽各高出 15.71%、14.23%、39.42%。经过 2009～2018 年的高速增长，2018 年江苏的创新投入得分比浙江、上海、安徽分别高出 20.84%、43.87%、68.32%。分析创新投入的具体指标可以发现，江苏的研发人员和研发资金投入规模大且增长速度快。2009 年时 R&D 人员有 36.94 万人，2018 年就增加 79.41 万人，年均增长率为 12.77%，占比在长江下游地区为 40% 以上。2009～2018 年，R&D 人员全时当量从 27.33 万人年增加到 56.03 万人年，增幅为 105.01%。在高技术产业方面，江苏的规模以上工业企业 R&D 人员、高技术产业 R&D 人员全时当量分别从 29.20 万人、5.97 万人年增加到 62.34 万人、11.83 万人年，各增长了 113.49%、98.16%，其年均增长率分别为 12.61%、10.91%。在已经拥有较大基数的情况下，这样的增速已经很高了。从 R&D 经费投入来看，2009～2018 年江苏的 R&D 经费支出从 701.95 亿元增加到 2504.43 亿元，增幅为 256.78%，年均增长率为 28.53%。规模以上工业 R&D 经费支出、高技术产业 R&D 经费支出分别在 2009 年分别为 570.71 亿元、127.57 亿元，2018 年分别增加到 2024.52 亿元、502.6 亿元，年均增长率分别为 28.30%、32.66%。

浙江的创新投入得分仅次于江苏，并且在 2009～2018 年创新投入的具体指标值得到了巨大提升。2009 年浙江的 R&D 人员数、R&D 人员全

时当量、规模以上工业企业 R&D 人员数、高技术产业 R&D 人员全时当量分别为 23.91 万人、18.51 万人年、18.49 万人、3.12 万人年，到 2018 年分别增加到 62.73 万人、45.80 万人年、51.35 万人、8.28 万人年，各指标在长江下游地区中的占比分别从 27.59%、28.43%、30.28%、26.67% 上升到 32.58%、33.84%、36.02%、33.45%。2009 年浙江投入的 R&D 经费支出为 398.84 亿元，2018 年该指标增加到 1445.69 亿元，在 2009～2018 年浙江加大了该指标的投入，年均增长率为 29.16%。R&D 经费投入强度从 2009 年的 1.73 提高到 2018 年的 2.57，其增速为 48.55%。同期，浙江规模以上工业 R&D 经费支出从 330.10 亿元增加到 1147.39 亿元，其年均增长率为 27.51%。高技术产业 R&D 经费支出从 2009 年的 62.16 亿元增加到 2018 年的 270.18 亿元，增长了 334.65%。

2009～2018 年上海的创新投入得分增长了 20.62%。从 R&D 人员投入来看，上海的 R&D 人员数、R&D 人员全时当量、规模以上工业企业 R&D 人员数、高技术产业 R&D 人员全时当量分别从 2009 年的 17.05 万人、13.29 万人年、7.98 万人、2.15 万人年增加到 2018 年的 27.12 万人、18.81 万人年、12.06 万人、2.43 万人年，年均增长率分别为 6.56%、4.61%、5.68%、1.45%。从 R&D 经费投入来看，上海的 R&D 经费支出从 2009 年的 423.38 亿元增加到 2018 年的 1359.21 亿元，其年均增长率为 24.56%。R&D 经费投入强度在 2009 年时是 2.81%，2018 年提高到 4.16%，位居长江经济带榜首。上海规模以上工业 R&D 经费支出、高技术产业 R&D 经费支出分别从 2009 年的 236.52 亿元、63.30 亿元增加到 2018 年的 554.88 亿元、127.32 亿元，年均增长率分别为 14.96%、11.24%。

安徽的创新投入得分增长很快。从具体的 8 个指标来看，安徽的 R&D 人员在长江下游地区中最小，但增长率最高。2009 年安徽的 R&D 人员数、R&D 人员全时当量、规模以上工业企业 R&D 人员数、高技术产业 R&D 人员全时当量分别是 8.77 万人、5.97 万人年、5.40 万人、0.46 万人年，到 2018 年增加到 23.27 万人、14.71 万人年、16.8 万人、2.21 万人年，年均增长率分别为 18.37%、16.27%、23.46%、42.27%。2009 年安徽的 R&D 经费支出是 135.95 亿元，2018 年增加为 648.95 亿元，年均增长率为 41.93%。2009～2018 年安徽的 R&D 经费投入强度从 1.35% 提高到 2.16%，增长率为 60.00%。安徽 2009 年规模以上工业 R&D 经费支出、高技术产业 R&D 经费支出分别为 90.75 亿元、6.57 亿元，2018 年增加到 497.3 亿元、99.14 亿元，年均增长率为 49.78%、156.55%，增长率较高，其在长江下游地区中的占比分别由 7.39%、2.53% 上升到 11.77%、9.92%，成为安徽省创新投入的重要力量（见表 6－1）。

表 6－1　　　　2009～2018 年沪苏浙皖创新投入的各项指标变动情况

| 指标 | 省份 | 2009 年 | 2010 年 | 2011 年 | 2012 年 | 2013 年 | 2014 年 | 2015 年 | 2016 年 | 2017 年 | 2018 年 |
|---|---|---|---|---|---|---|---|---|---|---|---|
| R&D 人员数（万人） | 上海 | 17.05 | 17.75 | 19.87 | 20.88 | 22.68 | 23.68 | 24.27 | 25.48 | 26.23 | 27.12 |
| | 江苏 | 36.94 | 40.62 | 45.51 | 54.92 | 62.69 | 67.65 | 69.96 | 76.10 | 75.42 | 79.41 |
| | 浙江 | 23.91 | 28.68 | 32.42 | 37.73 | 41.60 | 44.47 | 48.96 | 51.67 | 55.86 | 62.73 |
| | 安徽 | 8.77 | 9.46 | 12.26 | 15.63 | 18.06 | 20.11 | 20.48 | 21.11 | 22.82 | 23.27 |
| R&D 人员全时当量（万人年） | 上海 | 13.29 | 13.50 | 14.85 | 15.34 | 16.58 | 16.82 | 17.18 | 18.39 | 18.35 | 18.81 |
| | 江苏 | 27.33 | 31.58 | 34.28 | 40.19 | 46.62 | 49.88 | 52.03 | 54.34 | 56.00 | 56.03 |
| | 浙江 | 18.51 | 22.35 | 25.37 | 27.81 | 31.10 | 33.84 | 36.47 | 37.66 | 39.81 | 45.80 |
| | 安徽 | 5.97 | 6.42 | 8.11 | 10.30 | 11.93 | 12.93 | 13.36 | 13.58 | 14.05 | 14.71 |
| R&D 经费支出（亿元） | 上海 | 423.38 | 481.70 | 597.71 | 679.46 | 776.78 | 861.95 | 936.14 | 1049.32 | 1205.21 | 1359.20 |
| | 江苏 | 701.95 | 857.95 | 1065.51 | 1287.86 | 1487.45 | 1652.82 | 1801.23 | 2026.67 | 2260.06 | 2504.43 |
| | 浙江 | 398.84 | 494.23 | 598.08 | 722.59 | 817.27 | 907.85 | 1011.18 | 1130.63 | 1266.34 | 1445.69 |
| | 安徽 | 135.95 | 163.72 | 214.64 | 281.80 | 352.08 | 393.61 | 431.75 | 475.13 | 564.92 | 648.95 |
| R&D 经费投入强度（%） | 上海 | 2.81 | 2.81 | 3.11 | 3.37 | 3.56 | 3.66 | 3.73 | 3.82 | 4.00 | 4.16 |
| | 江苏 | 2.04 | 2.07 | 2.17 | 2.38 | 2.49 | 2.54 | 2.57 | 2.66 | 2.63 | 2.70 |
| | 浙江 | 1.73 | 1.78 | 1.85 | 2.08 | 2.16 | 2.26 | 2.36 | 2.43 | 2.45 | 2.57 |
| | 安徽 | 1.35 | 1.32 | 1.40 | 1.64 | 1.83 | 1.89 | 1.96 | 1.97 | 2.05 | 2.16 |
| 规模以上工业企业 R&D 人员数（万人） | 上海 | 7.98 | 9.00 | 10.03 | 10.83 | 11.68 | 12.42 | 12.48 | 11.95 | 12.02 | 12.06 |
| | 江苏 | 29.20 | 32.73 | 36.25 | 44.80 | 51.09 | 55.29 | 57.12 | 61.00 | 58.94 | 62.34 |
| | 浙江 | 18.49 | 21.65 | 24.82 | 29.75 | 33.72 | 36.23 | 40.26 | 41.47 | 44.43 | 51.35 |
| | 安徽 | 5.40 | 6.85 | 8.31 | 11.07 | 12.76 | 14.58 | 14.65 | 15.49 | 16.72 | 16.80 |
| 规模以上工业企业 R&D 经费支出（亿元） | 上海 | 236.52 | 237.75 | 343.76 | 371.51 | 404.78 | 449.22 | 474.24 | 490.08 | 540.00 | 554.88 |
| | 江苏 | 570.71 | 551.35 | 899.89 | 1080.31 | 1239.57 | 1376.54 | 1506.51 | 1657.54 | 1833.88 | 2024.52 |
| | 浙江 | 330.10 | 272.34 | 479.91 | 588.61 | 684.36 | 768.15 | 853.57 | 935.79 | 1030.14 | 1147.39 |
| | 安徽 | 90.75 | 104.02 | 162.83 | 208.98 | 247.72 | 284.73 | 322.14 | 370.92 | 436.12 | 497.30 |

续表

| 指标 | 省份 | 2009 年 | 2010 年 | 2011 年 | 2012 年 | 2013 年 | 2014 年 | 2015 年 | 2016 年 | 2017 年 | 2018 年 |
|---|---|---|---|---|---|---|---|---|---|---|---|
| 高技术产业 R&D 经费 支出（亿元） | 上海 | 63.30 | 67.36 | 71.74 | 90.76 | 106.15 | 127.41 | 128.23 | 133.82 | 144.92 | 127.32 |
| | 江苏 | 127.57 | 135.13 | 210.74 | 257.57 | 279.81 | 308.43 | 343.14 | 388.23 | 416.14 | 502.60 |
| | 浙江 | 62.16 | 52.44 | 86.99 | 115.53 | 130.47 | 153.78 | 185.33 | 213.27 | 232.93 | 270.18 |
| | 安徽 | 6.57 | 12.21 | 20.86 | 22.39 | 30.14 | 37.47 | 51.20 | 63.55 | 79.77 | 99.14 |
| 高技术产业 R&D 人员 全时当量 （万人年） | 上海 | 2.15 | 1.93 | 1.91 | 2.26 | 2.69 | 2.46 | 2.74 | 2.83 | 2.53 | 2.43 |
| | 江苏 | 5.97 | 6.45 | 7.97 | 8.93 | 10.07 | 10.60 | 10.88 | 11.56 | 11.20 | 11.83 |
| | 浙江 | 3.12 | 2.45 | 4.17 | 4.90 | 5.51 | 6.27 | 6.97 | 7.00 | 7.13 | 8.28 |
| | 安徽 | 0.46 | 0.67 | 0.84 | 1.00 | 1.11 | 1.32 | 1.59 | 1.93 | 2.06 | 2.21 |

注：表中的企业是指规模以上工业企业。

资料来源：根据《中国统计年鉴（2010~2019）》《中国科技统计年鉴（2010~2019）》《中国高技术产业统计年鉴（2010~2019）》中的数据计算得到。

## 二、湘鄂赣三省创新投入水平比较

对长江中游各省的创新投入得分进行比较发现，湖北的创新投入水平最高，湖南次之，江西最低。从增幅上来看，湖南 2009~2018 年的创新投入得分增幅最大，为 23.27%，湖北次之，为 21.59%，江西增幅最小，为 14.95%。

从具体指标上看，湖北的 R&D 人员投入在三省中最大，无论是 R&D 人员数、R&D 人员全时当量、规模以上工业企业 R&D 人员数，还是高技术产业 R&D 人员全时当量均是最多的。如果从涨幅的角度来看，2009~2018 年湖北的 R&D 人员数、R&D 人员全时当量、规模以上工业企业 R&D 人员数、高技术产业 R&D 人员全时当量分别增长了 95.44%、82.89%、141.47%、97.27%，年均增长率为 10.60%、9.21%、15.72%、10.81%。湖北的 R&D 经费支出从 2009 年的 213.45 亿元增加到 2018 年的 822.05 亿元，增长率为 285.13%，其年均增长率为 31.68%，增幅在三省中最低，但总规模最大，大量的 R&D 投入是湖北的创新发展居于长江经济带排名前列的重要原因之一。高技术产业是引领创新驱动的主要力量，湖北在高技术产业上的 R&D 经费投入规模最大，增长速度也很快。2009 年湖北规模以上工业 R&D 经费支出、高技术产业 R&D 经费支出分别为 120.57 亿元、22.97 亿元，到 2018 年这两个指标分别增加到 525.52 亿元、145.44 亿元，年均增长率分别为 37.32%、59.24%，其增幅超过江西但低于湖南，特别是高技术产业 R&D 经费支出的增长率较高，2009 年在长江中游地区中的占比为 47.95%，到 2018 年上升到 48.4%，增加了 0.45%，是推动高技术产业持续发展的重要基础。

湖南的创新投入得分在长江中游地区位列第二，其增长速度较快。R&D 人员数和 R&D 人员全时当量的增长率分别达到 149.68%、143.73%。湖南的规模以上工业企业 R&D 人员在 2009 年时有 5.20 万人，2018 年增加到 15.66 万人，增幅为 201.15%，其年均增长率为 22.35%，从仅占湖北的 75.14% 上升到有湖北的 93% 左右。湖南的高技术产业 R&D 人员的投入全时当量在 2009 年时为 0.49 万人年，2018 年增加到 2.03 万人年，实现了 314.29% 的高增长，这和这一时期湖南轨道交通、电子信息、新材料、生物医药、航空航天等高技术产业高速发展是相匹配的。湖南的 R&D 经费支出在 2009～2018 年从 153.50 亿元增加到 658.27 亿元，增幅为 328.84%。同时，R&D 经费投入强度从 2009 年的 1.18% 提高到 2018 年的 1.81%，增长率达到 53.39%，在三省中最高。湖南在规模以上工业企业 R&D 经费支出、高技术产业 R&D 经费支出上的规模从 2009～2018 年的 109.61 亿元、13.79 亿元分别增加到 516.72 亿元、86.47 亿元，其年均增长率分别为 41.27%、58.56%。

在创新投入方面，江西在长江中游三省中规模较小，但增长快。2009 年江西的 R&D 人员数、R&D 人员全时当量、规模以上工业企业 R&D 人员数分别为 5.19 万人，3.31 万人年，2.96 万人，2018 年分别增长到 12.27 万人，8.53 万人年，9.04 万人，增长率分别达到 136.42%、157.70%、205.41%。江西的高技术产业 R&D 人员全时当量在 2009～2018 年从 0.64 万人年增加到 2.06 万人年，增长率比湖北高。2009 年江西的 R&D 经费支出为 75.89 亿元，2018 年增长到 310.69 亿元，年均增长率为 34.38%。江西的规模以上工业企业 R&D 经费支出、高技术产业 R&D 经费支出在 2009～2018 年从 58.26 亿元、11.14 亿元增加到 267.77 亿元、68.58 亿元，分别增长了 280.48%、515.62%，其年均增长率为 39.96%、57.29%（见表 6-2）。

表 6-2　　　　　2009～2018 年赣鄂湘创新投入的各指标变动情况

| 指标 | 省份 | 2009 年 | 2010 年 | 2011 年 | 2012 年 | 2013 年 | 2014 年 | 2015 年 | 2016 年 | 2017 年 | 2018 年 |
|---|---|---|---|---|---|---|---|---|---|---|---|
| R&D 人员数（万人） | 江西 | 5.19 | 5.35 | 5.69 | 5.82 | 7.09 | 7.62 | 7.88 | 9.51 | 9.96 | 12.27 |
| | 湖北 | 13.17 | 14.29 | 16.64 | 18.57 | 20.47 | 21.81 | 22.10 | 21.83 | 23.53 | 25.74 |
| | 湖南 | 9.38 | 10.97 | 12.77 | 14.50 | 15.10 | 16.25 | 17.35 | 19.11 | 20.51 | 23.42 |

续表

| 指标 | 省份 | 2009 年 | 2010 年 | 2011 年 | 2012 年 | 2013 年 | 2014 年 | 2015 年 | 2016 年 | 2017 年 | 2018 年 |
|---|---|---|---|---|---|---|---|---|---|---|---|
| R&D 人员全时当量（万人年） | 江西 | 3.31 | 3.48 | 3.75 | 3.82 | 4.35 | 4.35 | 4.65 | 5.06 | 6.19 | 8.53 |
| | 湖北 | 9.12 | 9.79 | 11.39 | 12.27 | 13.31 | 14.07 | 13.55 | 13.66 | 14.00 | 16.68 |
| | 湖南 | 6.38 | 7.26 | 8.58 | 10.00 | 10.34 | 10.74 | 11.49 | 11.93 | 13.08 | 15.55 |
| R&D 经费支出（亿元） | 江西 | 75.89 | 87.15 | 96.75 | 113.66 | 135.50 | 153.11 | 173.18 | 207.31 | 255.80 | 310.69 |
| | 湖北 | 213.45 | 264.12 | 323.01 | 384.52 | 446.20 | 510.90 | 561.74 | 600.04 | 700.63 | 822.05 |
| | 湖南 | 153.50 | 186.56 | 233.22 | 287.68 | 327.03 | 367.93 | 412.67 | 468.84 | 568.53 | 658.27 |
| R&D 经费投入强度（%） | 江西 | 0.99 | 0.92 | 0.83 | 0.88 | 0.94 | 0.97 | 1.04 | 1.13 | 1.23 | 1.41 |
| | 湖北 | 1.65 | 1.65 | 1.65 | 1.73 | 1.80 | 1.87 | 1.90 | 1.86 | 1.92 | 2.09 |
| | 湖南 | 1.18 | 1.16 | 1.19 | 1.30 | 1.33 | 1.36 | 1.43 | 1.50 | 1.64 | 1.81 |
| 规模以上工业企业 R&D 人员数（万人） | 江西 | 2.96 | 3.17 | 3.39 | 3.40 | 4.66 | 5.00 | 5.18 | 6.65 | 6.89 | 9.04 |
| | 湖北 | 6.92 | 8.35 | 9.78 | 11.26 | 12.90 | 13.86 | 14.04 | 14.96 | 15.46 | 16.71 |
| | 湖南 | 5.20 | 6.51 | 7.81 | 9.25 | 9.90 | 11.00 | 11.78 | 13.03 | 13.61 | 15.66 |
| 规模以上工业企业 R&D 经费支出（亿元） | 江西 | 58.26 | 58.94 | 76.98 | 92.60 | 110.64 | 128.04 | 147.50 | 179.76 | 221.69 | 267.77 |
| | 湖北 | 120.57 | 142.91 | 210.76 | 263.31 | 311.80 | 362.95 | 407.27 | 445.96 | 468.94 | 525.52 |
| | 湖南 | 109.61 | 113.77 | 181.78 | 229.09 | 270.40 | 310.04 | 352.55 | 392.96 | 461.77 | 516.72 |
| 高技术产业 R&D 经费支出（亿元） | 江西 | 11.14 | 10.44 | 16.65 | 16.51 | 21.50 | 28.14 | 31.25 | 30.09 | 41.96 | 68.58 |
| | 湖北 | 22.97 | 19.86 | 47.51 | 61.90 | 73.22 | 81.60 | 94.12 | 103.03 | 113.66 | 145.44 |
| | 湖南 | 13.79 | 9.59 | 20.38 | 23.11 | 43.37 | 46.58 | 64.05 | 63.77 | 78.78 | 86.47 |
| 高技术产业 R&D 人员全时当量（万人年） | 江西 | 0.64 | 0.54 | 0.77 | 0.82 | 0.96 | 0.88 | 1.01 | 0.88 | 1.26 | 2.06 |
| | 湖北 | 1.10 | 1.05 | 1.81 | 2.21 | 2.45 | 2.56 | 2.37 | 2.12 | 2.10 | 2.17 |
| | 湖南 | 0.49 | 0.50 | 0.61 | 0.83 | 0.92 | 1.45 | 2.23 | 2.05 | 2.73 | 2.03 |

注：表中的企业是指规模以上工业企业；R&D 人员全时当量和 R&D 经费投入强度是用各省数据的算术平均得到的。

资料来源：《中国统计年鉴（2010～2019）》《中国科技统计年鉴（2010～2019）》《中国高技术产业统计年鉴（2010～2019）》。

## 三、云贵川渝三省一市创新投入水平比较

四川的 R&D 人员数、R&D 人员全时当量、规模以上工业企业 R&D 人员数、高技术产业 R&D 人员全时当量均位居长江上游地区榜首。但正因为基数较高，其指标值的增速较慢。2009～2018 年四川的 R&D 经费支出从 214.46 亿元增加到 737.08 亿元，增长率为 243.69%。2009～2018

年四川的规模以上工业企业 R&D 经费支出、高技术产业 R&D 经费支出从 81.77 亿元、28.14 亿元增加到 342.39 亿元、139.43 亿元，分别增长了 318.72%、395.49%，年均增长率分别为 35.41%、43.94%。

重庆的创新投入规模在长江上游地区仅次于四川，位居第二。2009～2018 年重庆的创新投入得分增幅为 18.43%，增速高于其他三个省份。从 R&D 人员的投入来看，2009 年时重庆的 R&D 人员，R&D 人员全时当量、规模以上工业企业 R&D 人员数、高技术产业 R&D 人员全时当量分别为 5.34 万人、3.5 万人年、3.31 万人、0.38 万人年，2018 年分别增加到 15.11 万人、9.2 万人年、9.7 万人、1.35 万人年，增长率分别为 182.96%、162.86%、193.05%、255.26%。从 R&D 经费投入来看，R&D 经费支出在 2009～2018 年从 79.46 亿元增加到 410.21 亿元，增长了 416.25%，年均增长率为 46.25%，远高于长江上游其他省份。同期，R&D 经费投入强度从 1.22% 上升到 2.01%，增长率为 64.75%，跃居长江上游地区第二位。重庆为加快创新发展，培育创新主体，加快工业企业创新体系建设，重庆规模以上工业企业 R&D 经费支出从 2009 年的 56.49 亿元增加到 2018 年的 299.21 亿元，年均增长率为 47.74%，成为长江上游地区与四川并列的创新投入"双子星"。高技术产业是实施创新驱动发展战略的重要载体，积极推进经济与技术实力雄厚的高科技企业落户重庆大大提高了其创新发展的速度，高技术 R&D 经费支出在 2009～2018 年从 5.36 亿元增长到 58.15 亿元，年均增长率为 109.43%。

从 R&D 人员来看，贵州和云南的 R&D 人员数在 2009～2018 年分别从 2 万人、3.69 万人增加到 6.37 万人、8.22 万人，增幅分别为 218.50%、122.76%，增长率较高。从 R&D 人员全时当量上来看，贵州和云南的 R&D 人员全时当量在 2009 年分别为 1.31 万人年、2.11 万人年，2018 年分别增加到 3.34 万人年、4.97 万人年，增幅分别为 17.22%、15.06%。同期，在规模以上工业企业 R&D 人员数、高技术产业 R&D 人员全时当量等方面，贵州和云南的规模以上工业企业 R&D 人员数分别从 0.95 万人、1.21 万人增加到 3.77 万人、3.74 万人，年均增长率分别为 32.98%、23.23%，其增速在长江上游地区中是最快的。从高技术产业 R&D 人员全时当量上看，贵州和云南在 2018 年分别为 0.61 万人年和 0.3 万人年。从研发经费投入来看，2009～2018 年贵州和云南的 R&D 经费支出分别从 26.41 亿元、37.23 亿元增加到 121.61 亿元、187.3 亿元，其年均增长率分别为 40.05%、44.79%，云南的规模以上工业企业 R&D 经费支出在 2009～2018 年从 15.11 亿元增加到 107.02 亿元，增长了 608.27%，年均增长率为 67.59%。同期，高技术产业 R&D 经费支出从 1.37 亿元增加到 9.22 亿元，年均增长率为 63.67%，显现出明显的后发优势（见表 6-3）。

表 6-3　　　　2009～2018 年云贵川渝创新投入的各项指标变动情况

| 指标 | 省份 | 2009 年 | 2010 年 | 2011 年 | 2012 年 | 2013 年 | 2014 年 | 2015 年 | 2016 年 | 2017 年 | 2018 年 |
|---|---|---|---|---|---|---|---|---|---|---|---|
| R&D 人员数（万人） | 重庆 | 5.34 | 5.89 | 6.53 | 7.26 | 8.37 | 9.32 | 9.78 | 11.19 | 13.20 | 15.11 |
| | 四川 | 12.51 | 13.04 | 13.41 | 15.53 | 17.39 | 19.80 | 19.87 | 21.48 | 24.16 | 25.43 |
| | 贵州 | 2.00 | 2.34 | 2.49 | 3.00 | 3.61 | 3.82 | 4.05 | 4.52 | 5.27 | 6.37 |
| | 云南 | 3.69 | 3.78 | 4.36 | 4.70 | 4.96 | 5.29 | 6.75 | 7.46 | 7.76 | 8.22 |
| R&D 人员全时当量（人年） | 重庆 | 3.50 | 3.71 | 4.07 | 4.61 | 5.26 | 5.84 | 6.15 | 6.81 | 7.91 | 9.20 |
| | 四川 | 8.59 | 8.38 | 8.25 | 9.80 | 10.97 | 11.97 | 11.68 | 12.46 | 14.48 | 15.88 |
| | 贵州 | 1.31 | 1.51 | 1.59 | 1.87 | 2.39 | 2.40 | 2.35 | 2.41 | 2.83 | 3.34 |
| | 云南 | 2.11 | 2.26 | 2.51 | 2.85 | 3.05 | 3.95 | 4.11 | 4.66 | 4.97 |
| R&D 经费支出（亿元） | 重庆 | 79.46 | 100.27 | 128.36 | 159.80 | 176.49 | 201.85 | 247.00 | 302.18 | 364.63 | 410.21 |
| | 四川 | 214.46 | 264.27 | 294.10 | 350.86 | 399.97 | 449.33 | 502.88 | 561.42 | 637.85 | 737.08 |
| | 贵州 | 26.41 | 29.97 | 36.31 | 41.73 | 47.19 | 55.48 | 62.32 | 73.40 | 95.88 | 121.61 |
| | 云南 | 37.23 | 44.17 | 56.08 | 68.75 | 79.84 | 85.93 | 109.36 | 132.76 | 157.76 | 187.30 |
| R&D 经费投入强度（%） | 重庆 | 1.22 | 1.27 | 1.28 | 1.40 | 1.38 | 1.42 | 1.57 | 1.72 | 1.87 | 2.01 |
| | 四川 | 1.52 | 1.54 | 1.40 | 1.47 | 1.52 | 1.57 | 1.67 | 1.72 | 1.72 | 1.81 |
| | 贵州 | 0.68 | 0.65 | 0.64 | 0.61 | 0.58 | 0.60 | 0.59 | 0.63 | 0.71 | 0.82 |
| | 云南 | 0.60 | 0.61 | 0.63 | 0.67 | 0.67 | 0.67 | 0.80 | 0.89 | 0.95 | 1.05 |
| 规模以上工业企业 R&D 人员数（万人） | 重庆 | 3.31 | 3.68 | 4.05 | 4.60 | 5.38 | 6.43 | 6.51 | 7.39 | 8.71 | 9.70 |
| | 四川 | 5.84 | 5.91 | 5.99 | 7.84 | 9.24 | 10.06 | 9.44 | 11.05 | 12.37 | 11.96 |
| | 贵州 | 0.95 | 1.09 | 1.23 | 1.65 | 2.00 | 2.08 | 2.25 | 2.77 | 3.26 | 3.77 |
| | 云南 | 1.21 | 1.51 | 1.82 | 1.91 | 2.03 | 2.17 | 2.85 | 3.13 | 3.32 | 3.74 |
| 规模以上工业企业 R&D 经费支出（亿元） | 重庆 | 56.49 | 67.24 | 94.40 | 117.10 | 138.82 | 166.47 | 199.66 | 237.49 | 280.00 | 299.21 |
| | 四川 | 81.77 | 80.98 | 104.47 | 142.23 | 168.89 | 196.01 | 223.81 | 257.26 | 301.08 | 342.39 |
| | 贵州 | 18.77 | 21.78 | 27.52 | 31.51 | 34.25 | 41.01 | 45.73 | 55.69 | 64.86 | 76.23 |
| | 云南 | 15.11 | 18.07 | 29.93 | 38.44 | 45.43 | 51.66 | 61.96 | 74.18 | 88.56 | 107.02 |

| 指标 | 省份 | 2009 年 | 2010 年 | 2011 年 | 2012 年 | 2013 年 | 2014 年 | 2015 年 | 2016 年 | 2017 年 | 2018 年 |
|---|---|---|---|---|---|---|---|---|---|---|---|
| 高技术产业 R&D 经费支出（亿元） | 重庆 | 5.36 | 6.45 | 7.18 | 10.42 | 16.62 | 18.48 | 32.48 | 44.21 | 48.98 | 58.15 |
| | 四川 | 28.14 | 24.75 | 37.03 | 38.29 | 61.84 | 64.57 | 81.98 | 100.68 | 110.78 | 139.43 |
| | 贵州 | 6.12 | 9.83 | 8.30 | 13.43 | 15.55 | 17.40 | 16.86 | 19.27 | 22.56 | 20.72 |
| | 云南 | 1.37 | 1.73 | 4.23 | 5.50 | 6.11 | 7.52 | 8.00 | 6.30 | 8.86 | 9.22 |
| 高技术产业 R&D 人员全时当量（万人年） | 重庆 | 0.38 | 0.40 | 0.45 | 0.48 | 0.54 | 0.59 | 0.97 | 1.03 | 1.22 | 1.35 |
| | 四川 | 1.54 | 1.16 | 0.65 | 1.36 | 1.98 | 1.85 | 1.88 | 2.14 | 2.78 | 3.31 |
| | 贵州 | 0.28 | 0.49 | 0.41 | 0.69 | 0.91 | 0.91 | 0.64 | 0.48 | 0.57 | 0.61 |
| | 云南 | 0.09 | 0.10 | 0.19 | 0.24 | 0.19 | 0.18 | 0.23 | 0.20 | 0.27 | 0.30 |

注：表中的企业是指规模以上工业企业。

资料来源：《中国统计年鉴（2010～2019）》《中国科技统计年鉴（2010～2019）》《中国高技术产业统计年鉴（2010～2019）》。

## 第二节 长江经济带 11 省市创新产出指数比较

### 一、江浙沪皖三省一市创新产出水平比较

在长江下游地区中，江苏的创新产出水平得分最高，位居第一，并且其得分增幅在长江下游地区最大，创新产出的领先地位进一步夯实。从具体的数据上来看，除每万人专利申请数、每万人发表科技论文数、每万人商标有效注册量以外，其他指标值在长江下游地区均排名第一。从增长率来看，江苏省 2009 年各个指标的基数都比较大，也就导致各指标数值均很大但是增长率仍然较低，在这之中有 5 项指标值的增速高于上海或浙江。

上海的创新产出水平在长江下游地区位居第二。从具体数值上来看，上海每万人发表的科技论文数在长江下游地区中排名第一。高技术产业主营业务收入、高技术产业出口贸易额、每万人发明专利申请数、每万人商标注册申请数 4 个指标值仅低于江苏，居第 2 位。规模以上工业企业新产品销售收入、规模以上工业企业新产品出口收入、每万人专利申请数 3 个指标值高于安徽，位居第三。

浙江的创新产出水平在长江下游地区位居第三，创新产出增幅仅次于江苏，位居第二。从具体的指标值进行分析，浙江的每万人专利申请

数在 2009 年时为 20.56 件/万人，低于江苏，经过年均 31.80% 的高速增长，2018 年每万人专利申请数达到 79.41 件/万人，跃居长江经济带第一位。浙江属于工业发达，工业规模大，技术水平高的地区，故而规模以上工业企业专利申请数高于上海和安徽而次于江苏。在某种程度上来说，科技论文是表现科技创新成果的重要指标，拥有越多的科技论文，说明该地区的科技产出水平越高。2009~2018 年浙江每万人发表的科技论文数从 2.56 篇/万人增长到 5.59 篇/万人，增长率为 118.36%。每万人商标注册申请数从 21.19 件/万人增长到 119.53 件/万人，仅低于上海，在长江经济带位居第二。而科研成果最终要转化为产品，产生相应的经济效益，并且它是最重要的创新产出。浙江的规模以上工业企业新产品销售收入、规模以上工业企业新产品出口收入在 2009~2018 年分别从 4526.20 亿元、1612.00 亿元增加到 23308.16 亿元、4531.86 亿元，增长率分别为 414.96%、181.13%，增速较快。

2009~2018 年安徽的创新产出水平得分在长江下游地区排名靠后，但增幅较大。从各个数据的增幅变化来看，安徽的各个指标在长江下游地区的增幅均是最大，这和安徽着力实施创新驱动发展战略，大力推动国家综合性科学中心建设，不断完善创新生态体系有很大的关系（见表 6-4）。

## 二、湘鄂赣三省创新产出水平比较

2009~2018 年湖北省高居长江中游地区创新产出水平得分榜首。从具体的数据上看，2018 年湖北大部分指标值均在长江中游地区排名第一，尤其是高技术产业出口贸易额、每万人发表的科技论文数、每万人发明专利申请数，这些指标分别是排名第二的 2.15 倍、1.77 倍、1.67 倍。从动态的角度分析各指标的变化情况，每万人发明专利申请数增幅最大。发明专利不同于普通专利，是专利中技术含量较高的一部分专利，湖北的每万人发明专利申请数增长率较高，说明其创新产出的质量水平在进一步提升。湖北的创新产出指标中有 5 项指标的增长率居于湖南与江西之间，包括规模工业企业新产品销售收入、高新技术产品出口贸易额、每万人科技论文数、每万人发明专利申请数、规模以上工业企业专利申请数。

表 6－4　2009~2018 年沪苏浙皖创新产出的各项指标变动情况

| | 省份 | 2009年 | 2010年 | 2011年 | 2012年 | 2013年 | 2014年 | 2015年 | 2016年 | 2017年 | 2018年 |
|---|---|---|---|---|---|---|---|---|---|---|---|
| 规模工业企业新产品销售收入（亿元） | 上海 | 5078.47 | 6180.81 | 7772.20 | 7399.91 | 7688.38 | 8446.96 | 7470.93 | 9033.48 | 10068.15 | 9796.73 |
| | 江苏 | 7293.94 | 9387.21 | 14842.11 | 17845.42 | 19714.21 | 23540.93 | 24463.27 | 28084.67 | 28579.02 | 28425.04 |
| | 浙江 | 4526.20 | 6282.62 | 10049.39 | 11283.97 | 14882.10 | 16507.86 | 18839.14 | 21396.83 | 21150.15 | 23308.16 |
| | 安徽 | 1268.96 | 1997.12 | 3182.61 | 3731.85 | 4379.08 | 5280.88 | 5882.23 | 7321.05 | 8843.08 | 9532.39 |
| 规模以上工业新产品出口收入（亿元） | 上海 | 849.70 | 941.17 | 1032.64 | 1054.40 | 774.73 | 1028.81 | 1079.84 | 1241.08 | 1304.08 | 1309.64 |
| | 江苏 | 2128.48 | 3260.69 | 4392.89 | 5272.78 | 4319.87 | 5362.47 | 5810.42 | 6583.75 | 5708.11 | 6349.33 |
| | 浙江 | 1612.00 | 2073.75 | 2535.51 | 2674.50 | 2981.38 | 3493.63 | 3728.68 | 4210.39 | 4155.25 | 4531.86 |
| | 安徽 | 94.70 | 164.55 | 234.40 | 313.79 | 277.41 | 275.55 | 466.52 | 555.69 | 819.22 | 1170.98 |
| 高技术产业主营业务收入（亿元） | 上海 | 5785.70 | 7019.70 | 7063.60 | 7051.60 | 6823.43 | 7056.89 | 7213.01 | 7010.18 | 7076.12 | 7566.00 |
| | 江苏 | 12781.80 | 16169.60 | 19396.00 | 22863.60 | 24854.00 | 26113.90 | 28530.17 | 30707.90 | 32955.22 | 26160.00 |
| | 浙江 | 2569.40 | 3323.70 | 3607.30 | 3976.90 | 4360.13 | 4792.42 | 5288.07 | 5885.16 | 6504.06 | 7493.00 |
| | 安徽 | 431.40 | 661.50 | 1055.10 | 1460.00 | 1831.38 | 2533.04 | 3064.15 | 3587.57 | 4500.75 | 3996.00 |
| 高新技术产品出口贸易额（亿美元） | 上海 | 633.17 | 839.35 | 930.82 | 905.85 | 887.10 | 890.64 | 852.31 | 790.57 | 845.34 | 864.63 |
| | 江苏 | 939.60 | 1268.98 | 1303.42 | 1315.55 | 1279.65 | 1293.64 | 1311.10 | 1168.87 | 1386.50 | 1523.52 |
| | 浙江 | 102.06 | 150.07 | 155.39 | 148.03 | 142.76 | 154.99 | 167.97 | 168.49 | 186.50 | 210.86 |
| | 安徽 | 5.02 | 5.40 | 9.42 | 16.71 | 28.26 | 61.17 | 66.91 | 59.85 | 77.40 | 100.20 |

续表

| 省份 | | 2009年 | 2010年 | 2011年 | 2012年 | 2013年 | 2014年 | 2015年 | 2016年 | 2017年 | 2018年 |
|---|---|---|---|---|---|---|---|---|---|---|---|
| 每万人发表科技论文数（篇/万人） | 上海 | 11.34 | 12.85 | 11.79 | 12.02 | 14.16 | 15.31 | 17.76 | 19.57 | 21.85 | 22.43 |
| | 江苏 | 2.95 | 3.65 | 3.54 | 3.86 | 4.83 | 5.51 | 6.47 | 7.48 | 8.65 | 8.98 |
| | 浙江 | 2.56 | 3.00 | 2.96 | 3.20 | 3.65 | 4.07 | 4.39 | 4.79 | 5.22 | 5.59 |
| | 安徽 | 1.06 | 1.29 | 1.28 | 1.42 | 1.76 | 2.03 | 2.21 | 2.52 | 2.84 | 2.95 |
| 每万人专利申请数（件/万人） | 上海 | 28.16 | 30.91 | 34.18 | 34.74 | 35.80 | 33.66 | 41.41 | 49.56 | 54.48 | 61.98 |
| | 江苏 | 22.32 | 29.97 | 44.10 | 59.68 | 63.55 | 53.00 | 53.70 | 64.06 | 64.07 | 74.56 |
| | 浙江 | 20.56 | 22.17 | 32.41 | 45.53 | 53.48 | 47.46 | 55.47 | 70.33 | 66.66 | 79.41 |
| | 安徽 | 2.67 | 7.91 | 8.14 | 12.51 | 15.48 | 16.30 | 20.79 | 27.85 | 28.12 | 32.80 |
| 每万人发明专利申请数（件/万人） | 上海 | 9.96 | 11.36 | 13.69 | 15.60 | 16.21 | 16.13 | 19.45 | 22.45 | 22.59 | 25.89 |
| | 江苏 | 4.07 | 6.39 | 10.72 | 13.90 | 17.79 | 18.42 | 19.38 | 23.08 | 23.29 | 24.69 |
| | 浙江 | 2.97 | 3.31 | 4.53 | 6.07 | 7.77 | 9.51 | 12.22 | 16.68 | 17.50 | 24.94 |
| | 安徽 | 0.73 | 1.07 | 1.84 | 3.24 | 5.78 | 8.21 | 11.12 | 15.49 | 14.95 | 17.20 |
| 规模以上工业企业专利申请数（件） | 上海 | 9946 | 10378 | 19365 | 24873 | 25738 | 26848 | 21725 | 24228 | 27581 | 29258 |
| | 江苏 | 19495 | 31132 | 72763 | 84876 | 93518 | 115616 | 119927 | 131284 | 124980 | 165096 |
| | 浙江 | 19964 | 22859 | 52207 | 68003 | 77067 | 77135 | 80512 | 78729 | 85639 | 100254 |
| | 安徽 | 4535 | 7676 | 19214 | 26665 | 32909 | 40244 | 45598 | 49791 | 52916 | 56596 |
| 每万人商标注册申请数（件/万人） | 上海 | 29.90 | 42.66 | 59.18 | 64.38 | 74.27 | 95.65 | 143.73 | 177.87 | 236.32 | 168.70 |
| | 江苏 | 6.68 | 8.88 | 11.34 | 13.07 | 14.45 | 15.98 | 20.17 | 26.99 | 45.26 | 60.15 |
| | 浙江 | 21.19 | 26.06 | 33.12 | 33.72 | 37.08 | 40.54 | 47.43 | 66.70 | 110.33 | 119.53 |
| | 安徽 | 2.19 | 2.86 | 4.07 | 4.87 | 6.20 | 6.81 | 8.64 | 12.53 | 23.13 | 31.80 |

注：表中的企业是指规模以上工业企业。

资料来源：《中国统计年鉴（2010～2019）》《中国科技统计年鉴（2010～2019）》《中国高技术产业统计年鉴（2010～2019）》。

创新产出得分居于长江中游地区第二名的是湖南。从具体的数据上看，湖南在每万人专利申请数、每万人商标注册申请数、高技术产业主营业务收入、高技术产业出口贸易额这几个指标上不占优势。其他指标均是介于湖北和江西之间，如每万人发表的科技论文数、每万人发明专利申请数、规模以上工业企业专利申请数在2009～2018年分别从1.53篇/万人、0.69件/万人、5610件增长到3.59篇/万人、5.13件/万人、26339件，低于湖北，高于江西。从动态的角度对比几个指标发现，湖南在高技术产业主营业务收入上增长率为第一。湖南的每万人发表的科技论文数、每万人发明专利申请数、规模以上工业企业专利申请数、每万人商标注册申请数等4个指标值的增长率在长江中游地区不占优势。其他3个指标值的增长率高于湖北但低于江西。总而言之，湖南的创新产出各指标值总体增长率均不高，而其基数也较低，所以产生了湖南创新产出较低的结果。

江西的创新产出水平得分较低。对具体的几个指标数值进行分析，江西规模以上工业企业新产品销售收入、每万人发表的科技论文数、每万人发明专利申请数、规模以上工业企业专利申请数2009年的数值分别为471.59亿元、0.49篇/万人、0.34件/万人、988件，2018年分别增长为4511.79亿元、1.59篇/万人、3.12件/万人、26303件，其年均增长率分别为95.19%、24.94%、90.85%、284.69%，在长江中游地区中不占优势。2018年高技术产业主营业务收入、高技术产业出口贸易额、每万人专利申请数、每万人商标注册申请数的值分别为4753亿元、53.1亿元、18.5件/万人、29.34件/万人，在长江中游地区位列第二。江西的各项指标值的增长率均较大，尤其是规模以上工业企业新产品销售收入、规模以上工业企业新产品出口收入、高技术产业主营业务收入、每万人发表的科技论文数、规模以上工业企业专利申请数、每万人商标注册申请数、每万人专利申请数、每万人发明专利申请数这八个指标值的增长率在长江中游地区最大（见表6－5）。

表6－5　　　　　2009～2018年湘鄂赣创新产出的各指标变动情况

| 指标 | 省份 | 2009年 | 2010年 | 2011年 | 2012年 | 2013年 | 2014年 | 2015年 | 2016年 | 2017年 | 2018年 |
|---|---|---|---|---|---|---|---|---|---|---|---|
| 规模工业企业新产品销售收入（亿元） | 江西 | 471.59 | 762.04 | 941.87 | 1287.13 | 1682.93 | 1756.38 | 2058.60 | 3136.20 | 3857.17 | 4511.79 |
| | 湖北 | 1650.54 | 2330.16 | 3099.42 | 3698.41 | 4654.48 | 5274.59 | 5676.92 | 6713.20 | 7523.49 | 8862.97 |
| | 湖南 | 1773.15 | 2350.13 | 3759.52 | 4768.98 | 5724.63 | 6310.37 | 7349.80 | 8098.47 | 8585.72 | 7616.24 |

续表

| 指标 | 省份 | 2009 年 | 2010 年 | 2011 年 | 2012 年 | 2013 年 | 2014 年 | 2015 年 | 2016 年 | 2017 年 | 2018 年 |
|---|---|---|---|---|---|---|---|---|---|---|---|
| 规模以上工业新产品出口收入（亿元） | 江西 | 69.02 | 99.56 | 130.10 | 174.86 | 157.54 | 166.86 | 216.56 | 303.20 | 333.07 | 520.18 |
| | 湖北 | 140.07 | 150.75 | 161.44 | 236.85 | 202.11 | 182.55 | 193.95 | 300.76 | 359.15 | 436.86 |
| | 湖南 | 102.85 | 142.15 | 181.45 | 162.97 | 224.13 | 409.97 | 509.69 | 362.28 | 378.84 | 467.06 |
| 高技术产业主营业务收入（亿元） | 江西 | 743.40 | 1039.30 | 1432.00 | 1856.70 | 2289.59 | 2611.88 | 3318.12 | 3913.60 | 4684.08 | 4753.00 |
| | 湖北 | 1025.90 | 1257.00 | 1552.10 | 2027.30 | 2445.27 | 2948.05 | 3655.11 | 4211.88 | 5051.14 | 4340.00 |
| | 湖南 | 616.10 | 906.10 | 1473.40 | 1880.70 | 2564.89 | 2834.39 | 3280.24 | 3661.29 | 4123.27 | 3523.00 |
| 高新技术产品出口贸易额（亿美元） | 江西 | 15.41 | 28.27 | 39.40 | 32.84 | 34.42 | 52.53 | 51.26 | 44.09 | 41.77 | 53.10 |
| | 湖北 | 20.42 | 37.65 | 43.21 | 47.15 | 52.09 | 63.11 | 80.13 | 94.09 | 115.28 | 114.42 |
| | 湖南 | 4.44 | 6.67 | 8.57 | 13.83 | 16.60 | 24.00 | 35.96 | 26.19 | 33.73 | 36.58 |
| 每万人发表科技论文数（篇/万人） | 江西 | 0.49 | 0.75 | 0.65 | 0.78 | 0.86 | 1.12 | 1.23 | 1.39 | 1.64 | 1.59 |
| | 湖北 | 2.67 | 3.09 | 2.64 | 2.90 | 3.45 | 4.04 | 4.58 | 5.28 | 6.09 | 6.37 |
| | 湖南 | 1.53 | 1.77 | 1.77 | 1.91 | 2.23 | 2.38 | 2.64 | 2.99 | 3.30 | 3.59 |
| 每万人专利申请数（件/万人） | 江西 | 1.18 | 1.41 | 2.16 | 2.77 | 3.75 | 5.63 | 8.09 | 13.15 | 15.27 | 18.50 |
| | 湖北 | 4.76 | 5.47 | 7.38 | 8.88 | 8.76 | 10.15 | 12.69 | 16.17 | 18.68 | 21.05 |
| | 湖南 | 2.49 | 3.41 | 4.47 | 5.38 | 6.18 | 6.56 | 8.03 | 9.94 | 11.36 | 13.70 |
| 每万人发明专利申请数（件/万人） | 江西 | 0.34 | 0.44 | 0.62 | 0.67 | 0.87 | 1.03 | 1.25 | 1.79 | 2.49 | 3.12 |
| | 湖北 | 1.06 | 1.29 | 1.79 | 2.53 | 3.14 | 3.87 | 5.16 | 7.44 | 8.74 | 8.56 |
| | 湖南 | 0.69 | 0.98 | 1.33 | 1.50 | 1.78 | 2.15 | 2.87 | 3.74 | 4.57 | 5.13 |
| 规模以上工业企业专利申请数（件） | 江西 | 988 | 1221 | 2363 | 3015 | 4893 | 6825 | 8561 | 12594 | 19383 | 26303 |
| | 湖北 | 4693 | 5768 | 9893 | 12592 | 16321 | 16839 | 17315 | 19574 | 22244 | 28003 |
| | 湖南 | 5610 | 6652 | 12808 | 16204 | 17424 | 17919 | 18175 | 18249 | 21319 | 26339 |
| 每万人商标注册申请数（件/万人） | 江西 | 2.12 | 3.08 | 4.07 | 4.59 | 5.57 | 6.43 | 7.89 | 11.60 | 21.16 | 29.34 |
| | 湖北 | 2.74 | 3.23 | 4.35 | 4.92 | 6.00 | 7.47 | 9.66 | 12.85 | 23.67 | 28.90 |
| | 湖南 | 2.25 | 2.97 | 3.71 | 5.02 | 5.79 | 7.10 | 8.79 | 12.00 | 18.97 | 25.78 |

　　注：表中的企业是指规模以上工业企业；R&D 人员全时当量和 R&D 经费投入强度是用各省区的数据算术平均得到的。

　　资料来源：《中国统计年鉴（2010～2019）》《中国科技统计年鉴（2010～2019）》《中国高技术产业统计年鉴（2010～2019）》。

## 三、云贵川渝三省一市创新产出水平比较

　　重庆的创新产出得分从 2009 年的 0.418 增加到 2018 年的 0.507，增

幅为21.29%。对其具体的指标值进行分析，重庆规模以上工业企业新产品销售收入、规模以上工业企业新产品出口收入、高技术产业出口贸易额、每万人发表的科技论文数、每万人专利申请数、每万人商标注册申请数数值分别为4216.31亿元、825.11亿元、347.47亿美元、4.96篇/万人、23.25件/万人、7.31件/万人、43.18件/万人，在长江上游地区高居榜首，高技术产业主营业务收入、规模以上工业企业专利申请数分别为5305亿美元、18049件，位居长江上游地区第二位。重庆的多项创新产出指标值的增幅很高，如规模以上工业企业新产品出口收入、高技术产业主营业务收入、高技术产业出口贸易额这几个指标，2009～2018年其增幅分别达到701.39%、1464.44%、16290.09%，年均增长率分别为77.93%、162.72%、1810.01%。

2009～2018年四川的创新产出得分从0.421增加到0.499。对具体的指标值进行分析，2009年四川的很多指标都高居长江上游地区榜首，但其后被重庆赶超，如2009年四川规模以上工业企业新产品销售收入为1778.52亿元，重庆为1688.97亿元，2018年四川增加到3576.34亿元，但重庆增长更为迅猛，增加到4216.31亿元。四川的高技术产业主营业务收入、规模以上工业企业专利申请数这两个指标在长江上游地区排第一位。四川省规模以上工业企业新产品销售收入、高技术产业主营业务收入、高技术产业出口贸易额、每万人发表的科技论文数的增幅分别为101.09%、338.51%、204.88%、353.96%，增长率低于重庆。四川的规模以上工业新产品出口收入、每万人发明专利申请数、规模以上工业企业专利申请数、每万人商标注册申请数的增长率分别为109.42%、748.68%、682.75%、987.23%，这几个指标的增幅位居长江上游地区第二位。

贵州和云南两省的创新产出在长江经济带排名靠后。从具体的指标来看，贵州和云南的9个指标值都比四川和重庆小，导致了他们的创新产出水平得分一直不高。从具体的增长率上看，规模工业企业新产品销售收入、每万人专利申请数这两个指标增幅比四川和重庆都要高，分别为320.89%、302.53%和1077.14%、648.51%，尤其是规模工业企业新产品销售收入，增幅达到四川的3倍，但由于其基数较小，到2018年数值仍然小于四川和重庆。贵州和云南有些指标值的增幅差异很大，如每万人商标注册申请数，贵州在四个省区中增幅最大，为1688.60%，云南增幅最小，为675.64%（见表6-6）。

表 6 – 6       **2009～2018 年云贵川渝创新产出的各项指标变动情况**

| 指标 | 省份 | 2009 年 | 2010 年 | 2011 年 | 2012 年 | 2013 年 | 2014 年 | 2015 年 | 2016 年 | 2017 年 | 2018 年 |
|---|---|---|---|---|---|---|---|---|---|---|---|
| 规模工业企业新产品销售收入（亿元） | 重庆 | 1688.97 | 2478.03 | 3028.03 | 2429.92 | 2696.11 | 3610.78 | 4535.12 | 5014.35 | 5322.70 | 4216.31 |
| | 四川 | 1778.52 | 1435.78 | 2100.32 | 2095.98 | 2475.88 | 2711.30 | 2892.48 | 3044.73 | 3683.06 | 3576.34 |
| | 贵州 | 177.48 | 310.65 | 444.21 | 383.28 | 368.32 | 408.37 | 394.48 | 575.20 | 605.56 | 746.99 |
| | 云南 | 230.75 | 232.88 | 380.82 | 446.82 | 443.38 | 518.26 | 513.20 | 628.45 | 808.62 | 928.83 |
| 规模以上工业新产品出口收入（亿元） | 重庆 | 102.96 | 247.90 | 392.84 | 156.11 | 134.47 | 387.38 | 1073.20 | 714.99 | 1302.18 | 825.11 |
| | 四川 | 130.01 | 126.68 | 123.35 | 150.46 | 203.57 | 165.86 | 150.81 | 162.09 | 174.19 | 272.27 |
| | 贵州 | 12.39 | 21.63 | 30.86 | 35.41 | 36.54 | 56.08 | 47.39 | 61.33 | 35.73 | 18.32 |
| | 云南 | 19.08 | 22.43 | 25.78 | 26.21 | 20.86 | 17.09 | 19.89 | 30.25 | 36.46 | 21.59 |
| 高技术产业主营业务收入（亿元） | 重庆 | 339.10 | 507.80 | 1111.80 | 1883.40 | 2624.23 | 3433.66 | 4028.81 | 4896.03 | 6033.58 | 5305.00 |
| | 四川 | 1583.30 | 2104.90 | 3186.50 | 3962.10 | 5160.45 | 5486.61 | 5171.71 | 5994.38 | 6323.84 | 6943.00 |
| | 贵州 | 245.00 | 266.00 | 305.00 | 342.90 | 372.04 | 566.33 | 806.91 | 1007.76 | 1409.51 | 1198.00 |
| | 云南 | 131.30 | 160.10 | 188.70 | 239.40 | 291.12 | 312.07 | 349.96 | 462.10 | 541.25 | 710.00 |
| 高新技术产品出口贸易额（亿美元） | 重庆 | 2.12 | 8.30 | 58.92 | 149.32 | 248.36 | 310.84 | 281.20 | 250.93 | 283.54 | 347.47 |
| | 四川 | 37.07 | 39.99 | 113.89 | 174.81 | 192.17 | 210.46 | 151.51 | 156.77 | 251.49 | 334.88 |
| | 贵州 | 1.50 | 0.73 | 0.67 | 1.22 | 1.54 | 3.48 | 13.68 | 9.90 | 25.57 | 19.67 |
| | 云南 | 1.15 | 1.94 | 2.03 | 5.50 | 20.19 | 14.46 | 11.45 | 14.93 | 16.41 | 20.95 |
| 每万人发表科技论文数（篇/万人） | 重庆 | 1.55 | 2.17 | 2.24 | 2.59 | 2.72 | 3.25 | 3.67 | 4.32 | 5.03 | 4.96 |
| | 四川 | 1.23 | 1.58 | 1.51 | 1.71 | 2.06 | 2.39 | 2.63 | 3.04 | 3.47 | 3.75 |
| | 贵州 | 0.16 | 0.23 | 0.22 | 0.23 | 0.32 | 0.35 | 0.44 | 0.60 | 0.75 | 0.83 |
| | 云南 | 0.40 | 0.57 | 0.52 | 0.66 | 0.84 | 0.96 | 0.96 | 1.07 | 1.16 | 1.22 |
| 每万人专利申请数（件/万人） | 重庆 | 4.72 | 7.91 | 10.98 | 13.22 | 16.51 | 18.49 | 27.44 | 19.53 | 21.02 | 23.25 |
| | 四川 | 4.04 | 5.00 | 6.18 | 8.21 | 10.17 | 11.20 | 13.50 | 17.25 | 20.17 | 18.34 |
| | 贵州 | 1.05 | 1.27 | 2.41 | 3.24 | 4.97 | 6.40 | 5.18 | 7.12 | 9.67 | 12.36 |
| | 云南 | 1.01 | 1.23 | 1.54 | 1.99 | 2.46 | 2.83 | 3.71 | 4.97 | 5.98 | 7.56 |
| 每万人发明专利申请数（件/万人） | 重庆 | 1.34 | 1.79 | 3.03 | 3.87 | 4.23 | 6.49 | 11.63 | 6.56 | 6.28 | 7.31 |
| | 四川 | 0.76 | 1.04 | 1.47 | 2.03 | 2.90 | 3.68 | 4.93 | 6.57 | 7.79 | 6.45 |
| | 贵州 | 0.38 | 0.38 | 0.68 | 0.89 | 1.14 | 2.34 | 2.14 | 3.08 | 3.88 | 4.16 |
| | 云南 | 0.36 | 0.51 | 0.60 | 0.71 | 0.85 | 1.00 | 1.33 | 1.66 | 1.62 | 1.99 |

续表

| 指标 | 省份 | 2009年 | 2010年 | 2011年 | 2012年 | 2013年 | 2014年 | 2015年 | 2016年 | 2017年 | 2018年 |
|------|------|--------|--------|--------|--------|--------|--------|--------|--------|--------|--------|
| 规模以上工业企业专利申请数（件） | 重庆 | 4780 | 4947 | 8121 | 9784 | 12221 | 12908 | 20239 | 17511 | 17269 | 18049 |
| | 四川 | 3357 | 4576 | 5919 | 13443 | 15713 | 19661 | 21912 | 21685 | 26687 | 26277 |
| | 贵州 | 1222 | 1302 | 2034 | 2794 | 3446 | 4051 | 3782 | 4341 | 5344 | 5976 |
| | 云南 | 585 | 757 | 1728 | 2404 | 2793 | 3137 | 3751 | 4942 | 5389 | 6190 |
| 每万人商标注册申请数（件/万人） | 重庆 | 4.72 | 6.08 | 12.95 | 12.18 | 13.62 | 13.63 | 16.03 | 19.76 | 30.25 | 43.18 |
| | 四川 | 2.82 | 3.63 | 1.31 | 6.21 | 6.97 | 8.06 | 10.36 | 13.82 | 21.37 | 30.66 |
| | 贵州 | 1.14 | 1.66 | 5.49 | 4.83 | 4.62 | 4.39 | 5.20 | 7.50 | 12.01 | 20.39 |
| | 云南 | 2.75 | 3.34 | 0.20 | 5.41 | 6.09 | 7.13 | 10.08 | 11.72 | 16.95 | 21.33 |

注：表中的企业是指规模以上工业企业。

资料来源：《中国统计年鉴（2010～2019）》《中国科技统计年鉴（2010～2019）》《中国高技术产业统计年鉴（2010～2019）》。

## 第三节 长江经济带11省市政府服务指数比较

### 一、江浙沪皖三省一市政府服务水平比较

2009～2018年江苏的政府服务得分从0.562增加到0.739，一直位居长江经济带第二位。对具体的指标数值进行分析发现，江苏全部R&D经费中的政府资金、政府部门属研发机构、地方部门属R&D经费支出中的政府资金高居长江下游地区首位，分别为253.93亿元、130个、20.71亿元，其他数值均处于第二位或第三位。其中全部R&D经费中的政府资金、规模以上工业企业R&D经费中的政府资金、研发机构R&D经费中的政府资金、政府部门属研发机构R&D人员等4项指标，居第二位。而人均教育预算支出、人均科学预算支出这两个低于上海和浙江，居第三位。从以上数据能发现，江苏的大多数指标值相对于浙江、安徽具有一定优势。从增幅上进行分析，江苏的政府服务具体指标的增幅均不高。其中，人均教育预算支出、人均科学预算支出、地方部门属R&D经费支出中的政府资金的增幅分别为251.49%、299.52%、343.47%，增幅低于安徽省。规模以上工业企业R&D经费中的政府资金、全部R&D经费中的政府资金、研发机构R&D经费中的政府资金的增幅分别为62.91%、180.90%、190.03%。江苏政府部门属研发机构数量从

2009 年的 149 个减少到 2018 年的 130 个，减少了 12.75%，在 4 个地区中减少幅度最大。

在长江下游地区，上海的政府服务不仅分值最高，而且其增长率也最大。从具体指标的数值来看，人均教育预算支出、人均科技预算支出、全部 R&D 经费中的政府资金、规模以上工业企业 R&D 经费中的政府资金、研发机构 R&D 经费中的政府资金、政府部门属研发机构 R&D 人员这些指标均位居长江下游地区的第一位，甚至是长江经济带的首位。从各指标的增幅来看，全部 R&D 经费中的政府资金、规模以上工业企业 R&D 经费中的政府资金、研发机构 R&D 经费中的政府资金这三个指标的增幅最大，分别为 317.33%、349.12%、326.65%。而人均科学预算支出、地方部门属 R&D 经费支出中的政府资金、政府部门属研发机构 R&D 人员这三个指标的增长率最小，分别为 14.43%、134.44%、30.55%。上海的各项指标在 2009 年时就比较高，在 2009～2018 年仍然维持高速增长足以证明上海政府对创新发展的重视。

浙江的政府服务水平得分从 2009 年的 0.488 增长到 2018 年的 0.607，在长江下游地区居于第三位。2009～2018 年浙江的人均教育预算支出增长率为 237.60%。浙江的人均科技预算支出从 2009 年的 210.56 元/人增加到 2018 年的 661.77 元/人，其年均增长率为 26.40%，高于上海。从政府投入资金量的方面来考虑，全部 R&D 经费中的政府资金、规模以上工业企业 R&D 经费中的政府资金、研发机构 R&D 经费中的政府资金、地方部门属 R&D 经费支出中的政府资金分别从 2009 年的 36.63 亿元、9.33 亿元、10.98 亿元、3.73 亿元增加到 2018 年的 113.89 亿元、15.3 亿元、35.26 亿元、13.42 亿元，年均增长率分别为 23.44%、7.11%、24.57%、28.87%。浙江政府部门属研发机构 R&D 人员增幅最大，但由于其基数较小，2018 年浙江政府部门属研发机构 R&D 人员总人数仍然偏少，低于长江下游其他地区。

2009～2018 年安徽的政府服务得分从 0.467 增加到 0.573。从具体的指标值来看，安徽的人均教育预算支出、人均科技预算支出、全部 R&D 经费中的政府资金、地方部门属 R&D 经费支出中的政府资金这几个指标值在长江下游地区最低，但这几个指标的增幅较大，分别为 356.30%、768.60%、235.82%、567.82%。规模以上工业企业 R&D 经费中的政府资金、研发机构 R&D 经费中的政府资金、政府部门属研发机构 R&D 人员位居长江下游地区第三位，但增长率较高，仅次于上海或浙江。安徽在2009～2018年政府部门属研发机构的数量从111减少为97个，减少的幅度高于上海和浙江但低于江苏。总的说来，安徽在政府服务的各项指标上增幅明显，进一步增强了安徽省的创新发展水平（见表6－7）。

表6－7　　　　2009～2018年沪苏浙皖政府服务的各项指标变动情况

| 指标 | 省份 | 2009年 | 2010年 | 2011年 | 2012年 | 2013年 | 2014年 | 2015年 | 2016年 | 2017年 | 2018年 |
|------|------|--------|--------|--------|--------|--------|--------|--------|--------|--------|--------|
| 人均教育预算支出（元/人） | 上海 | 2476.99 | 2954.57 | 3869.63 | 4547.87 | 4744.27 | 4835.15 | 5317.65 | 5806.55 | 6007.02 | 4993.63 |
| | 江苏 | 917.38 | 1158.98 | 1454.86 | 1788.06 | 1883.97 | 1958.26 | 2262.65 | 2370.14 | 2539.80 | 3224.52 |
| | 浙江 | 1101.17 | 1277.48 | 1571.58 | 1829.13 | 1968.28 | 2121.74 | 2595.61 | 2647.26 | 2884.75 | 3717.60 |
| | 安徽 | 476.55 | 566.01 | 820.02 | 1038.65 | 1063.13 | 1071.35 | 1232.86 | 1296.25 | 1437.72 | 2174.50 |
| 人均科技预算支出（元/人） | 上海 | 1537.17 | 1430.48 | 1539.43 | 1719.98 | 1798.88 | 1823.11 | 1883.96 | 2359.37 | 2679.49 | 1758.95 |
| | 江苏 | 157.72 | 201.36 | 283.99 | 340.56 | 397.26 | 425.65 | 481.96 | 490.02 | 549.14 | 630.12 |
| | 浙江 | 210.56 | 255.69 | 300.96 | 345.84 | 397.50 | 428.04 | 514.62 | 547.85 | 612.19 | 661.77 |
| | 安徽 | 53.67 | 84.95 | 111.86 | 138.88 | 158.29 | 186.84 | 212.89 | 369.29 | 368.90 | 466.18 |
| 全部R&D经费中的政府资金（亿元） | 上海 | 112.92 | 142.78 | 175.93 | 225.55 | 245.55 | 292.55 | 340.80 | 374.76 | 429.45 | 471.25 |
| | 江苏 | 90.40 | 114.54 | 117.60 | 138.82 | 141.58 | 133.31 | 153.34 | 153.11 | 192.16 | 253.93 |
| | 浙江 | 36.63 | 48.00 | 52.68 | 60.41 | 66.16 | 70.65 | 75.29 | 78.72 | 91.58 | 113.89 |
| | 安徽 | 31.24 | 36.07 | 46.89 | 60.21 | 82.89 | 85.42 | 86.42 | 85.12 | 93.34 | 104.91 |
| 规模以上工业企业R&D经费中的政府资金（亿元） | 上海 | 7.41 | 15.50 | 18.21 | 27.38 | 20.76 | 37.16 | 29.38 | 30.17 | 32.64 | 33.28 |
| | 江苏 | 16.07 | 10.24 | 19.60 | 22.05 | 24.07 | 24.33 | 24.96 | 25.53 | 25.94 | 26.18 |
| | 浙江 | 9.33 | 6.43 | 11.08 | 14.07 | 13.97 | 14.99 | 15.40 | 12.49 | 15.00 | 15.30 |
| | 安徽 | 7.66 | 9.16 | 13.90 | 12.96 | 17.62 | 22.41 | 20.28 | 19.94 | 22.02 | 19.89 |
| 研发机构R&D经费中的政府资金（亿元） | 上海 | 72.87 | 105.35 | 111.65 | 147.53 | 167.69 | 200.24 | 238.40 | 248.21 | 285.59 | 310.90 |
| | 江苏 | 47.55 | 78.71 | 61.91 | 68.64 | 62.51 | 51.57 | 68.52 | 58.06 | 98.75 | 137.91 |
| | 浙江 | 10.98 | 15.36 | 12.88 | 15.24 | 19.82 | 21.21 | 20.09 | 25.78 | 27.18 | 35.26 |
| | 安徽 | 13.12 | 20.98 | 18.82 | 21.17 | 31.42 | 35.54 | 39.19 | 38.10 | 37.61 | 44.49 |
| 地方部门属R&D经费支出中的政府资金（亿元） | 上海 | 6.30 | 8.25 | 5.39 | 5.24 | 6.24 | 8.60 | 11.51 | 13.89 | 15.55 | 14.77 |
| | 江苏 | 4.67 | 10.08 | 8.63 | 8.32 | 8.02 | 9.62 | 10.93 | 10.49 | 16.13 | 20.71 |
| | 浙江 | 3.73 | 4.44 | 4.36 | 5.61 | 5.88 | 6.22 | 7.39 | 9.11 | 9.98 | 13.42 |
| | 安徽 | 0.87 | 0.88 | 1.31 | 2.37 | 3.54 | 3.76 | 5.61 | 4.30 | 4.88 | 5.81 |

续表

| 指标 | 省份 | 2009 年 | 2010 年 | 2011 年 | 2012 年 | 2013 年 | 2014 年 | 2015 年 | 2016 年 | 2017 年 | 2018 年 |
|---|---|---|---|---|---|---|---|---|---|---|---|
| 政府部门属研发机构（个） | 上海 | 134 | 136 | 134 | 136 | 136 | 138 | 137 | 134 | 132 | 128 |
| | 江苏 | 149 | 147 | 148 | 148 | 143 | 144 | 142 | 135 | 133 | 130 |
| | 浙江 | 101 | 99 | 98 | 101 | 101 | 102 | 101 | 101 | 98 | 97 |
| | 安徽 | 111 | 111 | 107 | 105 | 108 | 104 | 102 | 100 | 100 | 97 |
| 政府部门属研发机构 R&D 人员（人） | 上海 | 24912 | 26550 | 28082 | 30076 | 30844 | 32972 | 33943 | 33804 | 32821 | 32522 |
| | 江苏 | 18813 | 20085 | 21495 | 21022 | 23447 | 25957 | 25283 | 26019 | 28364 | 28774 |
| | 浙江 | 4935 | 5251 | 5907 | 6467 | 6295 | 7680 | 8618 | 9019 | 9572 | 10423 |
| | 安徽 | 6572 | 5961 | 7661 | 9054 | 10406 | 10986 | 11463 | 12254 | 12187 | 12078 |

资料来源：《中国统计年鉴（2010~2019)》《中国科技统计年鉴（2010~2019)》《中国劳动统计年鉴（2010~2019)》。

## 二、湘鄂赣三省政府服务水平比较

2009~2018 年湖北的政府服务得分从 0.502 增加到 0.622，在长江中游地区一直排名第一位，在长江经济带各地区中居第四位。从政府投入的具体数据来看，2018 年人均科技预算支出、全部 R&D 经费中的政府资金、规模以上工业企业 R&D 经费中的政府资金、研发机构 R&D 经费中的政府资金、地方部门属 R&D 经费支出中的政府资金、政府部门属研发机构 R&D 人员这些指标均在长江中游地区排名第一位。从指标的增长率来分析，湖北的人均科技预算支出、规模以上工业企业 R&D 经费中的政府资金、地方部门属 R&D 经费支出中的政府资金这三个指标的增长率在长江中游地区最大，其增幅分别为 352.18%、405.78%、367.42%。从 R&D 经费投入情况来看，湖北的研发机构 R&D 经费中的政府资金的增长率低于湖南，高于江西，其他几个的 R&D 经费投入均排名长江中游地区第一位。2009 年时湖北的政府部门的研发机构有 157 个，比江西多 45 个，比湖南多 25 个，后来经过政府机构的合并，2018 年时湖北有 106 个，比湖南少 10 个。在长江中游地区湖北政府部门属研发机构 R&D 人员的增长率最小。

2009~2018 年湖南的政府服务得分从 0.468 增加到 0.559，在长江中游地区位居第二位。从具体的数值来看，湖南的人均教育预算支出、人均科技预算支出的数值在长江中游地区中最少。从 R&D 经费和人员数上来看，全部 R&D 经费中的政府资金、研发机构 R&D 经费中的政府资金、规模以上工业企业 R&D 经费中的政府资金、政府部门属研发机构 R&D 人员的规模在长江中游地区仅低于湖北，各个指标相当于湖北的 49.12%、29.45%、72.15%、53.42%。地方部门属 R&D 经费支出中的政府资金、政府部门属研发机构数量这两个指标在长江中游地区排名第一位。从各个指标的增长率来分析，湖南的政府服务指标大多增长率较高。2009~2018 年，人均教育预算支出、全部 R&D 经费中的政府资金、规模以上工业企业 R&D 经费中的政府资金、研发机构 R&D 经费中的政府资金这几个指标的增长率最高，分别为 363.66%、241.92%、237.97%。其中，研发机构 R&D 经费中的政府资金增幅是湖北的 1.52 倍。政府部门属研发机构 R&D 人员 2009~2018 年的增长率为 19.21%，介于湖北和江西之间。同期，湖南政府部门属研发机构从 132 个减少到 116 个，减幅为 12.12%，低于湖北。

2009~2018 年江西的政府服务得分从 0.454 增加到 0.522，位居长江中游地区第三位。从具体的指标来分析，在长江中游地区，江西省全部 R&D 经费中的政府资金、规模以上工业企业 R&D 经费中的政府资金、地方部门属 R&D 经费支出中的政府资金、研发机构 R&D 经费中的政府资金、政府部门属研发机构 R&D 人员这 5 个指标均为最小。江西全部 R&D 经费中的政府资金在 2009 年为 16.93 亿元，2018 年增长为 38.64 亿元，其增长率为 128.23%。2009~2018 年江西研发机构 R&D 经费中的政府资金从 7.12 亿元增加到 17.16 亿元，增幅为 141.01%，其规模分别为湖南的 44.43%、湖北的 32.05%。同期，规模以上工业企业 R&D 经费中的政府资金从 4.46 亿元增加到 8.69 亿元，增长率为 94.84%，到 2018 年时规模相当于湖北的 32.05%，湖南的 44.43%。江西政府部门属研发机构数量在 2009 年时还是 112 个，2018 年增长为 114 个，是长江中游地区唯一一个增加的省份。江西地方部门属 R&D 经费支出中的政府资金投入从 2009 年的 1.49 亿元增长到 2018 年的 5.86 亿元，增长率为 293.29%，增幅介于湖南和湖北之间。江西的人均教育预算支出不仅数值在三个省具有优势，增幅也是最大的。江西的人均科技预算支出在 2009 年时为 28.93 元/人，位居长江中游地区末位，但增幅较大，达到 993.88%，2018 年增长为 316.464 元/人，跃居为长江中游地区第二位（见表 6-8）。

表 6-8　　　　2009~2018 年赣鄂湘政府服务的各指标变动情况

| 指标 | 省份 | 2009 年 | 2010 年 | 2011 年 | 2012 年 | 2013 年 | 2014 年 | 2015 年 | 2016 年 | 2017 年 | 2018 年 |
|---|---|---|---|---|---|---|---|---|---|---|---|
| 人均教育预算支出（元/人） | 江西 | 543.73 | 633.85 | 998.26 | 1295.00 | 1378.94 | 1445.62 | 1605.42 | 1702.67 | 1883.99 | 2521.05 |
| | 湖北 | 516.60 | 596.15 | 791.95 | 1187.88 | 1119.23 | 1254.96 | 1487.32 | 1701.17 | 1793.20 | 2335.95 |
| | 湖南 | 510.29 | 570.23 | 758.01 | 1132.39 | 1132.53 | 1156.95 | 1282.16 | 1410.57 | 1528.63 | 2198.24 |
| 人均科技预算支出（元/人） | 江西 | 28.93 | 38.90 | 44.86 | 57.25 | 96.12 | 118.56 | 151.36 | 166.72 | 240.54 | 316.46 |
| | 湖北 | 41.24 | 48.94 | 71.69 | 88.22 | 125.13 | 218.20 | 256.33 | 308.78 | 381.44 | 453.76 |
| | 湖南 | 42.26 | 49.57 | 58.81 | 67.57 | 77.60 | 82.45 | 91.49 | 97.61 | 125.30 | 188.35 |
| 全部 R&D 经费中的政府资金（亿元） | 江西 | 16.93 | 17.31 | 18.66 | 19.56 | 24.23 | 26.01 | 25.99 | 23.31 | 29.74 | 38.64 |
| | 湖北 | 55.78 | 61.94 | 72.24 | 82.99 | 92.44 | 97.84 | 102.39 | 114.05 | 137.61 | 170.18 |
| | 湖南 | 24.45 | 26.57 | 31.15 | 37.01 | 46.10 | 50.09 | 50.89 | 56.32 | 70.49 | 83.60 |
| 规模以上工业企业 R&D 经费中的政府资金（亿元） | 江西 | 4.46 | 3.14 | 5.14 | 4.74 | 4.57 | 6.90 | 5.96 | 3.02 | 6.12 | 8.69 |
| | 湖北 | 5.36 | 4.23 | 9.62 | 13.95 | 16.98 | 14.56 | 14.23 | 24.13 | 21.42 | 27.11 |
| | 湖南 | 3.90 | 4.58 | 7.14 | 9.27 | 17.07 | 17.65 | 18.66 | 20.59 | 23.06 | 19.56 |
| 研发机构 R&D 经费中的政府资金（亿元） | 江西 | 7.12 | 9.38 | 7.17 | 8.04 | 11.32 | 10.47 | 11.10 | 11.70 | 13.82 | 17.16 |
| | 湖北 | 34.75 | 40.56 | 38.06 | 40.34 | 45.69 | 52.55 | 49.26 | 55.42 | 68.68 | 89.16 |
| | 湖南 | 7.77 | 12.25 | 9.15 | 9.57 | 11.42 | 12.46 | 13.23 | 16.65 | 23.14 | 26.26 |
| 地方部门属 R&D 经费支出中的政府资金（亿元） | 江西 | 1.49 | 2.13 | 2.09 | 2.34 | 2.90 | 2.60 | 3.19 | 3.31 | 4.20 | 5.86 |
| | 湖北 | 1.32 | 1.52 | 1.96 | 2.66 | 3.40 | 4.02 | 4.32 | 3.84 | 3.46 | 6.17 |
| | 湖南 | 2.17 | 2.50 | 2.86 | 2.98 | 3.40 | 4.25 | 4.78 | 5.62 | 7.00 | 7.80 |
| 政府部门属研发机构（个） | 江西 | 112 | 115 | 116 | 117 | 116 | 118 | 118 | 117 | 114 | 114 |
| | 湖北 | 157 | 153 | 152 | 151 | 149 | 138 | 134 | 123 | 116 | 106 |
| | 湖南 | 132 | 129 | 130 | 130 | 132 | 132 | 132 | 123 | 119 | 116 |
| 政府部门属研发机构 R&D 人员（人） | 江西 | 4405 | 4592 | 5216 | 5661 | 5762 | 5771 | 6040 | 6138 | 6242 | 6208 |
| | 湖北 | 13469 | 13354 | 14593 | 16082 | 15960 | 15976 | 16295 | 16010 | 14816 | 14766 |
| | 湖南 | 6617 | 6923 | 7233 | 7648 | 8084 | 8270 | 8430 | 7744 | 7835 | 7888 |

资料来源：《中国统计年鉴（2010~2019）》《中国科技统计年鉴（2010~2019）》《中国劳动统计年鉴（2010~2019）》。

## 三、云贵川渝三省一市政府服务水平比较

2009~2018 年重庆的政府服务得分从 0.413 增加到 0.526，位居长江上游地区第三位。从具体指标来看，2009~2018 年重庆的人均教育预算

支出低于云南，位居长江上游地区第二位，增幅为 426.28%。2009 年人均科技预算支出位居长江上游地区榜首，2018 年被贵州超越，退居长江上游地区第二位。从 R&D 经费中分析发现，2009 年重庆全部 R&D 经费中的政府资金、规模以上工业企业 R&D 经费中的政府资金相对于贵州和云南具有一定优势，但由于其增幅较小，2018 年重庆的规模分别相当于四川的 23.97%、39.81%。重庆政府部门属研发机构数量在长江上游地区一直居于末位。从增长率的角度分析，在长江上游地区，重庆有两个指标值的增长率位居第一位，五个指标值的增幅位居第二位，一个指标值的增幅居末位。总的来说，重庆的各指标基数较低，但增幅较高，这也是重庆这几年政府服务排名上升但总体排名仍然不高的主要原因。

2009～2018 年四川的政府服务得分从 0.539 增加到 0.738，一直高居长江上游榜首，位居长江经济带第三位。从具体的数据来看，四川各个指标的基数较大，但增幅不高。全部 R&D 经费中的政府资金、规模以上工业企业 R&D 经费中的政府资金、研发机构 R&D 经费中的政府资金、政府部门属研发机构数量、政府部门属研发机构 R&D 人员这几个指标一直位居长江上游地区首位。四川的人均教育预算支出在长江上游地区居第四位，人均科技预算支出、地方部门属 R&D 经费支出中的政府资金居第三位。从具体的增长率来看，四川的规模以上工业企业 R&D 经费中的政府资金增幅位居长江上游地区第 1，为 482.45%。人均科技预算支出的增长率位居第二位，其他的指标的增长率位居第三或者第四位。

2009～2018 年云南的政府服务得分从 0.448 增加到 0.527，位居长江上游地区第二位。从具体的指标数值来看，云南的地方部门属 R&D 经费支出中的政府资金在长江上游地区数值最大。研发机构 R&D 经费中的政府资金、政府部门属研发机构数量这两个指标，在长江上游地区中排第二位，仅次于四川。云南人均教育预算支出、全部 R&D 经费中的政府资金、研发机构 R&D 经费中的政府资金、政府部门属研发机构 R&D 人员这三个指标在四个省份中居第三位。从增长率的角度分析，2009～2018 年，政府部门属研发机构的增幅高居长江上游地区榜首。同期，人均科技预算支出、人均科技预算支出、全部 R&D 经费中的政府资金、研发机构 R&D 经费中的政府资金、地方部门属 R&D 经费支出中的政府资金、政府部门属研发机构 R&D 人员这几个指标的增幅不高。2009～2018 年，规模以上工业企业 R&D 经费中的政府资金、地方部门属 R&D 经费支出中的政府资金这两个指标的增长率在长江上游地区排名第三位。

2009～2018 年贵州的政府服务得分从 0.424 增加到 0.495，位居长江上游地区第四位。贵州的人均教育预算支出、人均科技预算支出在长江上游地区排名第一，增长率也最大，这是政府服务在支撑创新发展上坚强有力的保障。在政府的 R&D 经费投入方面，贵州全部 R&D 经费中的政府资金、研发机构 R&D 经费中的政府资金、地方部门属 R&D 经费支出中的政府资金、政府部门属研发机构 R&D 人员这四个指标在长江上游地区排名最末，规模以上工业企业 R&D 经费中的政府资金、政府部门属研发机构数量位居长江上游地区第三位。从增长率上来看，2009～2018 年，贵州人均教育预算支出、人均科技预算支出这两个指标的增长率在长江上游地区排名第一位。规模以上工业企业 R&D 经费中的政府资金的增幅在长江上游地区排名第四位（见表 6 - 9）。

表 6 - 9　　　　　2009～2018 年云贵川渝政府服务的各项指标变动情况

| 指标 | 省份 | 2009 年 | 2010 年 | 2011 年 | 2012 年 | 2013 年 | 2014 年 | 2015 年 | 2016 年 | 2017 年 | 2018 年 |
|---|---|---|---|---|---|---|---|---|---|---|---|
| 人均教育预算支出（元/人） | 重庆 | 580.91 | 727.91 | 957.11 | 1410.19 | 1302.04 | 1392.45 | 1590.35 | 1695.64 | 1847.59 | 3057.23 |
| | 四川 | 502.46 | 600.64 | 755.83 | 1091.75 | 1134.84 | 1153.95 | 1375.88 | 1424.81 | 1524.35 | 2310.82 |
| | 贵州 | 627.56 | 697.21 | 889.15 | 1210.64 | 1308.10 | 1472.73 | 1758.48 | 1894.40 | 2015.58 | 3468.89 |
| | 云南 | 689.47 | 827.68 | 1058.68 | 1474.78 | 1489.89 | 1454.02 | 1651.44 | 1858.13 | 2108.50 | 2751.99 |
| 人均科技预算支出（元/人） | 重庆 | 47.49 | 54.19 | 75.20 | 89.25 | 115.08 | 113.06 | 135.45 | 152.18 | 174.97 | 221.12 |
| | 四川 | 31.88 | 38.56 | 50.51 | 65.29 | 76.11 | 89.27 | 106.23 | 110.64 | 116.94 | 177.33 |
| | 贵州 | 34.89 | 39.77 | 51.15 | 70.10 | 79.96 | 102.51 | 133.51 | 155.63 | 196.03 | 285.78 |
| | 云南 | 42.49 | 47.33 | 62.03 | 71.40 | 92.50 | 92.96 | 104.49 | 99.95 | 112.82 | 113.75 |
| 全部 R&D 经费中的政府资金（亿元） | 重庆 | 15.31 | 20.82 | 20.14 | 23.06 | 24.11 | 23.25 | 36.45 | 44.02 | 50.75 | 69.73 |
| | 四川 | 104.41 | 149.50 | 150.13 | 171.20 | 152.78 | 193.23 | 230.22 | 240.42 | 245.56 | 290.95 |
| | 贵州 | 5.55 | 7.53 | 7.52 | 8.90 | 12.35 | 13.27 | 16.03 | 15.29 | 26.07 | 26.46 |
| | 云南 | 15.96 | 17.46 | 17.54 | 21.77 | 24.88 | 24.91 | 37.83 | 37.68 | 42.26 | 44.03 |
| 规模以上工业企业 R&D 经费中的政府资金（亿元） | 重庆 | 3.09 | 4.34 | 4.51 | 4.75 | 5.72 | 6.16 | 7.97 | 9.04 | 10.40 | 12.29 |
| | 四川 | 5.30 | 11.07 | 10.47 | 11.03 | 10.47 | 12.41 | 21.81 | 26.73 | 24.79 | 30.87 |
| | 贵州 | 1.68 | 3.47 | 2.53 | 3.11 | 4.71 | 3.87 | 5.19 | 4.69 | 7.35 | 4.75 |
| | 云南 | 0.97 | 1.23 | 1.71 | 2.21 | 3.66 | 3.37 | 6.38 | 3.79 | 4.55 | 3.17 |

续表

| 指标 | 省份 | 2009 年 | 2010 年 | 2011 年 | 2012 年 | 2013 年 | 2014 年 | 2015 年 | 2016 年 | 2017 年 | 2018 年 |
|---|---|---|---|---|---|---|---|---|---|---|---|
| 研发机构 R&D 经费中的政府资金（亿元） | 重庆 | 5.69 | 9.06 | 7.96 | 9.38 | 8.92 | 7.07 | 16.28 | 16.94 | 13.52 | 25.19 |
| | 四川 | 87.27 | 123.99 | 119.90 | 140.69 | 121.25 | 157.58 | 183.15 | 187.97 | 189.28 | 218.41 |
| | 贵州 | 1.77 | 2.83 | 1.95 | 2.35 | 3.66 | 4.35 | 5.15 | 4.22 | 8.84 | 10.82 |
| | 云南 | 11.30 | 14.17 | 11.38 | 13.82 | 15.21 | 13.90 | 19.22 | 21.11 | 24.46 | 25.32 |
| 地方部门属 R&D 经费支出中的政府资金（万元） | 重庆 | 0.85 | 1.75 | 3.27 | 3.73 | 4.48 | 4.66 | 13.18 | 13.80 | 10.47 | 10.63 |
| | 四川 | 2.22 | 2.56 | 2.98 | 3.94 | 4.51 | 4.63 | 7.21 | 8.23 | 10.53 | 9.91 |
| | 贵州 | 0.64 | 0.63 | 0.74 | 1.14 | 1.54 | 1.96 | 2.57 | 2.98 | 4.03 | 4.46 |
| | 云南 | 2.61 | 3.66 | 4.62 | 4.81 | 5.50 | 6.40 | 8.61 | 9.31 | 11.36 | 12.27 |
| 政府部门属研发机构（个） | 重庆 | 29 | 28 | 30 | 30 | 31 | 27 | 27 | 37 | 31 | 30 |
| | 四川 | 161 | 171 | 171 | 170 | 169 | 172 | 171 | 170 | 169 | 155 |
| | 贵州 | 75 | 75 | 73 | 79 | 78 | 79 | 81 | 82 | 76 | 77 |
| | 云南 | 97 | 105 | 105 | 103 | 101 | 110 | 110 | 114 | 118 | 115 |
| 政府部门属研发机构 R&D 人员（人） | 重庆 | 3114 | 3633 | 4227 | 5426 | 5818 | 3763 | 4933 | 6051 | 5954 | 10475 |
| | 四川 | 22142 | 21960 | 24509 | 26147 | 29309 | 34557 | 37334 | 38410 | 39830 | 38992 |
| | 贵州 | 2525 | 2366 | 2441 | 2965 | 3319 | 3305 | 3451 | 3349 | 4020 | 4498 |
| | 云南 | 6157 | 6048 | 6722 | 7240 | 7153 | 7552 | 8295 | 8865 | 8563 | 8380 |

注：表中的企业是指规模以上工业企业。

资料来源：《中国统计年鉴（2010～2019）》《中国科技统计年鉴（2010～2019）》。

## 第四节　长江经济带 11 省市创新支撑指数比较

### 一、江浙沪皖三省一市创新支撑水平比较

2009～2018 年江苏的创新支撑得分从 0.586 增加到 0.808，跃居长江经济带第一位。2009 年江苏规模以上工业企业研发机构数量在长江下游地区排名第二位，2018 年江苏跃居长江下游地区第一位。规模以上工业企业 R&D 项目数从 2009 年的 7278 个增加到 2018 年的 72426 个，增长率为 895.14%。人才是创新发展的重要支撑力，江苏在这方面具有很强的优势。2009 年江苏的普通高等学校数量为 148 个，到 2018 年增加到 167 个，增幅达到 12.84%。2018 年江苏每万人高等学校专任教师数为 14.45 人/万人，数值仅低于上海。2009 年江苏每万人在校大学生数为 211.71

人/万人，2018 年增长到 224.35 人/万人，增长率为 5.97%，跃居长江下游地区第一位。在社会支撑方面，2009～2018 年江苏的互联网普及率获得了极大地提升，涨幅达到 63.84%，但由于基数较小，仍不及上海、浙江。在金融方面，2009～2018 年江苏的金融业增加值占 GDP 比重从 4.63% 增加到 7.35%，增幅为 58.75%。在铁路公路方面，2009～2018 年江苏的铁路公路密度值仅低于上海，但增幅较小。

2009～2018 年浙江的创新支撑得分从 0.576 增加到 0.736，在长江下游地区位居第三位。企业是创新的主体，企业搭建的创新平台即为研发机构。2009 年浙江规模以上工业企业设立的研发机构为 5347 个，2018 年增长为 10141 个，年均增长率为 9.96%。浙江在产业方面最大的特点就是小企业多，规模以上工业企业 R&D 项目数也最多。人才支撑方面，浙江重视高等教育的发展。2009～2018 年普通高等学校数量从 99 所增加到 108 所，增幅为 9.09%。每万人高等学校专任教师数从 2009 年的 9.39 人/万人增加到 2018 年的 11.06 人/万人，增幅为 17.78%。教育的发展进一步推动经济水平的提高，吸引了各地毕业生来到浙江落户，2018 年浙江的本科以上就业人员比重为 13.1%，位列长江下游地区第二位。社会支撑条件方面，2018 年浙江的互联网普及率为 65%，仅低于上海。

2009 年浙江的金融业增加值占 GDP 比重为 8.26%，经过 2009～2018 年的发展，浙江的金融业增加值占 GDP 比重反而降低了 5.93%。浙江的铁路公路密度在长江下游地区中排名第四位，其增幅也较低，这是浙江要改善创新支撑的一个方面。

2009～2018 年上海的创新支撑得分从 0.684 增加到 0.777，被江苏赶超，退居第二位。由于上海的产业结构由工业向服务业转变，上海工业规模以及增幅都有所下降。2009 年上海规模以上工业企业研发机构数量为 1147 个，2018 年减少为 575 个，减幅为 49.87%。2009 年上海的规模以上工业企业 R&D 项目数为 1389 个，2018 年增加为 12442 个，增幅为 795.75%。在高等教育的支撑条件方面，上海普通高等学校数 2009 年为 66 所，2018 年下降为 64 所，其减幅为 3.03%。上海 2009 年每万人在校大学生数在长江下游地区排名第一位，但在 2009～2018 年减少了 7.94%，2018 年被江苏赶超，退居第二位。从金融、互联网、交通运输等其他社会支持条件来看，2009～2018 年，上海的金融业增加值占 GDP 比重一直最大，虽然增长率并不高，但总体还是呈现不断上升的趋势。

同期，上海互联网普及率和铁路公路密度都位居长江下游地区第一位，这为上海的创新资源的集聚以及优化配置提供了良好的条件。

2009～2018 年安徽的创新支撑得分从 0.478 增加到 0.609，位居长江下游地区第四位。从企业的角度来看创新支撑的发展情况，2009 年安徽规模以上工业企业研发机构数量、规模以上工业企业 R&D 项目数分别为 1262 个、1084 个，2018 年分别增长为 4281 个、16695 个，增长率分别为 239.22%、1440.13%，增幅较大。从人才支撑条件看，安徽的高等教育基础薄弱，虽然后期经过改善有了不少的提升，但总体依然处于较低水平。2009～2018 年安徽普通高等学校数从 106 所增加到 119 所，增幅为 12.26%，在数量上少于江苏，高于上海和浙江。2018 年每万人高等学校专任教师数、每万人在校大学生数分别为 9.66 人/万人、180.13 人/万人，在长江下游地区不占优势。2009 年安徽本科以上就业人员比重为 1.18%，2018 年增长为 6.1%，增幅为 416.95%，增幅较大。从金融、互联网、交通运输等方面分析，2009～2018 年安徽的金融业增加值占 GDP 比重、互联网普及率、铁路公路密度的增幅分别为 76.47%、39.45%、186.70%，增幅较大（见表 6 - 10）。

表 6 - 10    2009～2018 年沪苏浙皖创新支撑的各项指标变动情况

| 指标 | 省份 | 2009 年 | 2010 年 | 2011 年 | 2012 年 | 2013 年 | 2014 年 | 2015 年 | 2016 年 | 2017 年 | 2018 年 |
|---|---|---|---|---|---|---|---|---|---|---|---|
| 规模以上工业企业 R&D 项目数（个） | 上海 | 1389 | 6397 | 12378 | 12833 | 13441 | 13821 | 11089 | 10909 | 12557 | 12442 |
| | 江苏 | 7278 | 17826 | 31933 | 44570 | 48530 | 53117 | 51720 | 59535 | 67205 | 72426 |
| | 浙江 | 7842 | 11046 | 28672 | 35582 | 42158 | 45679 | 51940 | 59088 | 69180 | 77940 |
| | 安徽 | 1084 | 4446 | 8426 | 11882 | 14394 | 14648 | 14100 | 15697 | 20010 | 16695 |
| 普通高等学校数（所） | 上海 | 66 | 67 | 66 | 67 | 68 | 68 | 67 | 64 | 64 | 64 |
| | 江苏 | 148 | 150 | 156 | 153 | 156 | 159 | 162 | 166 | 167 | 167 |
| | 浙江 | 99 | 101 | 103 | 102 | 102 | 104 | 105 | 107 | 107 | 108 |
| | 安徽 | 106 | 111 | 116 | 118 | 117 | 118 | 119 | 119 | 119 | 119 |
| 每万人在校大学生数（人/万人） | 上海 | 232.04 | 223.91 | 217.85 | 212.86 | 209.01 | 208.84 | 211.83 | 212.68 | 212.95 | 213.61 |
| | 江苏 | 211.71 | 209.61 | 210.08 | 211.01 | 212.17 | 213.40 | 215.11 | 218.26 | 220.19 | 224.35 |
| | 浙江 | 164.23 | 162.45 | 166.11 | 170.22 | 174.54 | 177.60 | 178.94 | 178.20 | 177.19 | 177.70 |
| | 安徽 | 143.17 | 157.62 | 166.10 | 170.85 | 174.48 | 177.63 | 184.05 | 184.80 | 183.44 | 180.13 |

续表

| 指标 | 省份 | 2009 年 | 2010 年 | 2011 年 | 2012 年 | 2013 年 | 2014 年 | 2015 年 | 2016 年 | 2017 年 | 2018 年 |
|---|---|---|---|---|---|---|---|---|---|---|---|
| 每万人高等学校专任教师数（人/万人） | 上海 | 17.26 | 17.01 | 16.88 | 16.86 | 16.69 | 16.72 | 17.21 | 17.48 | 17.98 | 18.39 |
| | 江苏 | 12.79 | 12.96 | 13.16 | 13.39 | 13.64 | 13.13 | 13.43 | 13.73 | 14.06 | 14.45 |
| | 浙江 | 9.39 | 9.36 | 9.57 | 9.89 | 10.19 | 10.54 | 10.74 | 10.82 | 11.02 | 11.06 |
| | 安徽 | 7.56 | 8.28 | 8.58 | 8.87 | 9.10 | 9.29 | 9.46 | 9.60 | 9.66 | 9.66 |
| 规模以上工业企业研发机构数量（个） | 上海 | 1147 | 638 | 884 | 914 | 890 | 818 | 738 | 666 | 621 | 575 |
| | 江苏 | 4435 | 2702 | 6518 | 16417 | 17996 | 20411 | 21542 | 23564 | 22007 | 20298 |
| | 浙江 | 5347 | 2733 | 6781 | 7498 | 8278 | 9049 | 9737 | 10137 | 10893 | 10141 |
| | 安徽 | 1262 | 692 | 1514 | 2387 | 2737 | 3326 | 3986 | 4536 | 5110 | 4281 |
| 金融业增加值占 GDP 比重（%） | 上海 | 11.99 | 11.37 | 11.86 | 12.14 | 13.07 | 14.43 | 16.57 | 16.91 | 17.40 | 16.39 |
| | 江苏 | 4.63 | 5.08 | 5.29 | 5.80 | 6.26 | 7.26 | 7.56 | 7.77 | 7.90 | 7.35 |
| | 浙江 | 8.26 | 8.39 | 8.45 | 7.97 | 7.89 | 6.89 | 6.82 | 6.46 | 6.82 | 7.77 |
| | 安徽 | 3.57 | 3.21 | 3.29 | 3.59 | 3.86 | 5.02 | 5.64 | 5.93 | 6.16 | 6.30 |
| 本科以上就业人员占比（%） | 上海 | 15.94 | 15.68 | 16.39 | 17.75 | 18.50 | 23.25 | 26.76 | 28.05 | 29.80 | 25.60 |
| | 江苏 | 2.80 | 4.85 | 5.96 | 6.22 | 6.67 | 7.09 | 10.93 | 11.32 | 11.70 | 11.40 |
| | 浙江 | 4.19 | 5.03 | 6.84 | 8.25 | 8.26 | 9.72 | 12.34 | 12.74 | 13.90 | 13.10 |
| | 安徽 | 1.18 | 2.79 | 3.17 | 4.02 | 4.06 | 4.80 | 5.95 | 6.10 | 5.60 | 6.10 |
| 铁路公路密度（公里/平方公里） | 上海 | 1.89 | 1.95 | 1.99 | 2.06 | 2.07 | 2.12 | 2.15 | 2.17 | 2.19 | 2.15 |
| | 江苏 | 1.41 | 1.48 | 1.50 | 1.52 | 1.54 | 1.55 | 1.57 | 1.55 | 1.57 | 1.60 |
| | 浙江 | 1.04 | 1.07 | 1.09 | 1.11 | 1.13 | 1.14 | 1.16 | 1.17 | 1.20 | 1.21 |
| | 安徽 | 1.09 | 1.10 | 1.10 | 1.21 | 1.27 | 1.28 | 1.37 | 1.45 | 1.49 | 1.52 |
| 互联网普及率（%） | 上海 | 52.99 | 53.8 | 64.98 | 67.48 | 69.69 | 70.73 | 73.42 | 74.01 | 75.62 | 75 |
| | 江苏 | 35.4 | 42.01 | 46.65 | 49.9 | 51.58 | 53.69 | 55.37 | 56.42 | 58.06 | 58 |
| | 浙江 | 46.47 | 51.15 | 55.87 | 58.81 | 60.57 | 62.78 | 64.92 | 64.97 | 66.09 | 65 |
| | 安徽 | 17.44 | 23.37 | 26.56 | 31.21 | 35.66 | 36.58 | 38.98 | 43.92 | 47.09 | 50 |

资料来源：《中国统计年鉴（2010～2019）》《中国科技统计年鉴（2010～2019）》《中国劳动统计年鉴（2010～2019）》。

## 二、湘鄂赣三省创新支撑水平比较

2009～2018 年湖北的创新支撑得分从 0.532 增加到 0.639，位列长江中游地区第一位，在长江经济带排名第四位。从企业支撑上来看，湖北规模以上工业企业研发机构数量在长江中游地区处于末位，2009 年时湖北规模以上工业企业研发机构数量为 691 个，位居长江中游地区第二位，2018 年增长为 1318 个，增幅为 90.74%，增长率较小，被江西省赶超，退居长江中游地区第三位。2009～2018 年湖北规模以上工业企业 R&D 项目数增幅达到 1098.06%，赶超湖南，跃居长江中游地区第一位。从高等教育的方面来看，湖北的高校较多，2009～2018 年本科以上就业人员比重一直居于长江中游地区首位。从金融、互联网、交通运输等社会条件来看，2009～2018 年湖北的互联网普及率、铁路公路密度在长江中游地区居于首位，其中互联网普及率的增长速度较快，年均增长率达到 13.55%。2018 年湖北金融业增加值占 GDP 比重被江西赶超，退居长江中游地区第二位。

2009～2018 年湖南的创新支撑得分从 0.486 增加到 0.586，在长江中游地区居第二位。从企业的创新支撑条件来看，2009 年湖南规模以上工业企业研发机构数量、规模以上工业企业 R&D 项目数分别为 697 个、1568 个，2018 年分别增长为 1514 个、15311 个，增幅分别为 117.22%、865.38%。从高等教育方面来看，湖南每万人在校大学生数、每万人高等学校专任教师数在长江中游地区相对较小。为了加强创新发展，湖南做了很多努力去招才引智，2009～2018 年湖南本科以上就业人员比重增幅较大，达到 223.81%，其增幅高居长江中游地区榜首。从金融、互联网、交通运输等社会条件来看，湖南金融业增加值占 GDP 比重、互联网普及率、铁路公路密度都不算高。对于湖南来说，提高互联网普及率，加大交通运输建设力度，推动金融行业对创新发展的支持，能为促进创新发展提供充足的条件支持。

2009～2018 年江西的创新支撑得分从 0.476 增加到 0.598，位居长江中游地区第三位。从企业的创新支撑条件来看，江西规模以上工业企业研发机构数量具有较大优势。2009 年江西省规模以上工业企业研发机构数量为 270 个，2018 年增加为 2549 个，跃居长江中游地区第一位。江西规模以上工业企业 R&D 项目数 2009 年为 476，2018 年增长为 13658 个，增长率高达 2769.33%。在人才培养方面，江西的普通高等学校数远少于长江中游地区其他省份，但每万人在校大学生数、每万人高等学校专任教师数都比较多，高于湖南，仅次于湖北。从其他社会条件上来看，2009～2018 年江西铁路公路密度比较小，位居长江中游地区第三位。2009 年金融业增加值占 GDP 比重为 2.16%，2018 年增加为 6.26%，跃居长江中游地区第一位。2009 年江西互联网普及率为 17.82%，位居长江中游地区第三位，2018 年增长为 51%，赶超湖南，为创新发展创造了良好的条件（见表 6 - 11）。

表 6 - 11　　　　　2009～2018 年湘鄂赣创新支撑的各指标变动情况

| 指标 | 省份 | 2009 年 | 2010 年 | 2011 年 | 2012 年 | 2013 年 | 2014 年 | 2015 年 | 2016 年 | 2017 年 | 2018 年 |
|---|---|---|---|---|---|---|---|---|---|---|---|
| 规模以上工业企业 R&D 项目数（个） | 江西 | 476 | 1917 | 2608 | 2930 | 4288 | 4385 | 4403 | 6351 | 7504 | 13658 |
| | 湖北 | 1133 | 4602 | 7077 | 8062 | 9522 | 9955 | 8647 | 10363 | 12968 | 13574 |
| | 湖南 | 1586 | 3982 | 6928 | 7563 | 8425 | 9393 | 6646 | 7899 | 10411 | 15311 |
| 普通高等学校数（所） | 江西 | 85 | 85 | 90 | 88 | 92 | 95 | 97 | 98 | 100 | 102 |
| | 湖北 | 120 | 120 | 127 | 122 | 123 | 123 | 126 | 128 | 129 | 128 |
| | 湖南 | 115 | 117 | 124 | 121 | 122 | 124 | 124 | 123 | 124 | 124 |
| 每万人在校大学生数（人/万人） | 江西 | 179.04 | 182.99 | 184.63 | 188.97 | 190.59 | 201.76 | 215.63 | 226.25 | 226.80 | 226.85 |
| | 湖北 | 218.37 | 226.42 | 232.77 | 239.85 | 245.12 | 244.10 | 241.06 | 238.21 | 237.36 | 243.07 |
| | 湖南 | 158.73 | 159.40 | 161.52 | 163.01 | 164.52 | 168.67 | 174.06 | 179.57 | 185.60 | 192.32 |
| 每万人高等学校专任教师数（人/万人） | 江西 | 10.97 | 10.99 | 11.13 | 11.15 | 11.60 | 11.98 | 12.54 | 12.10 | 12.23 | 12.36 |
| | 湖北 | 12.79 | 13.04 | 13.71 | 13.96 | 14.10 | 14.24 | 14.26 | 14.19 | 14.15 | 14.10 |
| | 湖南 | 9.19 | 9.06 | 9.27 | 9.42 | 9.55 | 9.64 | 9.82 | 10.07 | 10.24 | 10.54 |
| 规模以上工业企业研发机构数量（个） | 江西 | 270 | 184 | 325 | 372 | 710 | 845 | 838 | 1260 | 1880 | 2549 |
| | 湖北 | 691 | 457 | 667 | 917 | 1096 | 1137 | 1333 | 1212 | 1266 | 1318 |
| | 湖南 | 697 | 471 | 816 | 971 | 1445 | 1632 | 1765 | 1874 | 1983 | 1514 |
| 金融业增加值占 GDP 比重（%） | 江西 | 2.16 | 2.56 | 3.05 | 3.19 | 3.45 | 4.71 | 5.37 | 5.71 | 5.53 | 6.26 |
| | 湖北 | 3.70 | 3.52 | 3.44 | 3.91 | 4.35 | 5.01 | 6.27 | 7.10 | 7.44 | 6.08 |
| | 湖南 | 3.08 | 2.89 | 2.55 | 2.62 | 2.89 | 3.51 | 3.82 | 4.03 | 4.75 | 4.98 |
| 本科以上就业人员占比（%） | 江西 | 2.38 | 2.49 | 3.16 | 2.98 | 3.72 | 4.14 | 5.33 | 4.83 | 5.00 | 5.40 |
| | 湖北 | 2.54 | 3.57 | 5.66 | 5.46 | 4.86 | 6.07 | 7.64 | 7.47 | 11.70 | 7.40 |
| | 湖南 | 2.10 | 2.66 | 5.12 | 5.21 | 4.77 | 5.53 | 6.67 | 6.98 | 13.90 | 6.80 |
| 铁路公路密度（公里/平方公里） | 江西 | 0.84 | 0.86 | 0.90 | 0.92 | 0.93 | 0.95 | 0.96 | 0.99 | 1.00 | 0.99 |
| | 湖北 | 1.08 | 1.13 | 1.16 | 1.19 | 1.24 | 1.30 | 1.38 | 1.42 | 1.47 | 1.50 |
| | 湖南 | 0.92 | 1.10 | 1.12 | 1.12 | 1.13 | 1.14 | 1.14 | 1.15 | 1.15 | 1.15 |

| 指标 | 省份 | 2009 年 | 2010 年 | 2011 年 | 2012 年 | 2013 年 | 2014 年 | 2015 年 | 2016 年 | 2017 年 | 2018 年 |
|------|------|---------|---------|---------|---------|---------|---------|---------|---------|---------|---------|
| 互联网普及率（%） | 江西 | 17.82 | 21.29 | 24.24 | 28.13 | 32.46 | 33.97 | 38.52 | 44.32 | 49.14 | 51 |
| | 湖北 | 25.68 | 33.21 | 36.97 | 39.96 | 42.96 | 45.13 | 46.53 | 51.13 | 54.32 | 57 |
| | 湖南 | 21.95 | 26.59 | 29.35 | 33.14 | 36.02 | 38.28 | 39.58 | 44.17 | 47.34 | 50 |

资料来源：《中国统计年鉴（2010～2019)》《中国科技统计年鉴（2010～2019)》《中国劳动统计年鉴（2010～2019)》。

### 三、云贵川渝三省－市创新支撑水平比较

2009～2018 年重庆的创新支撑得分从 0.513 增加到 0.652，高居长江上游地区榜首。从企业创新支撑的各指标进行分析，2009 年规模以上工业企业研发机构数量、规模以上工业企业 R&D 项目数分别为 383 个、549 个，2018 年分别增长为 965 个、12484 个，增长率分别为 151.96%、2173.95%，重庆企业的创新支撑水平得到了极大提升。从人才培养的创新支撑上分析，重庆普通高等学校数在长江上游地区不占优势，但重庆每万人在校大学生数和每万人高等学校专任教师数高居长江上游地区第一位。2009～2018 年，2009 年重庆本科以上就业人员比重为 1.74%，2018 年增长为 8%，增幅为 359.77%，跃居长江上游地区第一位。从金融、互联网、交通运输等社会条件对创新支撑的作用来看，2009～2018 年重庆金融业增加值占 GDP 比重、互联网普及率最高、铁路公路密度均是长江上游地区最大，这些数值的增大为重庆的创新发展提供了强有力的支撑。

2009～2018 年四川的创新支撑得分从 0.451 增加到 0.564，在长江上游地区排第二位。从企业创新支撑的分项来分析，2009～2018 年四川规模以上工业企业研发机构数量、规模以上工业企业 R&D 项目数很有优势，分别为长江上游地区的第一位和第二位。从人才培养支撑的分项来看，四川高等学校众多，2009 年为 92 所，2018 年增长为 119 所，增长率为 29.35%。2009～2018 年每万人在校大学生数和每万人高等学校专任教师数位居长江上游地区第二位。从金融、互联网、交通运输等社会条件来看，四川的金融业增加值占 GDP 比重在 2009 年时为 3.71%，位居长江上游地区第四位，2018 年时增长为 6.81%，增长率为 83.56%。2009～2018 年互联网普及率和铁路公路密度的增长率分别为 32.69%、140.24%，促进了四川创新支撑水平的发展。

2009～2018 年贵州和云南两省创新支撑得分在长江下游地区排名靠后。从企业创新支撑的指标来看，2018 年贵州和云南的规模以上工业企业研发机构分别为 406 个、474 个，只能达到重庆、四川的 1/2 左右；2018 年贵州和云南的规模以上工业企业 R&D 项目分别为 2860 个、4216 个。从人才资源的培养上来看，2018 年贵州和云南的高校数分别为 72 个、79 个。贵州和云南的每万人在校大学生数、每万人高等学校专任教师数在长江经济带中也偏少。2009 年贵州和云南的本科以上就业人员比重分别为 1.35%、1%，2018 年分别增长为 5.4%、4.4%，增长率分别为 300.00%、340.00%。从金融等方面来看，贵州和云南的金融业增加值占 GDP 比重、互联网普及率、铁路公路密度在长江上游地区不占优势（见表 6－12）。

表 6－12　　　　2009～2018 年云贵川渝创新支撑的各项指标变动情况

| 指标 | 省份 | 2009 年 | 2010 年 | 2011 年 | 2012 年 | 2013 年 | 2014 年 | 2015 年 | 2016 年 | 2017 年 | 2018 年 |
|---|---|---|---|---|---|---|---|---|---|---|---|
| 规模以上工业企业 R&D 项目数（个） | 重庆 | 549 | 3230 | 4524 | 5113 | 5794 | 7879 | 6544 | 7612 | 10624 | 12484 |
| | 四川 | 843 | 4392 | 6712 | 9868 | 10298 | 11027 | 6609 | 8869 | 12359 | 11779 |
| | 贵州 | 143 | 1018 | 1345 | 1649 | 1717 | 1682 | 1619 | 2145 | 2758 | 2860 |
| | 云南 | 212 | 1082 | 1514 | 1665 | 1729 | 2102 | 3017 | 3441 | 4122 | 4216 |
| 普通高等学校数（所） | 重庆 | 50 | 53 | 60 | 60 | 63 | 63 | 64 | 65 | 65 | 65 |
| | 四川 | 92 | 92 | 95 | 99 | 103 | 107 | 109 | 109 | 109 | 119 |
| | 贵州 | 47 | 47 | 48 | 49 | 52 | 55 | 59 | 64 | 70 | 72 |
| | 云南 | 61 | 61 | 64 | 66 | 67 | 67 | 69 | 72 | 77 | 79 |
| 每万人在校大学生数（人/万人） | 重庆 | 169.36 | 181.19 | 194.52 | 211.75 | 222.02 | 231.21 | 237.55 | 240.31 | 242.88 | 245.91 |
| | 四川 | 126.56 | 135.02 | 141.53 | 151.52 | 156.76 | 163.19 | 169.17 | 175.09 | 180.65 | 187.59 |
| | 贵州 | 84.56 | 92.93 | 99.19 | 110.17 | 119.66 | 131.24 | 141.91 | 161.44 | 175.33 | 190.98 |
| | 云南 | 86.11 | 95.40 | 105.28 | 109.93 | 117.04 | 122.41 | 129.61 | 137.62 | 147.02 | 158.31 |
| 每万人高等学校专任教师数（人/万人） | 重庆 | 10.45 | 10.77 | 11.34 | 12.14 | 12.50 | 13.02 | 13.22 | 13.31 | 13.56 | 13.84 |
| | 四川 | 7.55 | 8.08 | 8.38 | 9.06 | 9.47 | 10.00 | 10.29 | 10.39 | 10.11 | 10.43 |
| | 贵州 | 5.55 | 5.85 | 6.30 | 6.55 | 7.24 | 8.02 | 8.65 | 9.31 | 9.80 | 10.07 |
| | 云南 | 5.45 | 5.76 | 6.37 | 6.72 | 7.34 | 7.51 | 7.79 | 8.16 | 8.18 | 8.30 |

| 指标 | 省份 | 2009 年 | 2010 年 | 2011 年 | 2012 年 | 2013 年 | 2014 年 | 2015 年 | 2016 年 | 2017 年 | 2018 年 |
|---|---|---|---|---|---|---|---|---|---|---|---|
| 规模以上工业企业研发机构数量（个） | 重庆 | 383 | 280 | 365 | 437 | 546 | 753 | 896 | 1077 | 1264 | 965 |
| | 四川 | 681 | 460 | 587 | 879 | 999 | 1210 | 1022 | 1066 | 1270 | 1051 |
| | 贵州 | 143 | 109 | 163 | 148 | 165 | 224 | 242 | 474 | 442 | 406 |
| | 云南 | 213 | 154 | 219 | 287 | 339 | 388 | 479 | 554 | 648 | 474 |
| 金融业增加值占 GDP 比重（%） | 重庆 | 5.97 | 6.27 | 7.04 | 8.03 | 8.44 | 8.59 | 8.97 | 9.26 | 9.34 | 8.69 |
| | 四川 | 3.71 | 3.81 | 4.13 | 5.46 | 6.02 | 6.41 | 7.33 | 8.29 | 8.66 | 6.81 |
| | 贵州 | 4.97 | 5.03 | 5.21 | 5.34 | 5.41 | 5.31 | 5.78 | 5.85 | 5.82 | 6.46 |
| | 云南 | 5.70 | 5.19 | 5.13 | 5.25 | 5.92 | 6.72 | 7.21 | 7.39 | 7.30 | 6.29 |
| 本科以上就业人员占比（%） | 重庆 | 1.74 | 4.25 | 4.66 | 5.24 | 5.54 | 5.77 | 8.41 | 8.56 | 8.70 | 8.00 |
| | 四川 | 2.05 | 2.56 | 3.38 | 3.83 | 4.26 | 3.88 | 5.01 | 5.44 | 5.50 | 5.10 |
| | 贵州 | 1.35 | 2.62 | 3.38 | 2.95 | 3.65 | 3.79 | 4.16 | 5.03 | 5.40 | 5.40 |
| | 云南 | 1.00 | 2.63 | 3.68 | 3.59 | 4.24 | 4.62 | 4.97 | 4.67 | 4.90 | 4.40 |
| 铁路公路密度（公里/平方公里） | 重庆 | 1.36 | 1.44 | 1.46 | 1.48 | 1.51 | 1.57 | 1.73 | 1.76 | 1.82 | 1.94 |
| | 四川 | 0.52 | 0.55 | 0.59 | 0.61 | 0.63 | 0.65 | 0.66 | 0.68 | 0.70 | 0.69 |
| | 贵州 | 0.82 | 0.87 | 0.91 | 0.95 | 0.99 | 1.03 | 1.07 | 1.11 | 1.12 | 1.14 |
| | 云南 | 0.53 | 0.54 | 0.56 | 0.57 | 0.58 | 0.60 | 0.61 | 0.62 | 0.64 | 0.67 |
| 互联网普及率（%） | 重庆 | 28.09 | 34.32 | 36.59 | 40.58 | 43.54 | 45.37 | 47.9 | 51.05 | 53.83 | 55 |
| | 四川 | 19.98 | 24.84 | 27.69 | 31.72 | 34.97 | 37.13 | 39.74 | 43.27 | 46.53 | 48 |
| | 贵州 | 16.2 | 21.59 | 24.21 | 28.44 | 32.72 | 34.83 | 38.13 | 42.87 | 46.83 | 49 |
| | 云南 | 18.46 | 22.19 | 24.62 | 28.35 | 32.6 | 34.85 | 37.14 | 39.66 | 42.32 | 43 |

资料来源：《中国统计年鉴（2010～2019）》《中国科技统计年鉴（2010～2019）》《中国劳动统计年鉴（2010～2019）》。

# 第五节　长江经济带 11 省市创新效益指数比较

## 一、江浙沪皖三省一市创新效益水平比较

2009～2018 年江苏的创新效益得分从 0.651 增加到 0.796，在长江下游地区排名由第二位退居第三位。经济增长最重要的动力是创新，创

新发展水平越好的地区其人均收入水平更高，就业机会也更多，失业率越低，单位 GDP 能耗越低，第三产业所占比重、新产品销售收入占主营业务收入的比重、高技术产品出口额占货物出口额的比重也越大。2009～2018 年江苏的人均 GDP 比较高，在长江下游地区排第二位，且增长率较高。江苏的单位 GDP 能耗在长江下游地区以至于长江经济带都是很低的，下降幅度也比较大，说明江苏的技术创新驱动绿色发展的成效显著。从第三产业所占比重来看，2009 年江苏第三产业所占比重不到40%，但其增幅较大，2018 年时增长为 51%。江苏的新产品销售收入占主营业务收入的比重偏低，这个短板需要通过加大对新产品的研发力度来解决。2009 年江苏的高技术产品出口额占货物出口额的比重为47.17%，2018 年降为 36.6%，降幅达到 22.41%。江苏应进一步加大对高技术产业的研发投入和投资力度，并尽力开拓国际市场以促进高技术产品出口。

2009～2018 年浙江的创新效益得分在从 0.598 增加到 0.801，位居长江下游地区第三位。从具体的指标上看，浙江的人均 GDP 在长江下游地区以至于长江经济带中居于第三位。2009～2018 年浙江的年末城镇登记失业率一直比较低，2009 年为 3.26%，2018 年进一步下降为 2.6%，降幅达到 20.25%。单位 GDP 能耗主要是用来度量技术创新带来的绿色发展水平。2009 年浙江的单位 GDP 能耗在长江下游地区最低，2018 年退居第三位。浙江应该进一步推进相关企业绿色发展，加大力度发展节能降耗的技术来提高绿色发展水平。浙江的第三产业所占比重在长江下游地区排名第三位，其增长率是长江下游地区最高。2009 年浙江的新产品销售收入占主营业务收入的比重为 11.35%，2018 年时为 33.95%，增长率为 199.12%，成为长江经济带各地区中唯一占比达到 30% 以上的省份。浙江的高技术产品出口额占货物出口额的比重在 2009 年时为 7.67%，2018 年时降为 6.45%。

2009～2018 年上海的创新效益得分从 0.730 增加到 0.887，高居长江下游地区榜首。由于上海各指标的基数较大，其创新效益水平的提升幅度偏低。2009～2018 年上海的人均 GDP 在长江下游地区位居第一。2018 年上海的年末城镇登记失业率为 3.5%，低于 5%，基本实现了比较充分就业水平。2009 年上海的单位 GDP 能耗为 0.689 吨标准煤/万元，2018 年为 0.318 吨标准煤/万元，降到了 0.4 吨标准煤/万元以下，成为长江经济带各地区中 GDP 能耗最低的地区。2009 年上海第三产业所占比重为

59.4%，2018 年增长为 69.9%，增长率为 17.68%。2009 年上海的新产品销售收入占主营业务收入的比重为 19.98%，位居长江下游地区第一位，2018 年增为 25.48%，退居长江下游地区第二位。2009 年上海的高技术产品出口额占货物出口额的比重低于江苏，到 2018 在长江经济带各地区中居首位。

2009～2018 年安徽的创新效益得分从 0.517 增加到 0.725，位居长江下游地区第四位。安徽的人均 GDP 在长江下游地区中排名最末，但增幅排名第一位。2009 年安徽的年末城镇登记失业率为 3.92%，介于上海和浙江之间，通过这几年大力实施创新驱动发展战略，建立起与之适应的工业产业体系，创造了大量就业机会，2018 年失业率降到 3% 以下。由于工业制造的技术水平较为滞后，即便经过几年的降低，2018 年安徽的单位 GDP 能耗仍然是长江下游地区最高的。2009 年安徽的新产品销售收入占主营业务收入的比重为 9.92%，2018 年上升为 24.22%，成为长江经济带中 5 个比重在 20% 以上的地区之一。安徽高技术产品出口额占货物出口额的比重从 2009 年的 5.65% 上升到 2018 年的 27.53%，其增幅达到 387.26%（见表 6-13）。

表 6-13　　　　2009～2018 年沪苏浙皖创新效益的各项指标变动情况

| 指标 | 省份 | 2009 年 | 2010 年 | 2011 年 | 2012 年 | 2013 年 | 2014 年 | 2015 年 | 2016 年 | 2017 年 | 2018 年 |
|---|---|---|---|---|---|---|---|---|---|---|---|
| 人均 GDP（万元/人） | 上海 | 7.90 | 7.61 | 8.26 | 8.54 | 9.10 | 9.74 | 10.38 | 11.66 | 12.67 | 14.87 |
|  | 江苏 | 4.47 | 5.28 | 6.23 | 6.83 | 7.54 | 8.19 | 8.80 | 9.69 | 10.69 | 11.59 |
|  | 浙江 | 4.46 | 5.17 | 5.92 | 6.34 | 6.88 | 7.30 | 7.76 | 8.49 | 9.15 | 10.18 |
|  | 安徽 | 1.64 | 2.09 | 2.57 | 2.88 | 3.20 | 3.44 | 3.60 | 3.96 | 4.32 | 5.41 |
| 年末城镇登记失业率（%） | 上海 | 4.26 | 4.35 | 3.54 | 3.05 | 3.98 | 4.10 | 4.04 | 4.08 | 3.90 | 3.50 |
|  | 江苏 | 3.22 | 3.16 | 3.14 | 3.14 | 3.03 | 3.00 | 3.00 | 3.00 | 3.00 | 3.00 |
|  | 浙江 | 3.26 | 3.20 | 3.12 | 3.01 | 3.01 | 3.00 | 2.93 | 2.87 | 2.70 | 2.60 |
|  | 安徽 | 3.92 | 3.66 | 3.74 | 3.68 | 3.41 | 3.20 | 3.14 | 3.20 | 2.90 | 2.80 |
| 单位 GDP 能耗（吨标准煤/万元） | 上海 | 0.689 | 0.653 | 0.587 | 0.563 | 0.520 | 0.470 | 0.453 | 0.416 | 0.386 | 0.318 |
|  | 江苏 | 0.688 | 0.622 | 0.562 | 0.534 | 0.489 | 0.459 | 0.431 | 0.401 | 0.376 | 0.339 |
|  | 浙江 | 0.677 | 0.608 | 0.552 | 0.521 | 0.494 | 0.469 | 0.457 | 0.429 | 0.410 | 0.374 |
|  | 安徽 | 0.884 | 0.785 | 0.691 | 0.660 | 0.608 | 0.576 | 0.560 | 0.520 | 0.494 | 0.391 |

| 指标 | 省份 | 2009 年 | 2010 年 | 2011 年 | 2012 年 | 2013 年 | 2014 年 | 2015 年 | 2016 年 | 2017 年 | 2018 年 |
|---|---|---|---|---|---|---|---|---|---|---|---|
| 第三产业所占比重（%） | 上海 | 59.40 | 57.30 | 58.00 | 60.45 | 62.20 | 64.80 | 67.76 | 69.78 | 69.18 | 69.90 |
| | 江苏 | 39.60 | 41.40 | 42.40 | 43.50 | 44.70 | 47.00 | 48.61 | 50.00 | 50.27 | 51.00 |
| | 浙江 | 43.10 | 43.50 | 43.90 | 45.24 | 46.10 | 47.80 | 49.76 | 50.99 | 53.32 | 54.70 |
| | 安徽 | 36.40 | 33.90 | 32.50 | 32.70 | 33.00 | 35.40 | 39.09 | 41.05 | 42.92 | 45.10 |
| 新产品销售收入占主营业务收入的比重（%） | 上海 | 19.98 | 19.26 | 22.66 | 21.70 | 22.26 | 24.33 | 21.86 | 26.69 | 26.56 | 25.48 |
| | 江苏 | 10.17 | 10.31 | 13.87 | 14.96 | 14.76 | 16.53 | 16.63 | 17.80 | 19.18 | 22.19 |
| | 浙江 | 11.35 | 12.43 | 18.16 | 19.56 | 24.28 | 26.10 | 29.80 | 32.76 | 32.16 | 33.95 |
| | 安徽 | 9.92 | 10.99 | 12.75 | 12.91 | 12.96 | 14.34 | 15.06 | 17.58 | 20.51 | 24.22 |
| 高技术产品出口额占货物出口额的比重（%） | 上海 | 44.65 | 46.45 | 44.39 | 43.82 | 43.45 | 42.38 | 43.50 | 43.12 | 43.66 | 47.89 |
| | 江苏 | 47.17 | 46.91 | 41.70 | 40.04 | 38.92 | 37.84 | 38.72 | 36.64 | 38.19 | 36.60 |
| | 浙江 | 7.67 | 8.32 | 7.18 | 6.59 | 5.74 | 5.67 | 6.08 | 6.29 | 6.50 | 6.45 |
| | 安徽 | 5.65 | 4.35 | 5.51 | 6.25 | 10.00 | 19.43 | 20.73 | 21.04 | 25.29 | 27.53 |

资料来源：《中国统计年鉴（2010～2019）》《中国科技统计年鉴（2010～2019）》《中国能源统计年鉴（2010～2019）》《中国劳动统计年鉴（2010～2019）》计算得到。

## 二、湘鄂赣三省创新效益水平比较

2009～2018 年湖北的创新效益得分从 0.539 增加到 0.756，高居长江中游地区榜首。湖北的人均 GDP 在长江中游地区最高，且增幅较大。2009 年湖北的年末城镇登记失业率为 4.21%，高于另外两个省份，2018 年时降为 2.50%，降低了 40.62%，降幅为长江中游地区最大。2009 年湖北的单位 GDP 能耗为 1.058 吨标准煤/万元，2018 年降为 0.397 吨标准煤/万元，降幅为 62.48%，跃居长江下游地区第一位。2009 年湖北的第三产业所占比重为 39.6%，2018 年增加到 47.6%。2009 年湖北的新产品销售收入占主营业务收入的比重为 10.77%，2018 年为 20.92%。2009 年湖北的高技术产品出口额占货物出口额的比重略低于江西，2018 年时该数值升为 36.2%，比江西高出 15 多个百分点。

2009～2018 年湖南的创新效益得分从 0.536 增加到 0.687，位居长江中游地区第二位。2009～2018 年湖南人均 GDP 一直处于湖北和江西之间。2009 年湖南的年末城镇登记失业率为 4.14%，2018 年为 3.6%，降幅为 13.04%。2009 年湖南的单位 GDP 能耗为 1.021 吨标准煤/万元，

2018 年降为 0.428 吨标准煤/万元，降幅达到 58.08%。湖南第三产业所占比重在长江中游地区有优势，且增幅较大，到 2018 年仍是长江中游地区第一位。2009～2018 年湖南的新产品销售收入占主营业务收入的比重从 13.56% 增长为 21.85%，一直高居长江中游地区榜首，是长江经济带中占比在 20% 以上的 5 个地区之一。2009～2018 年湖南高技术产品出口额占货物出口额的比重从 8.08% 增加到 17.41%，增幅为 115.47%。

2009～2018 年江西的创新效益得分从 0.539 增加到 0.647。2009～2018 年江西人均 GDP 从 1.73 万元/人增加到 4.9 万元/人，增长率为 213.22%，增幅为长江中游地区最大。2009 年江西的年末城镇登记失业率为 3.44%，2018 年降为 3.4%，降幅较小。2009～2018 年江西的单位 GDP 能耗在长江中游地区不占优势。2009 年江西的第三产业所占比重为 34.4%，2018 年增加到 44.8%，增幅为 30.23%，增幅为长江中游地区最高。2009～2018 年江西的新产品销售收入占主营业务收入的比重从 4.81% 增加到 14.07%。2009～2018 年江西的高技术产品出口额占货物出口额的比重从 20.91% 降为 19.77%，退居长江中游地区第二位（见表 6－14）。

表 6－14　　　　　2009～2018 年湘鄂赣创新效益的各项指标变动情况

| 指标 | 省份 | 2009 年 | 2010 年 | 2011 年 | 2012 年 | 2013 年 | 2014 年 | 2015 年 | 2016 年 | 2017 年 | 2018 年 |
|---|---|---|---|---|---|---|---|---|---|---|---|
| 人均 GDP（元/人） | 江西 | 1.73 | 2.13 | 2.62 | 2.88 | 3.19 | 3.47 | 3.67 | 4.04 | 4.33 | 4.90 |
| | 湖北 | 2.27 | 2.79 | 3.42 | 3.86 | 4.28 | 4.71 | 5.07 | 5.57 | 6.01 | 7.11 |
| | 湖南 | 2.04 | 2.47 | 2.99 | 3.35 | 3.69 | 4.03 | 4.28 | 4.64 | 4.94 | 5.28 |
| 年末城镇登记失业率（%） | 江西 | 3.44 | 3.31 | 2.98 | 3.00 | 3.17 | 3.30 | 3.35 | 3.35 | 3.30 | 3.40 |
| | 湖北 | 4.21 | 4.18 | 4.10 | 3.83 | 3.49 | 3.10 | 2.64 | 2.41 | 2.60 | 2.50 |
| | 湖南 | 4.14 | 4.16 | 4.21 | 4.23 | 4.20 | 4.10 | 4.09 | 4.19 | 4.00 | 3.60 |
| 单位 GDP 能耗（吨标准煤/万元） | 江西 | 0.759 | 0.672 | 0.592 | 0.559 | 0.526 | 0.513 | 0.505 | 0.473 | 0.456 | 0.409 |
| | 湖北 | 1.058 | 0.948 | 0.844 | 0.794 | 0.633 | 0.596 | 0.555 | 0.516 | 0.482 | 0.397 |
| | 湖南 | 1.021 | 0.928 | 0.822 | 0.756 | 0.606 | 0.567 | 0.535 | 0.501 | 0.470 | 0.428 |
| 第三产业所占比重（%） | 江西 | 34.40 | 33.00 | 33.50 | 34.64 | 35.10 | 36.80 | 39.10 | 41.97 | 42.70 | 44.80 |
| | 湖北 | 39.60 | 37.90 | 36.90 | 36.89 | 38.10 | 41.50 | 43.10 | 43.94 | 46.53 | 47.60 |
| | 湖南 | 41.40 | 39.70 | 38.30 | 39.02 | 40.30 | 42.20 | 44.15 | 46.37 | 49.43 | 51.80 |

续表

| 指标 | 省份 | 2009 年 | 2010 年 | 2011 年 | 2012 年 | 2013 年 | 2014 年 | 2015 年 | 2016 年 | 2017 年 | 2018 年 |
|------|------|---------|---------|---------|---------|---------|---------|---------|---------|---------|---------|
| 新产品销售收入占主营业务收入的比重（%） | 江西 | 4.81 | 5.37 | 5.10 | 5.78 | 6.30 | 5.74 | 6.25 | 8.83 | 11.43 | 14.07 |
| | 湖北 | 10.77 | 11.02 | 11.44 | 11.44 | 12.29 | 12.74 | 13.15 | 14.86 | 17.41 | 20.92 |
| | 湖南 | 13.56 | 12.59 | 14.61 | 17.14 | 17.97 | 18.95 | 20.76 | 21.49 | 22.05 | 21.85 |
| 高技术产品出口额占货物出口额的比重（%） | 江西 | 20.91 | 21.07 | 18.01 | 13.08 | 12.22 | 16.40 | 15.48 | 14.80 | 12.86 | 19.77 |
| | 湖北 | 20.46 | 26.07 | 22.12 | 24.31 | 22.81 | 23.69 | 27.43 | 36.13 | 37.81 | 36.20 |
| | 湖南 | 8.08 | 8.38 | 8.65 | 10.97 | 11.20 | 12.03 | 18.79 | 14.80 | 14.56 | 17.41 |

资料来源：根据《中国统计年鉴（2010～2019）》《中国科技统计年鉴（2010～2019）》《中国能源统计年鉴（2010～2019）》《中国劳动统计年鉴（2010～2019）》计算得到。

## 三、云贵川渝三省一市创新效益水平比较

2009～2018 年重庆的创新效益得分从 0.592 增加到 0.817，位居长江上游地区第一位。2009 年重庆的人均 GDP 为 2.29 万元/人，2018 年增加为 6.99 万元/人，增速高达 205.24%，一直处于长江上游地区的第一位。基于高速增长的经济发展态势，重庆逐渐建立起有自身特色的产业体系，就业机会不断增加，年末城镇登记失业率逐渐下降，从 2009 年的 3.96%下降为 2018 年的 3%，降幅 24.24%。重庆的单位 GDP 能耗在长江上游地区一直是最低的，并且其降幅也较大，达到 63.23%。重庆的第三产业发展迅猛，2009 年第三产业所占比重为 37.9%，2018 年第三产业所占比重达到 52.3%，增幅为 37.99%。2009 年重庆的高技术产品出口额占货物出口额的比重为 4.95%，在长江上游地区排名第三位，2018 年增长为75.64%，跃居长江上游地区第一位，年均增长率为 158.68%。

2009～2018 年四川的创新效益得分从 0.525 增加到 0.721，在长江上游三省一市中排名第二位。2009 年四川的人均 GDP 为 1.73 万元/人，2018 年增长为 5.16%，增长率为 198.27%。2009 年四川的年末城镇登记失业率 4.34%，2018 年降为 3.5%，在长江上游地区不占优势。2009～2018 年四川的单位 GDP 能耗从 1.153 吨标准煤/万元降为 0.464 吨标准煤/万元，降幅为 59.76%，一直位居长江上游地区第二位。2009 年四川的第三产业在产业结构中所占比重为 36.7%，2018 年增长为 51.4%，跃居长江上游地区第二位。2009～2018 年四川的新产品销售收入占主营业务收入的比重从 10.17%降为 8.8%，降幅为 13.47%。2009 年四川的高技术产品出口额占货物出口额的比重为 26.16%，位居长江上游地区第一

位，2018 年增长为 70.11%，退居长江上游地区第二位。

　　2009～2018 年贵州的创新效益得分从 0.476 增加到 0.612，一直位居长江上游地区第三位。2009 年贵州的人均 GDP 为 1.03 万元/人，2018 年上升为 4.28 万元/人，增幅为 315.53%。贵州年末城镇登记失业率从 2009 年的 3.81% 下降为 2018 年的 3.2%，这与其坚持大数据战略，不断提升创新水平，大力发展新兴产业，创造了大量就业机会有很大关系。2009 年贵州的单位 GDP 能耗为 1.934 吨标准煤/万元，能耗较高，但此后贵州更加注重节能降耗技术的应用，大力发展绿色经济，2018 年降为 0.654 吨标准煤/万元，降幅为 66.18%。2009 年贵州第三产业在产业结构中所占比重为 48.20%，在长江上游地区排名第一位，到 2018 年降为 46.5%，退居长江上游地区第四位。2009 年贵州的新产品销售收入占主营业务收入的比重为 5.49%，2018 年增长为 7.95%，在长江上游地区不占优势。2009 年贵州的高技术产品出口额占货物出口额的比重为 11.06%，与重庆一样经过先降后升的发展过程，到 2018 年上升为 34.35%，总增幅为 210.58%，产业结构和贸易结构得到了明显的优化升级。

　　2009～2018 年云南的创新效益得分从 0.465 增加到 0.612，位居长江上游地区第四位。2009 年云南人均 GDP 为 1.35 万元/人，2018 年增长为 4.34 万元/人，在长江上游地区不占优势。2009 年云南年末城镇登记失业率为 4.26%，到 2018 年时降为 3.4%，降幅为 20.19%。2009～2018 年云南的单位 GDP 能耗从 1.302 吨标准煤/万元，降为 0.555 吨标准煤/万元，降幅较大，为 57.37%。2009 年云南的第三产业在产业结构中所占比重为 40.80%，在长江上游地区排名第二位，2018 年上升为 47.1%，退居长江上游地区第三位。2009 年云南新产品销售收入占主营业务收入的比重为 4.64%，2018 年增长为 7.02%，涨幅达到 51.29%。2009 年时云南的高技术产品出口额占货物出口额的比重为 2.55%，2018 年上升为 19.92%，在长江上游地区不占优势（见表 6-15）。

表 6-15　　　　　2009～2018 年云贵川渝创新效益的各项指标变动情况

| 指标 | 省份 | 2009 年 | 2010 年 | 2011 年 | 2012 年 | 2013 年 | 2014 年 | 2015 年 | 2016 年 | 2017 年 | 2018 年 |
|---|---|---|---|---|---|---|---|---|---|---|---|
| 人均 GDP（万元/人） | 重庆 | 2.29 | 2.76 | 3.45 | 3.89 | 4.32 | 4.79 | 5.23 | 5.85 | 6.32 | 6.99 |
| | 四川 | 1.73 | 2.12 | 2.61 | 2.96 | 3.26 | 3.51 | 3.68 | 4.00 | 4.45 | 5.16 |
| | 贵州 | 1.03 | 1.31 | 1.64 | 1.97 | 2.32 | 2.64 | 2.98 | 3.32 | 3.78 | 4.28 |
| | 云南 | 1.35 | 1.58 | 1.93 | 2.22 | 2.53 | 2.73 | 2.88 | 3.11 | 3.41 | 4.34 |

续表

| 指标 | 省份 | 2009 年 | 2010 年 | 2011 年 | 2012 年 | 2013 年 | 2014 年 | 2015 年 | 2016 年 | 2017 年 | 2018 年 |
|---|---|---|---|---|---|---|---|---|---|---|---|
| 年末城镇登记失业率（%） | 重庆 | 3.96 | 3.90 | 3.50 | 3.30 | 3.40 | 3.50 | 3.58 | 3.67 | 3.40 | 3.00 |
| | 四川 | 4.34 | 4.14 | 4.16 | 4.02 | 4.11 | 4.20 | 4.12 | 4.15 | 4.00 | 3.50 |
| | 贵州 | 3.81 | 3.64 | 3.63 | 3.29 | 3.26 | 3.30 | 3.29 | 3.24 | 3.20 | 3.20 |
| | 云南 | 4.26 | 4.21 | 4.05 | 4.03 | 3.98 | 4.00 | 3.96 | 3.60 | 3.20 | 3.40 |
| 单位 GDP 能耗（吨标准煤/万元） | 重庆 | 1.077 | 0.991 | 0.878 | 0.813 | 0.630 | 0.602 | 0.568 | 0.519 | 0.486 | 0.396 |
| | 四川 | 1.153 | 1.041 | 0.937 | 0.862 | 0.728 | 0.697 | 0.662 | 0.618 | 0.586 | 0.464 |
| | 贵州 | 1.934 | 1.776 | 1.590 | 1.442 | 1.150 | 1.048 | 0.947 | 0.868 | 0.791 | 0.654 |
| | 云南 | 1.302 | 1.201 | 1.073 | 1.012 | 0.851 | 0.816 | 0.760 | 0.721 | 0.682 | 0.555 |
| 第三产业所占比重（%） | 重庆 | 37.90 | 36.40 | 36.20 | 39.39 | 41.40 | 46.80 | 47.70 | 48.13 | 49.24 | 52.30 |
| | 四川 | 36.70 | 35.10 | 33.40 | 34.53 | 35.20 | 38.70 | 43.68 | 47.23 | 49.73 | 51.40 |
| | 贵州 | 48.20 | 47.30 | 48.80 | 47.91 | 46.60 | 44.60 | 44.89 | 44.67 | 44.90 | 46.50 |
| | 云南 | 40.80 | 40.00 | 41.60 | 41.09 | 41.80 | 43.30 | 45.14 | 46.68 | 47.83 | 47.10 |
| 新产品销售收入占主营业务收入的比重（%） | 重庆 | 29.80 | 27.41 | 26.60 | 18.87 | 17.30 | 19.32 | 21.70 | 21.85 | 25.62 | 21.43 |
| | 四川 | 10.17 | 6.23 | 7.03 | 6.67 | 6.94 | 7.22 | 7.48 | 7.49 | 8.85 | 8.80 |
| | 贵州 | 5.49 | 7.91 | 8.85 | 6.42 | 5.01 | 5.04 | 3.99 | 5.40 | 5.69 | 7.95 |
| | 云南 | 4.64 | 3.66 | 5.00 | 5.00 | 4.42 | 5.16 | 5.22 | 6.08 | 6.92 | 7.02 |
| 高技术产品出口额占货物出口额的比重（%） | 重庆 | 4.95 | 11.08 | 29.71 | 38.72 | 53.07 | 49.03 | 50.95 | 61.72 | 66.56 | 75.64 |
| | 四川 | 26.16 | 21.23 | 39.24 | 45.44 | 45.81 | 46.94 | 45.78 | 56.09 | 66.97 | 70.11 |
| | 贵州 | 11.06 | 3.80 | 2.24 | 2.46 | 2.24 | 3.70 | 13.75 | 20.87 | 44.16 | 34.35 |
| | 云南 | 2.55 | 2.55 | 2.14 | 5.49 | 12.88 | 7.70 | 6.89 | 12.99 | 14.31 | 19.92 |

资料来源：根据《中国统计年鉴（2010～2019）》《中国科技统计年鉴（2010～2019）》《中国能源统计年鉴（2010～2019）》《中国劳动统计年鉴（2010～2019）》计算得到。

# 第四篇　城市比较篇

# 第七章　长江经济带108个城市创新指标比较

## 第一节　长江经济带108个城市专利授权及其排名

采用专利授权量指标来衡量长江经济带各市的创新水平①。从长江经济带专利授权量排名来看：2005年排名居前10位的城市有上海、杭州、重庆、宁波、苏州、温州、成都、金华、武汉和南京，到2018年排名居前10位的城市有上海、苏州、成都、杭州、重庆、宁波、南京、温州、绍兴、无锡，多分布在长江经济带下游地区（见表7-1）。

**表7-1　长江经济带各城市专利授权量排名：2005年和2018年**

| 城市 | 2005年 | | 2018年 | | 城市 | 2005年 | | 2018年 | |
|---|---|---|---|---|---|---|---|---|---|
| | 专利授权量（件） | 排名 | 专利授权量（件） | 排名 | | 专利授权量（件） | 排名 | 专利授权量（件） | 排名 |
| 上海 | 11269 | 1 | 92055 | 1 | 赣州 | 95 | 55 | 8901 | 29 |
| 杭州 | 3669 | 2 | 55289 | 4 | 宣城 | 92 | 56 | 3210 | 52 |
| 重庆 | 3591 | 3 | 45350 | 5 | 永州 | 92 | 57 | 1594 | 75 |
| 宁波 | 3474 | 4 | 44747 | 6 | 遵义 | 89 | 58 | 3218 | 51 |
| 苏州 | 3037 | 5 | 75873 | 2 | 安庆 | 84 | 59 | 3450 | 48 |
| 温州 | 2750 | 6 | 37996 | 8 | 宜春 | 84 | 60 | 3813 | 47 |

---

① 本篇选取长江经济带除铜仁和毕节外的108个地级及以上城市作为研究对象，时间跨度为2005～2018年。需要说明的是，贵州省的铜仁和毕节在2011年撤"地区"设"地级市"，安徽省的巢湖在2010年撤"地级市"设"县级市"，本报告将上述城市剔除，同时对巢湖市2005～2010年的数据进行合并处理，将原地级市巢湖市管辖的庐江县合到合肥市，无为县合并到芜湖市，含山县、和县合并到马鞍山市，以保证数据在研究期内的可比性。

续表

| 城市 | 2005 年 | | 2018 年 | | 城市 | 2005 年 | | 2018 年 | |
|---|---|---|---|---|---|---|---|---|---|
| | 专利授权量（件） | 排名 | 专利授权量（件） | 排名 | | 专利授权量（件） | 排名 | 专利授权量（件） | 排名 |
| 成都 | 2674 | 7 | 57448 | 3 | 滁州 | 82 | 61 | 4653 | 41 |
| 金华 | 2179 | 8 | 23545 | 16 | 六安 | 81 | 62 | 3986 | 46 |
| 武汉 | 2109 | 9 | 32328 | 11 | 阜阳 | 80 | 63 | 4845 | 40 |
| 南京 | 1986 | 10 | 43911 | 7 | 景德镇 | 79 | 64 | 1888 | 69 |
| 无锡 | 1916 | 11 | 35230 | 10 | 攀枝花 | 78 | 65 | 1333 | 84 |
| 台州 | 1827 | 12 | 25892 | 13 | 南充 | 74 | 66 | 1411 | 81 |
| 长沙 | 1490 | 13 | 21051 | 19 | 内江 | 73 | 67 | 1305 | 85 |
| 常州 | 1160 | 14 | 23415 | 17 | 宿州 | 69 | 68 | 1475 | 78 |
| 嘉兴 | 1158 | 15 | 24482 | 14 | 上饶 | 69 | 69 | 4158 | 44 |
| 昆明 | 879 | 16 | 12350 | 25 | 玉溪 | 69 | 70 | 1468 | 79 |
| 绍兴 | 854 | 17 | 36908 | 9 | 萍乡 | 68 | 71 | 2522 | 59 |
| 扬州 | 765 | 18 | 22654 | 18 | 吉安 | 66 | 72 | 4276 | 43 |
| 南通 | 691 | 19 | 24453 | 15 | 舟山 | 65 | 73 | 2207 | 62 |
| 徐州 | 658 | 20 | 11115 | 26 | 孝感 | 65 | 74 | 3130 | 53 |
| 贵阳 | 614 | 21 | 9250 | 28 | 怀化 | 63 | 75 | 1180 | 90 |
| 合肥 | 612 | 22 | 28498 | 12 | 眉山 | 63 | 76 | 1081 | 92 |
| 镇江 | 604 | 23 | 15321 | 23 | 淮南 | 60 | 77 | 2221 | 61 |
| 泰州 | 578 | 24 | 15379 | 22 | 泸州 | 58 | 78 | 1774 | 71 |
| 南昌 | 565 | 25 | 13015 | 24 | 亳州 | 57 | 79 | 1903 | 67 |
| 株洲 | 493 | 26 | 4956 | 39 | 抚州 | 55 | 80 | 4532 | 42 |
| 湖州 | 452 | 27 | 18672 | 20 | 遂宁 | 55 | 81 | 1282 | 87 |
| 盐城 | 338 | 28 | 15775 | 21 | 宿迁 | 54 | 82 | 8443 | 31 |
| 宜昌 | 285 | 29 | 6737 | 33 | 资阳 | 54 | 83 | 704 | 100 |
| 淮安 | 258 | 30 | 8653 | 30 | 鹰潭 | 53 | 84 | 2796 | 56 |
| 湘潭 | 257 | 31 | 2921 | 55 | 黄冈 | 53 | 85 | 2099 | 66 |
| 连云港 | 224 | 32 | 5776 | 36 | 新余 | 50 | 86 | 1072 | 93 |
| 丽水 | 218 | 33 | 7347 | 32 | 自贡 | 47 | 87 | 1451 | 80 |

续表

| 城市 | 2005 年 | | 2018 年 | | 城市 | 2005 年 | | 2018 年 | |
|---|---|---|---|---|---|---|---|---|---|
| | 专利授权量（件） | 排名 | 专利授权量（件） | 排名 | | 专利授权量（件） | 排名 | 专利授权量（件） | 排名 |
| 德阳 | 215 | 34 | 4021 | 45 | 铜陵 | 46 | 88 | 1486 | 77 |
| 襄樊 | 195 | 35 | 1227 | 89 | 淮北 | 40 | 89 | 1278 | 88 |
| 宜宾 | 195 | 36 | 1707 | 73 | 张家界 | 40 | 90 | 366 | 103 |
| 衡阳 | 187 | 37 | 3249 | 50 | 随州 | 37 | 91 | 772 | 99 |
| 绵阳 | 175 | 38 | 6623 | 34 | 曲靖 | 37 | 92 | 1287 | 86 |
| 芜湖 | 172 | 39 | 10754 | 27 | 广元 | 36 | 93 | 928 | 96 |
| 岳阳 | 165 | 40 | 2148 | 64 | 咸宁 | 33 | 94 | 1864 | 70 |
| 荆州 | 140 | 41 | 3126 | 54 | 鄂州 | 32 | 95 | 572 | 102 |
| 十堰 | 135 | 42 | 1901 | 68 | 六盘水 | 32 | 96 | 786 | 98 |
| 娄底 | 132 | 43 | 1669 | 74 | 黄山 | 30 | 97 | 1095 | 91 |
| 邵阳 | 129 | 44 | 2658 | 58 | 达州 | 29 | 98 | 1341 | 83 |
| 蚌埠 | 125 | 45 | 3312 | 49 | 丽江 | 28 | 99 | 272 | 108 |
| 黄石 | 122 | 46 | 2681 | 57 | 广安 | 25 | 100 | 837 | 97 |
| 马鞍山 | 121 | 47 | 5496 | 37 | 安顺 | 23 | 101 | 1039 | 94 |
| 常德 | 114 | 48 | 2188 | 63 | 昭通 | 22 | 102 | 322 | 105 |
| 衢州 | 109 | 49 | 6073 | 35 | 保山 | 21 | 103 | 317 | 107 |
| 乐山 | 109 | 50 | 1397 | 82 | 池州 | 20 | 104 | 1764 | 72 |
| 益阳 | 105 | 51 | 2128 | 65 | 巴中 | 17 | 105 | 584 | 101 |
| 郴州 | 104 | 52 | 1582 | 76 | 雅安 | 16 | 106 | 1027 | 95 |
| 九江 | 100 | 53 | 5366 | 38 | 普洱 | 15 | 107 | 359 | 104 |
| 荆门 | 96 | 54 | 2234 | 60 | 临沧 | 5 | 108 | 318 | 106 |

注：本表选取的长江经济带城市的专利授权量来源于历年《中国科技统计年鉴》、各省份统计年鉴、各市国民经济与社会发展统计公报、各市知识产权局以及各市科学技术厅。其他数据来源于《中国城市统计年鉴》以及各省份统计年鉴。对于个别缺失值，采用均值插补法进行插值。

　　2005 年，专利授权量指标排名后 10 位的城市有丽江、广安、安顺、昭通、保山、池州、巴中、雅安、普洱和临沧。2018 年，宜宾、资阳、乐山等部分长江经济带上游地区的城市专利授权量排名明显降低，其中宜宾专利授权量排名从 2005 年的 36 降低至 2018 年的 73，资阳从 2005 年的 83 降低至 100，乐山从 2005 年的 50 降低至 2018 年的 82。抚州、上饶、九江、宿迁、赣州、池州、吉安等部分长江经济带中游地区的城市专利授权量排名快速增长，这些城市的专利授权量排名从 2005～2018 年均提升 30 名以上。长江经济带拥有高专利授权量的城市多分布下游地区，而上游城市的专利授权量较少。

## 第二节　长江经济带 108 个城市研发活动及其排名

2005 年上海、南京、杭州、宁波、武汉、嘉兴、温州、绍兴、成都和台州的研发活动水平在长江经济带城市群中位列前 10 位，其中分布在长江经济带上游地区和长江经济带中游地区的分别为 1 个和 1 个，而分布在长江经济带下游地区的城市高达 8 个。到 2018 年排名居前 10 位的城市有上海、苏州、武汉、杭州、合肥、南京、宁波、成都、重庆、芜湖，此中分布在长江经济带上游地区和长江经济带中游地区的分别为 2 个和 3 个，而分布在长江经济带下游地区的城市高达 5 个。

通过对长江经济带 108 个城市的研发活动进行描述性统计分析可以看出，上海的研发活动始终位于长江经济带城市的首位，长江中游城市群研发活动支出也有明显增加。

2005 年，淮北、亳州、随州、荆门、鹰潭、丽江、普洱、宿迁、池州的科技支出较少，其中分布在长江经济带下游地区和长江经济带上游地区的分别为 1 个和 2 个，而分布在长江经济带中游地区的城市高达 7 个。到 2018 年，宿迁、荆门、亳州、鹰潭、淮南、池州科技支出增幅显著，其中宿迁科技支出排名从 2005 年的 106 提升至 2018 年的 37，荆门从 2005 年的 102 提升至 2018 年的 58，鹰潭从 2005 年的 103 提升至 2018 年的 64。可见部分长江经济带中游地区的城市科技支出增速较快（见表 7 - 2）。

表 7 - 2　　长江经济带各城市研发活动排名：2005 年和 2018 年

| 城市 | 2005 年 | | 2018 年 | | 城市 | 2005 年 | | 2018 年 | |
|---|---|---|---|---|---|---|---|---|---|
| | 科技支出（亿元） | 排名 | 科技支出（亿元） | 排名 | | 科技支出（亿元） | 排名 | 科技支出（亿元） | 排名 |
| 上海 | 202682 | 1 | 4263655 | 1 | 上饶 | 1082 | 55 | 92638 | 54 |
| 南京 | 24975 | 2 | 805440 | 6 | 安庆 | 1080 | 56 | 105295 | 47 |
| 杭州 | 12028 | 3 | 1182090 | 4 | 孝感 | 1067 | 57 | 105927 | 46 |

续表

| 城市 | 2005 年 | | 2018 年 | | 城市 | 2005 年 | | 2018 年 | |
|---|---|---|---|---|---|---|---|---|---|
| | 科技支出（亿元） | 排名 | 科技支出（亿元） | 排名 | | 科技支出（亿元） | 排名 | 科技支出（亿元） | 排名 |
| 宁波 | 11732 | 4 | 782647 | 7 | 荆州 | 1037 | 58 | 98410 | 50 |
| 武汉 | 10751 | 5 | 1344072 | 3 | 阜阳 | 1014 | 59 | 50120 | 69 |
| 嘉兴 | 8716 | 6 | 238688 | 22 | 六安 | 990 | 60 | 107316 | 44 |
| 温州 | 8538 | 7 | 182536 | 26 | 常德 | 990 | 61 | 82578 | 56 |
| 绍兴 | 8198 | 8 | 315725 | 14 | 吉安 | 981 | 62 | 115177 | 41 |
| 成都 | 7062 | 9 | 730705 | 8 | 益阳 | 972 | 63 | 38361 | 76 |
| 台州 | 6431 | 10 | 169642 | 29 | 铜陵 | 971 | 64 | 60856 | 62 |
| 金华 | 5604 | 11 | 211407 | 25 | 萍乡 | 956 | 65 | 65288 | 60 |
| 苏州 | 5224 | 12 | 1522777 | 2 | 雅安 | 941 | 66 | 15330 | 92 |
| 无锡 | 5187 | 13 | 496770 | 11 | 临沧 | 902 | 67 | 6836 | 107 |
| 重庆 | 4590 | 14 | 685887 | 9 | 娄底 | 899 | 68 | 25612 | 84 |
| 昆明 | 4376 | 15 | 180075 | 27 | 宿州 | 870 | 69 | 45939 | 72 |
| 丽水 | 4141 | 16 | 93193 | 53 | 淮安 | 867 | 70 | 93497 | 52 |
| 长沙 | 3937 | 17 | 361871 | 13 | 邵阳 | 822 | 71 | 33806 | 79 |
| 湖州 | 3254 | 18 | 157795 | 32 | 株洲 | 816 | 72 | 176280 | 28 |
| 徐州 | 2691 | 19 | 254531 | 19 | 内江 | 810 | 73 | 16793 | 90 |
| 遵义 | 2653 | 20 | 137589 | 36 | 曲靖 | 784 | 74 | 14754 | 95 |
| 贵阳 | 2563 | 21 | 247794 | 21 | 湘潭 | 779 | 75 | 116084 | 40 |
| 南通 | 2504 | 22 | 377790 | 12 | 泸州 | 773 | 76 | 30344 | 80 |
| 合肥 | 2351 | 23 | 919741 | 5 | 黄石 | 752 | 77 | 47287 | 70 |
| 南昌 | 2329 | 24 | 273821 | 17 | 新余 | 725 | 78 | 24593 | 85 |
| 芜湖 | 2129 | 25 | 598199 | 10 | 保山 | 717 | 79 | 8522 | 104 |
| 赣州 | 2125 | 26 | 222623 | 23 | 巴中 | 668 | 80 | 4941 | 108 |
| 常州 | 2069 | 27 | 253942 | 20 | 遂宁 | 656 | 81 | 13268 | 96 |
| 攀枝花 | 2020 | 28 | 12494 | 97 | 广元 | 655 | 82 | 8832 | 103 |
| 舟山 | 2005 | 29 | 67847 | 59 | 鄂州 | 642 | 83 | 30040 | 81 |
| 襄樊 | 1626 | 30 | 302249 | 15 | 安顺 | 634 | 84 | 35399 | 78 |

续表

| 城市 | 2005 年 | | 2018 年 | | 城市 | 2005 年 | | 2018 年 | |
|---|---|---|---|---|---|---|---|---|---|
| | 科技支出（亿元） | 排名 | 科技支出（亿元） | 排名 | | 科技支出（亿元） | 排名 | 科技支出（亿元） | 排名 |
| 衢州 | 1623 | 31 | 110800 | 42 | 黄山 | 633 | 85 | 58540 | 63 |
| 扬州 | 1588 | 32 | 160500 | 31 | 马鞍山 | 617 | 86 | 116137 | 39 |
| 黄冈 | 1567 | 33 | 94062 | 51 | 昭通 | 601 | 87 | 9779 | 101 |
| 镇江 | 1476 | 34 | 165004 | 30 | 蚌埠 | 599 | 88 | 106434 | 45 |
| 九江 | 1451 | 35 | 116150 | 38 | 眉山 | 563 | 89 | 9668 | 102 |
| 连云港 | 1402 | 36 | 99205 | 49 | 十堰 | 531 | 90 | 46469 | 71 |
| 南充 | 1379 | 37 | 19568 | 88 | 怀化 | 516 | 91 | 55654 | 65 |
| 郴州 | 1344 | 38 | 78222 | 57 | 咸宁 | 486 | 92 | 52106 | 68 |
| 衡阳 | 1326 | 39 | 44286 | 73 | 六盘水 | 464 | 93 | 61413 | 61 |
| 泰州 | 1320 | 40 | 151232 | 33 | 景德镇 | 432 | 94 | 26667 | 82 |
| 玉溪 | 1280 | 41 | 39753 | 75 | 广安 | 409 | 95 | 6946 | 106 |
| 岳阳 | 1250 | 42 | 83226 | 55 | 资阳 | 409 | 96 | 20008 | 87 |
| 宜宾 | 1233 | 43 | 18981 | 89 | 宣城 | 391 | 97 | 139447 | 35 |
| 宜春 | 1213 | 44 | 217359 | 24 | 张家界 | 340 | 98 | 8286 | 105 |
| 滁州 | 1210 | 45 | 109182 | 43 | 淮北 | 331 | 99 | 10531 | 98 |
| 永州 | 1176 | 46 | 52193 | 66 | 亳州 | 302 | 100 | 52169 | 67 |
| 乐山 | 1164 | 47 | 10085 | 100 | 随州 | 294 | 101 | 15081 | 94 |
| 盐城 | 1162 | 48 | 284450 | 16 | 荆门 | 253 | 102 | 71851 | 58 |
| 绵阳 | 1162 | 49 | 255424 | 18 | 鹰潭 | 224 | 103 | 58214 | 64 |
| 抚州 | 1144 | 50 | 102978 | 48 | 丽江 | 219 | 104 | 10120 | 99 |
| 自贡 | 1122 | 51 | 35490 | 77 | 普洱 | 209 | 105 | 15083 | 93 |
| 宜昌 | 1115 | 52 | 141661 | 34 | 宿迁 | 174 | 106 | 117461 | 37 |
| 德阳 | 1107 | 53 | 21934 | 86 | 淮南 | 168 | 107 | 41055 | 74 |
| 达州 | 1085 | 54 | 15413 | 91 | 池州 | 114 | 108 | 25808 | 83 |

　　注：本表选取的长江经济带城市的专利授权量来源于历年《中国科技统计年鉴》、各省份统计年鉴、各市国民经济与社会发展统计公报、各市知识产权局以及各市科学技术厅。其他数据来源于《中国城市统计年鉴》以及各省份统计年鉴。对于个别缺失值，采用均值插补法进行插值。

## 第三节　长江经济带108个城市经济水平及其排名

从长江经济带经济水平排名来看：苏州、无锡、上海、杭州、宁波、南京、常州、嘉兴、绍兴、镇江等城市人均 GDP 较高，经济发展较好，这些城市均分布在长江经济带下游地区。2005～2018 年，长江经济带各城市人均 GDP 均有大幅度增长。其中重庆人均 GDP 增长幅度最大，2018年重庆人均 GDP 是 2005 年的 15.2 倍，安顺、遵义、襄樊、宿迁、咸宁、六盘水、黄冈、资阳等城市人均 GDP 也增长了 6～7 倍，表明长江经济带中游和上游地区经济发展较为迅速。

丽江、保山、普洱、临沧、巴中、安顺、重庆、昭通等长江经济带上游地区的城市人均 GDP 水平较低，到 2018 年，重庆、安顺的人均 GDP 增幅显著，其中重庆经济水平排名从 2005 年的 106 提升至 2018 年的 38，安顺从 2005 年的 105 提升至 2018 年的 85，可见部分长江经济带上游地区的城市经济发展较快（见表 7 - 3）。

表 7 - 3　　长江经济带各城市经济水平排名：2005 年和 2018 年

| 城市 | 2005 年 | | 2018 年 | | 城市 | 2005 年 | | 2018 年 | |
|---|---|---|---|---|---|---|---|---|---|
| | 人均 GDP（元/每人） | 排名 | 人均 GDP（元/每人） | 排名 | | 人均 GDP（元/每人） | 排名 | 人均 GDP（元/每人） | 排名 |
| 苏州 | 78801 | 1 | 173765 | 2 | 连云港 | 11084 | 55 | 61332 | 47 |
| 无锡 | 72489 | 2 | 174270 | 1 | 淮北 | 11015 | 56 | 43962 | 69 |
| 上海 | 57695 | 3 | 134982 | 8 | 乐山 | 10879 | 57 | 49397 | 60 |
| 杭州 | 51878 | 4 | 140180 | 5 | 九江 | 10783 | 58 | 55274 | 51 |
| 宁波 | 51460 | 5 | 132603 | 9 | 绵阳 | 10542 | 59 | 47538 | 64 |
| 南京 | 46114 | 6 | 152886 | 3 | 蚌埠 | 10231 | 60 | 50662 | 57 |
| 常州 | 44440 | 7 | 149277 | 4 | 衡阳 | 10057 | 61 | 42163 | 70 |
| 嘉兴 | 40206 | 8 | 103858 | 16 | 池州 | 10007 | 62 | 46865 | 65 |
| 绍兴 | 38540 | 9 | 107853 | 15 | 雅安 | 9828 | 63 | 41985 | 73 |
| 镇江 | 38088 | 10 | 126906 | 10 | 随州 | 9802 | 64 | 45681 | 66 |
| 舟山 | 34682 | 11 | 112490 | 13 | 十堰 | 9759 | 65 | 51226 | 55 |

续表

| 城市 | 2005 年 | | 2018 年 | | 城市 | 2005 年 | | 2018 年 | |
|---|---|---|---|---|---|---|---|---|---|
| | 人均 GDP（元/每人） | 排名 | 人均 GDP（元/每人） | 排名 | | 人均 GDP（元/每人） | 排名 | 人均 GDP（元/每人） | 排名 |
| 马鞍山 | 34010 | 12 | 82695 | 26 | 宜宾 | 9560 | 66 | 44604 | 67 |
| 铜陵 | 33526 | 13 | 75524 | 34 | 曲靖 | 9453 | 67 | 32799 | 89 |
| 武汉 | 29899 | 14 | 135136 | 7 | 娄底 | 9330 | 68 | 39249 | 76 |
| 湖州 | 29527 | 15 | 90304 | 23 | 眉山 | 9202 | 69 | 42155 | 71 |
| 长沙 | 27982 | 16 | 136920 | 6 | 安庆 | 8709 | 70 | 41088 | 74 |
| 金华 | 27108 | 17 | 73428 | 35 | 张家界 | 8677 | 71 | 37719 | 82 |
| 南昌 | 26131 | 18 | 95825 | 19 | 孝感 | 8662 | 72 | 38900 | 79 |
| 台州 | 26026 | 19 | 79541 | 27 | 宿迁 | 8618 | 73 | 55906 | 50 |
| 攀枝花 | 25539 | 20 | 94941 | 20 | 滁州 | 8503 | 74 | 43999 | 68 |
| 成都 | 25171 | 21 | 94782 | 21 | 咸宁 | 8385 | 75 | 53655 | 52 |
| 温州 | 24390 | 22 | 65055 | 41 | 六盘水 | 8363 | 76 | 52059 | 54 |
| 扬州 | 24048 | 23 | 120944 | 11 | 宜春 | 8275 | 77 | 39199 | 78 |
| 合肥 | 23203 | 24 | 97470 | 18 | 抚州 | 8196 | 78 | 34226 | 87 |
| 南通 | 22826 | 25 | 115320 | 12 | 永州 | 8103 | 79 | 33035 | 88 |
| 芜湖 | 21045 | 26 | 88085 | 24 | 益阳 | 8082 | 80 | 39937 | 75 |
| 泰州 | 19933 | 27 | 109988 | 14 | 泸州 | 7819 | 81 | 39230 | 77 |
| 昆明 | 19475 | 28 | 76387 | 30 | 内江 | 7598 | 82 | 37885 | 81 |
| 新余 | 19174 | 29 | 86789 | 25 | 广安 | 7483 | 83 | 38520 | 80 |
| 玉溪 | 18734 | 30 | 62641 | 45 | 吉安 | 7466 | 84 | 35202 | 86 |
| 宜昌 | 17190 | 31 | 98269 | 17 | 怀化 | 7355 | 85 | 30449 | 95 |
| 贵阳 | 17025 | 32 | 78449 | 28 | 赣州 | 7098 | 86 | 32429 | 92 |
| 株洲 | 16526 | 33 | 65442 | 40 | 上饶 | 7082 | 87 | 32555 | 90 |
| 鄂州 | 16367 | 34 | 93317 | 22 | 达州 | 7052 | 88 | 29627 | 97 |
| 黄石 | 15838 | 35 | 64249 | 42 | 资阳 | 7049 | 89 | 42117 | 72 |
| 衢州 | 15740 | 36 | 66936 | 39 | 荆州 | 6802 | 90 | 37247 | 84 |
| 湘潭 | 15455 | 37 | 75609 | 33 | 遂宁 | 6762 | 91 | 37493 | 83 |
| 徐州 | 15363 | 38 | 76915 | 29 | 南充 | 6384 | 92 | 31203 | 94 |

续表

| 城市 | 2005 年 | | 2018 年 | | 城市 | 2005 年 | | 2018 年 | |
|---|---|---|---|---|---|---|---|---|---|
| | 人均 GDP（元/每人） | 排名 | 人均 GDP（元/每人） | 排名 | | 人均 GDP（元/每人） | 排名 | 人均 GDP（元/每人） | 排名 |
| 盐城 | 14647 | 39 | 75987 | 32 | 宿州 | 6276 | 93 | 28757 | 98 |
| 景德镇 | 14582 | 40 | 50723 | 56 | 遵义 | 6239 | 94 | 47931 | 63 |
| 萍乡 | 14544 | 41 | 52307 | 53 | 邵阳 | 6106 | 95 | 24178 | 105 |
| 岳阳 | 14331 | 42 | 59165 | 48 | 广元 | 6100 | 96 | 30105 | 96 |
| 丽水 | 14104 | 43 | 63611 | 44 | 六安 | 5824 | 97 | 26731 | 101 |
| 德阳 | 14075 | 44 | 62569 | 46 | 亳州 | 5823 | 98 | 24547 | 104 |
| 常德 | 13338 | 45 | 58160 | 49 | 丽江 | 5810 | 99 | 27128 | 100 |
| 鹰潭 | 13217 | 46 | 69923 | 37 | 保山 | 5541 | 100 | 28168 | 99 |
| 淮南 | 12876 | 47 | 32487 | 91 | 黄冈 | 5376 | 101 | 32124 | 93 |
| 黄山 | 12733 | 48 | 48579 | 61 | 普洱 | 4853 | 102 | 25170 | 102 |
| 郴州 | 12517 | 49 | 50482 | 60 | 临沧 | 4831 | 103 | 24892 | 103 |
| 淮安 | 12278 | 50 | 73204 | 36 | 巴中 | 4705 | 104 | 19458 | 107 |
| 荆门 | 11903 | 51 | 63742 | 43 | 安顺 | 4667 | 105 | 36164 | 85 |
| 襄樊 | 11681 | 52 | 76125 | 31 | 重庆 | 4590 | 106 | 69901 | 38 |
| 自贡 | 11380 | 53 | 48329 | 62 | 阜阳 | 4009 | 107 | 21589 | 106 |
| 宣城 | 11202 | 54 | 50065 | 59 | 昭通 | 3838 | 108 | 15987 | 108 |

注：本表选取的长江经济带城市的专利授权量来源于历年《中国科技统计年鉴》、各省份统计年鉴、各市国民经济与社会发展统计公报、各市知识产权局以及各市科学技术厅。其他数据来源于《中国城市统计年鉴》以及各省份统计年鉴。对于个别缺失值，采用均值插补法进行插值。

## 第四节 长江经济带 108 个城市高校在校生及其排名

从 2005 年长江经济带高校在校生排名来看：苏州、无锡、上海、杭州、宁波、南京、常州、嘉兴、绍兴、镇江等城市高校大学生在校人数较多，这些城市均分布在长江经济带下游地区。到 2018 年排名居前 10 位的城市有武汉、成都、重庆、南京、长沙、南昌、昆明、上海、合肥、杭州，其中分布在长江经济带上游地区和长江经济带中游地区的分别为 2

个和 4 个，分布在长江经济带下游地区的城市有 4 个。

2005 年丽江、保山、黄冈、普洱、临沧、巴中、安顺、重庆、阜阳、昭通等城市高校在校生人均排名靠后，这些城市大多分布在长江经济带上游地区，少数居于中游和下游地区。到 2018 年，重庆、黄冈、阜阳高校大学生在校人数排名增幅显著，其中重庆高校大学生在校人数排名从 2005 年的 106 提升至 2018 年的 3，黄冈从 2005 年的 101 提升至 2018 年的 51，阜阳从 2005 年的 107 提升至 2018 年的 59。

从排名变化来看，2005~2018 年上升最快的城市主要分布在长江中游，如邵阳、九江、吉安、衡阳、黄冈、荆州、赣州、宜春、益阳和湘潭，这 10 个城市高校在校生人数排名较 2005 年大幅前进，取得了快速提升。2005~2018 年下降最快的城市则主要分布在长江经济带上游和下游地区，如舟山、湖州、衢州、玉溪、攀枝花、铜陵、宣城、台州、丽水和马鞍山，这 10 个城市高校在校生人数排名较 2005 年大幅后退，发展速度非常缓慢。位次变动较小的城市要么居于高校在校生人数排名前列，如上海、杭州、南京，要么居于高校在校生人数排名后列，如普洱、临沧（见表 7-4）。

表 7-4　　　　长江经济带各城市高校在校生排名：2005 年和 2018 年

| 城市 | 2005 年 | | 2018 年 | | 城市 | 2005 年 | | 2018 年 | |
|---|---|---|---|---|---|---|---|---|---|
| | 高校在校生 | 排名 | 高校在校生 | 排名 | | 高校在校生 | 排名 | 高校在校生 | 排名 |
| 苏州 | 78801 | 1 | 217950 | 12 | 连云港 | 11084 | 55 | 41610 | 52 |
| 无锡 | 72489 | 2 | 106027 | 20 | 淮北 | 11015 | 56 | 38717 | 57 |
| 上海 | 57695 | 3 | 517796 | 8 | 乐山 | 10879 | 57 | 51669 | 44 |
| 杭州 | 51878 | 4 | 431965 | 10 | 九江 | 10783 | 58 | 92709 | 27 |
| 宁波 | 51460 | 5 | 149804 | 14 | 绵阳 | 10542 | 59 | 137285 | 15 |
| 南京 | 46114 | 6 | 726728 | 4 | 蚌埠 | 10231 | 60 | 61614 | 38 |
| 常州 | 44440 | 7 | 105017 | 21 | 衡阳 | 10057 | 61 | 166644 | 13 |
| 嘉兴 | 40206 | 8 | 70711 | 35 | 池州 | 10007 | 62 | 26115 | 80 |
| 绍兴 | 38540 | 9 | 99270 | 22 | 雅安 | 9828 | 63 | 51388 | 45 |
| 镇江 | 38088 | 10 | 83840 | 29 | 随州 | 9802 | 64 | 6794 | 105 |
| 舟山 | 34682 | 11 | 23032 | 83 | 十堰 | 9759 | 65 | 51104 | 46 |

续表

| 城市 | 2005 年 | | 2018 年 | | 城市 | 2005 年 | | 2018 年 | |
|---|---|---|---|---|---|---|---|---|---|
| | 高校在校生 | 排名 | 高校在校生 | 排名 | | 高校在校生 | 排名 | 高校在校生 | 排名 |
| 马鞍山 | 34010 | 12 | 56125 | 41 | 宜宾 | 9560 | 66 | 28200 | 75 |
| 铜陵 | 33526 | 13 | 34062 | 65 | 曲靖 | 9453 | 67 | 32238 | 70 |
| 武汉 | 29899 | 14 | 969323 | 1 | 娄底 | 9330 | 68 | 34000 | 66 |
| 湖州 | 29527 | 15 | 26941 | 77 | 眉山 | 9202 | 69 | 25976 | 81 |
| 长沙 | 27982 | 16 | 703519 | 5 | 安庆 | 8709 | 70 | 37413 | 58 |
| 金华 | 27108 | 17 | 77480 | 32 | 张家界 | 8677 | 71 | 14905 | 96 |
| 南昌 | 26131 | 18 | 610624 | 6 | 孝感 | 8662 | 72 | 35624 | 61 |
| 台州 | 26026 | 19 | 35216 | 63 | 宿迁 | 8618 | 73 | 20843 | 86 |
| 攀枝花 | 25539 | 20 | 26617 | 78 | 滁州 | 8503 | 74 | 53418 | 42 |
| 成都 | 25171 | 21 | 840297 | 2 | 咸宁 | 8385 | 75 | 30554 | 72 |
| 温州 | 24390 | 22 | 88810 | 28 | 六盘水 | 8363 | 76 | 19723 | 87 |
| 扬州 | 24048 | 23 | 78957 | 31 | 宜春 | 8275 | 77 | 47867 | 49 |
| 合肥 | 23203 | 24 | 497131 | 9 | 抚州 | 8196 | 78 | 32349 | 69 |
| 南通 | 22826 | 25 | 95306 | 24 | 永州 | 8103 | 79 | 29931 | 73 |
| 芜湖 | 21045 | 26 | 133672 | 17 | 益阳 | 8082 | 80 | 39941 | 55 |
| 泰州 | 19933 | 27 | 63413 | 37 | 泸州 | 7819 | 81 | 47978 | 48 |
| 昆明 | 19475 | 28 | 547277 | 7 | 内江 | 7598 | 82 | 34192 | 64 |
| 新余 | 19174 | 29 | 35554 | 62 | 广安 | 7483 | 83 | 13593 | 98 |
| 玉溪 | 18734 | 30 | 16799 | 90 | 吉安 | 7466 | 84 | 40921 | 53 |
| 宜昌 | 17190 | 31 | 57661 | 40 | 怀化 | 7355 | 85 | 31233 | 71 |
| 贵阳 | 17025 | 32 | 378986 | 11 | 赣州 | 7098 | 86 | 97425 | 23 |
| 株洲 | 16526 | 33 | 93298 | 25 | 上饶 | 7082 | 87 | 32500 | 68 |
| 鄂州 | 16367 | 34 | 14995 | 94 | 达州 | 7052 | 88 | 26167 | 79 |
| 黄石 | 15838 | 35 | 45773 | 50 | 资阳 | 7049 | 89 | 4787 | 107 |
| 衢州 | 15740 | 36 | 14413 | 97 | 荆州 | 6802 | 90 | 82335 | 30 |
| 湘潭 | 15455 | 37 | 136049 | 16 | 遂宁 | 6762 | 91 | 13389 | 99 |
| 徐州 | 15363 | 38 | 130699 | 18 | 南充 | 6384 | 92 | 76212 | 33 |

续表

| 城市 | 2005 年 | | 2018 年 | | 城市 | 2005 年 | | 2018 年 | |
|---|---|---|---|---|---|---|---|---|---|
| | 高校在校生 | 排名 | 高校在校生 | 排名 | | 高校在校生 | 排名 | 高校在校生 | 排名 |
| 盐城 | 14647 | 39 | 64053 | 36 | 宿州 | 6276 | 93 | 25102 | 82 |
| 景德镇 | 14582 | 40 | 18223 | 89 | 遵义 | 6239 | 94 | 93021 | 26 |
| 萍乡 | 14544 | 41 | 28147 | 76 | 邵阳 | 6106 | 95 | 33634 | 67 |
| 岳阳 | 14331 | 42 | 50008 | 47 | 广元 | 6100 | 96 | 14939 | 95 |
| 丽水 | 14104 | 43 | 21008 | 85 | 六安 | 5824 | 97 | 36300 | 60 |
| 德阳 | 14075 | 44 | 112999 | 19 | 亳州 | 5823 | 98 | 13035 | 100 |
| 常德 | 13338 | 45 | 52994 | 43 | 丽江 | 5810 | 99 | 3071 | 108 |
| 鹰潭 | 13217 | 46 | 9207 | 103 | 保山 | 5541 | 100 | 15135 | 93 |
| 淮南 | 12876 | 47 | 59775 | 39 | 黄冈 | 5376 | 101 | 41921 | 51 |
| 黄山 | 12733 | 48 | 22630 | 84 | 普洱 | 4853 | 102 | 12115 | 101 |
| 郴州 | 12517 | 49 | 29809 | 74 | 临沧 | 4831 | 103 | 10700 | 102 |
| 淮安 | 12278 | 50 | 71834 | 34 | 巴中 | 4705 | 104 | 5455 | 106 |
| 荆门 | 11903 | 51 | 15519 | 92 | 安顺 | 4667 | 105 | 19250 | 88 |
| 襄樊 | 11681 | 52 | 40808 | 54 | 重庆 | 4590 | 106 | 762811 | 3 |
| 自贡 | 11380 | 53 | 39868 | 56 | 阜阳 | 4009 | 107 | 36823 | 59 |
| 宣城 | 11202 | 54 | 7180 | 104 | 昭通 | 3838 | 108 | 15804 | 91 |

注：本表选取的长江经济带城市的专利授权量来源于历年《中国科技统计年鉴》、各省份统计年鉴、各市国民经济与社会发展统计公报、各市知识产权局以及各市科学技术厅。其他数据来源于《中国城市统计年鉴》以及各省份统计年鉴。对于个别缺失值，采用均值插补法进行插值。

# 第八章 长江经济带 108 个城市之间的创新联系强度及其排序

## 第一节 城市间创新联系强度构建

城市创新引力模型基于城市创新质量和城市创新距离两方面构建。城市创新质量反映的是一个城市自身所具有的创新能力，其概念有广义和狭义之分。广义的城市创新质量大多是从创新投入、创新产出和创新基础设施等方面衡量，侧重于分析城市能力和绩效。狭义的城市创新质量仅包括创新产出，将创新投入、人力投入和创新基础设施等视为是城市创新发展的重要因素。城市创新既与创新投入有关，也与创新产出有关。

以往研究在构建创新引力模型时，多采用城市间地理距离，但越来越多研究表明，城市之间创新联系不仅与城市间地理距离有关，也日益受到了城市间交通发展的显著影响。有研究指出，城市间高铁的开通会产生空间压缩效应，从而影响了城市间创新相互作用的强度。王姣娥等运用引力模型比较了开通高铁和未开通高铁时城市之间联系强度差异，结果显示开通高铁后城市间联系强度约是未开通高铁时的 4 倍，表明高铁的开通使得城市间空间距离被压缩为原来的一半。本节构建城市创新引力模型：

$$F_{ij} = \frac{M_i M_j}{D_{ij}^2} \qquad (8.1)$$

$$M_i = \sqrt[4]{E_i \times P_i \times R_i \times Z_i} \quad M_j = \sqrt[4]{E_j \times P_j \times R_j \times Z_j} \qquad (8.2)$$

$$D_{ij} = \begin{cases} d_{ij} & \text{城市 } i \text{、} j \text{ 之间未开通地铁} \\ \dfrac{d_{ij}}{2} & \text{城市 } i \text{、} j \text{ 之间开通地铁} \end{cases} \qquad (8.3)$$

式（8.2）中，$E_i$、$E_j$ 表示城市 $i$、城市 $j$ 的科学技术支出；$P_i$、$P_j$ 表示城市 $i$、城市 $j$ 的发明专利授权量；$R_i$、$R_j$ 表示城市 $i$、城市 $j$ 的人均

GDP；$Z_i$、$Z_j$ 表示城市 $i$、城市 $j$ 的高校在校生人数。$d_{ij}$ 为城市 $i$ 与城市 $j$ 之间的公路距离。

## 第二节　城市间创新联系强度得分及其变化

2005～2018 年，长江经济带城市间创新联系强度差距较大。长江经济带城市间创新联系强度排名前 50 位的城市对多处在长江经济带下游地区，仅少数居于长江经济带中游地区。在 2005 年，长江经济带城市间创新联系强度位列前茅的城市对有杭州—绍兴、苏州—无锡、嘉兴—湖州、上海—苏州、黄冈—鄂州、上海—嘉兴、苏州—嘉兴、苏州—湖州等，这些城市均分布在长江经济带下游地区。到 2018 年，黄冈—鄂州、武汉—孝感、长沙—湘潭、长沙—株洲等长江经济带中游地区的城市间创新联系强度明显提升，反映了长江经济带下游和中游地区的城市间创新联系强度差距有缩小态势（见表 8－1）。

表 8－1　　　2005 年和 2018 年长江经济带创新联系强度排名前 50 位城市对

| 2005 年 | | | 2018 年 | | |
|---|---|---|---|---|---|
| 城市对 | 创新联系强度 | 排名 | 城市对 | 创新联系强度 | 排名 |
| 杭州—绍兴 | 8635.560 | 1 | 杭州—绍兴 | 3578121.561 | 1 |
| 苏州—无锡 | 5698.590 | 2 | 苏州—无锡 | 2540175.789 | 2 |
| 嘉兴—湖州 | 5229.040 | 3 | 黄冈—鄂州 | 2282566.618 | 3 |
| 上海—苏州 | 4983.310 | 4 | 上海—苏州 | 1955554.954 | 4 |
| 黄冈—鄂州 | 4531.510 | 5 | 南京—马鞍山 | 975362.386 | 5 |
| 上海—嘉兴 | 3556.920 | 6 | 上海—嘉兴 | 848510.068 | 6 |
| 苏州—嘉兴 | 2979.840 | 7 | 杭州—嘉兴 | 779984.551 | 7 |
| 苏州—湖州 | 2316.480 | 8 | 南京—宣城 | 760832.683 | 8 |
| 宁波—舟山 | 2177.522 | 9 | 武汉—孝感 | 597414.718 | 9 |
| 上海—无锡 | 2160.701 | 10 | 上海—无锡 | 520939.141 | 10 |
| 杭州—嘉兴 | 1916.199 | 11 | 南京—常州 | 485320.879 | 11 |
| 南京—宣城 | 1691.751 | 12 | 杭州—湖州 | 460831.404 | 12 |
| 上海—南通 | 1422.827 | 13 | 长沙—湘潭 | 442291.863 | 13 |
| 上海—湖州 | 1403.654 | 14 | 长沙—株洲 | 432346.096 | 14 |

续表

| 2005 年 | | | 2018 年 | | |
|---|---|---|---|---|---|
| 城市对 | 创新联系强度 | 排名 | 城市对 | 创新联系强度 | 排名 |
| 扬州—镇江 | 1369.446 | 15 | 上海—杭州 | 396133.530 | 15 |
| 杭州—舟山 | 1314.866 | 16 | 常州—镇江 | 388425.945 | 16 |
| 金华—嘉兴 | 1272.698 | 17 | 无锡—常州 | 355248.810 | 17 |
| 上海—杭州 | 1093.784 | 18 | 南京—芜湖 | 346873.307 | 18 |
| 无锡—嘉兴 | 1036.012 | 19 | 扬州—泰州 | 332154.392 | 19 |
| 南京—马鞍山 | 1023.549 | 20 | 苏州—嘉兴 | 328563.798 | 20 |
| 湖州—无锡 | 987.250 | 21 | 嘉兴—湖州 | 301783.896 | 21 |
| 无锡—常州 | 945.385 | 22 | 南京—苏州 | 298309.031 | 22 |
| 上海—舟山 | 847.989 | 23 | 苏州—常州 | 271196.903 | 23 |
| 南京—常州 | 820.174 | 24 | 杭州—南京 | 253072.947 | 24 |
| 镇江—常州 | 784.927 | 25 | 南京—无锡 | 236620.387 | 25 |
| 杭州—苏州 | 743.057 | 26 | 无锡—湖州 | 230340.490 | 26 |
| 上海—绍兴 | 730.065 | 27 | 成都—德阳 | 225778.058 | 27 |
| 绍兴—湖州 | 616.285 | 28 | 苏州—湖州 | 219923.509 | 28 |
| 苏州—南通 | 592.112 | 29 | 南京—镇江 | 214637.653 | 29 |
| 南通—无锡 | 576.036 | 30 | 上海—南京 | 211695.476 | 30 |
| 上海—南京 | 557.597 | 31 | 扬州—镇江 | 204783.916 | 31 |
| 南京—无锡 | 548.676 | 32 | 杭州—无锡 | 197006.605 | 32 |
| 杭州—无锡 | 478.879 | 33 | 宣城—芜湖 | 191202.949 | 33 |
| 上海—常州 | 458.294 | 34 | 上海—南通 | 159602.734 | 34 |
| 苏州—常州 | 443.406 | 35 | 徐州—宿州 | 154886.936 | 35 |
| 长沙—株洲 | 435.992 | 36 | 成都—绵阳 | 153445.836 | 36 |
| 武汉—孝感 | 432.224 | 37 | 上海—常州 | 151608.318 | 37 |
| 南京—苏州 | 424.983 | 38 | 南京—扬州 | 145787.291 | 38 |
| 株洲—湘潭 | 421.480 | 39 | 杭州—苏州 | 124387.303 | 39 |
| 长沙—湘潭 | 413.970 | 40 | 苏州—南通 | 122799.473 | 40 |
| 苏州—绍兴 | 412.070 | 41 | 武汉—黄冈 | 114129.878 | 41 |
| 扬州—泰州 | 403.568 | 42 | 无锡—镇江 | 111514.844 | 42 |

续表

| 2005 年 | | | 2018 年 | | |
| --- | --- | --- | --- | --- | --- |
| 城市对 | 创新联系强度 | 排名 | 城市对 | 创新联系强度 | 排名 |
| 泰州—镇江 | 402.136 | 43 | 苏州—镇江 | 109807.539 | 43 |
| 南京—杭州 | 390.654 | 44 | 南京—湖州 | 105221.422 | 44 |
| 金华—衢州 | 383.558 | 45 | 宿州—淮北 | 102230.303 | 45 |
| 南京—镇江 | 377.933 | 46 | 杭州—常州 | 98030.625 | 46 |
| 舟山—嘉兴 | 362.181 | 47 | 绵阳—德阳 | 97383.245 | 47 |
| 南京—芜湖 | 338.791 | 48 | 宁波—舟山 | 96520.015 | 48 |
| 南京—嘉兴 | 328.637 | 49 | 南京—泰州 | 96295.206 | 49 |
| 无锡—镇江 | 309.201 | 50 | 武汉—咸宁 | 95735.227 | 50 |

注：本表选取的长江经济带城市的专利授权量来源于历年《中国科技统计年鉴》、各省份统计年鉴、各市国民经济与社会发展统计公报、各市知识产权局以及各市科学技术厅。其他数据来源于《中国城市统计年鉴》以及各省份统计年鉴。对于个别缺失值，采用均值插补法进行插值。

　　2005 年，黄山—保山、普洱—黄山、临沧—黄山、宿迁—保山、丽江—黄山、宿迁—普洱、保山—马鞍山、保山—安庆、宿迁—临沧、马鞍山—普洱等城市间的创新联系强度在长江经济带排名靠后。2018 年，创新联系强度排名位于后 10 位的"城市对"主要分布在长江经济带上游和下游的城市之间（见表 8 - 2）。

表 8 - 2　　2005 年和 2018 年长江经济带创新联系强度排名后 10 位城市对

| 2005 年 | | | 2018 年 | | |
| --- | --- | --- | --- | --- | --- |
| 城市对 | 创新联系强度 | 排名 | 城市对 | 创新联系强度 | 排名 |
| 黄山—保山 | 0.003629 | 1 | 保山—随州 | 0.38761 | 1 |
| 普洱—黄山 | 0.004073 | 2 | 保山—六安 | 0.442926 | 2 |
| 临沧—黄山 | 0.004398 | 3 | 巴中—保山 | 0.463435 | 3 |
| 宿迁—保山 | 0.004558 | 4 | 淮北—保山 | 0.472361 | 4 |
| 丽江—黄山 | 0.004769 | 5 | 保山—安庆 | 0.477889 | 5 |
| 宿迁—普洱 | 0.004806 | 6 | 临沧—随州 | 0.489267 | 6 |
| 保山—马鞍山 | 0.005206 | 7 | 黄山—保山 | 0.496588 | 7 |

续表

| 2005 年 | | | 2018 年 | | |
|---|---|---|---|---|---|
| 城市对 | 创新联系强度 | 排名 | 城市对 | 创新联系强度 | 排名 |
| 保山—安庆 | 0.005218 | 8 | 普洱—巴中 | 0.52352 | 8 |
| 宿迁—临沧 | 0.005346 | 9 | 随州—普洱 | 0.524985 | 9 |
| 马鞍山—普洱 | 0.00572 | 10 | 张家界—保山 | 0.532233 | 10 |

注：本表选取的长江经济带城市的专利授权量来源于历年《中国科技统计年鉴》、各省份统计年鉴、各市国民经济与社会发展统计公报、各市知识产权局以及各市科学技术厅。其他数据来源于《中国城市统计年鉴》以及各省份统计年鉴。对于个别缺失值，采用均值插补法进行插值。

2005~2018 年，长江经济带 108 个城市间创新联系强度提升明显，高创新联系强度的"城市对"主要分布在长江经济带下游，长江经济带下游城市和上游城市之间的创新联系强度较低。城市间的地理距离越远，越不利于城市间的创新交流与合作，使其创新联系强度增长缓慢。

# 第九章 长江经济带 108 个城市在创新网络中的地位比较

本章应用中心度指标衡量长江经济带 108 个城市在创新网络中的地位，下文分别从程度中心度、接近中心度、中介中心度三方面揭示长江经济带 108 个城市在创新网络中的作用。

## 第一节 长江经济带 108 个城市的创新影响力比较

程度中心度反映各城市在城市间创新网络中的创新影响力和辐射力。为探究各地级市在长江经济带城市创新网络中的地位与作用，通过社会网络分析法对长江经济带城市创新网络进行程度中心度分析。

2005~2018 年，长江经济带城市间创新网络中的城市程度中心度值差异较大，并且长江经济带下游城市的程度中心度普遍高于上游城市。上海、南京、武汉、苏州、杭州、无锡、嘉兴、湖州等城市的程度中心度排名均靠前，雅安、玉溪、安顺等城市的程度中心度排名靠后，反映了长江经济带下游城市在长江经济带创新网络中的创新影响力和辐射力更强，更靠近长江经济带城市区域创新网络的核心位置。

2005 年，程度中心度排名位列首位的城市为上海，反映了上海在长江经济带创新网络中最为活跃，对城市间创新联系的实现与形成有着举足轻重的作用。此外，南京、武汉、苏州、杭州、长沙的中心度排名靠前，在创新网络中既接受较多的创新联系以提升自身创新能力，同时也向外辐射创新联系促进其他城市创新发展。到 2018 年，南京的程度中心度排名居于首位，表明南京在长江经济带城市创新网络中拥有的创新联系数已赶超上海，成为与其他城市存在创新联系最多的城市，对推动长江经济带城市创新协同发展起到十分重要的辐射作用。宣城、重庆、南昌、成都等城市的程度中心度排名明显提升，逐渐靠近长江经济带城市创新网络的核心位置，与南京、上海、苏州、杭州等长江经济带下游城市共同构成了推动长江经济带城市尺度的创新增长极。广安、广元、安顺、玉溪等长江经济带上游地区城市与其他城市间创新联系较少，位于城市创新网络边缘位置，实现城市间创新交流与合作很大程度受制于其他城市（见表 9-1）。

表 9-1　　长江经济带创新网络中各城市程度中心度：2005 年和 2018 年

| 城市 | 程度中心度 | | 城市 | 程度中心度 | |
|---|---|---|---|---|---|
| | 2005 年 | 2018 年 | | 2005 年 | 2018 年 |
| 上海 | 85.981 | 56.075 | 十堰 | 28.037 | 24.299 |
| 南京 | 71.963 | 57.009 | 荆州 | 20.561 | 10.280 |
| 无锡 | 60.748 | 35.514 | 宜昌 | 28.037 | 14.019 |
| 徐州 | 28.037 | 18.692 | 襄阳 | 27.103 | 23.364 |
| 常州 | 44.860 | 29.907 | 鄂州 | 9.346 | 3.738 |
| 苏州 | 64.486 | 51.402 | 荆门 | 18.692 | 17.757 |
| 南通 | 24.299 | 19.626 | 孝感 | 13.084 | 4.673 |
| 连云港 | 24.299 | 20.561 | 黄冈 | 8.411 | 7.477 |
| 淮安 | 25.234 | 23.364 | 咸宁 | 15.888 | 7.477 |
| 盐城 | 16.822 | 20.561 | 随州 | 23.364 | 19.626 |
| 扬州 | 28.972 | 19.626 | 长沙 | 47.664 | 40.187 |
| 镇江 | 33.645 | 22.430 | 株洲 | 21.495 | 17.757 |
| 泰州 | 24.299 | 16.822 | 湘潭 | 19.626 | 14.953 |
| 宿迁 | 25.234 | 22.430 | 衡阳 | 19.626 | 15.888 |
| 杭州 | 70.093 | 51.402 | 邵阳 | 19.626 | 13.084 |
| 嘉兴 | 66.355 | 32.710 | 岳阳 | 34.579 | 14.953 |
| 湖州 | 47.664 | 18.692 | 常德 | 23.364 | 23.364 |
| 舟山 | 31.776 | 14.019 | 张家界 | 25.234 | 23.364 |
| 金华 | 29.907 | 15.888 | 益阳 | 16.822 | 14.953 |
| 绍兴 | 47.664 | 22.430 | 永州 | 25.234 | 21.495 |
| 温州 | 27.103 | 17.757 | 郴州 | 28.972 | 23.364 |
| 台州 | 14.019 | 14.019 | 娄底 | 15.888 | 12.150 |

续表

| 城市 | 程度中心度 | | 城市 | 程度中心度 | |
|---|---|---|---|---|---|
| | 2005 年 | 2018 年 | | 2005 年 | 2018 年 |
| 丽水 | 20.561 | 14.019 | 怀化 | 27.103 | 16.822 |
| 衢州 | 47.664 | 18.692 | 重庆 | 34.579 | 39.252 |
| 宁波 | 11.215 | 10.280 | 成都 | 33.645 | 34.579 |
| 宣城 | 39.252 | 53.271 | 自贡 | 23.364 | 15.888 |
| 宿州 | 26.168 | 21.495 | 攀枝花 | 24.299 | 20.561 |
| 滁州 | 24.299 | 22.430 | 泸州 | 22.430 | 17.757 |
| 池州 | 22.430 | 11.215 | 德阳 | 19.626 | 16.822 |
| 阜阳 | 31.776 | 29.907 | 绵阳 | 18.692 | 22.430 |
| 六安 | 28.972 | 22.430 | 广元 | 22.430 | 7.477 |
| 合肥 | 32.710 | 17.757 | 遂宁 | 16.822 | 11.215 |
| 蚌埠 | 26.168 | 17.757 | 内江 | 18.692 | 9.346 |
| 淮南 | 25.234 | 19.626 | 乐山 | 24.299 | 12.150 |
| 铜陵 | 22.430 | 14.019 | 南充 | 17.757 | 9.346 |
| 马鞍山 | 14.019 | 7.477 | 宜宾 | 21.495 | 14.019 |
| 淮北 | 14.953 | 4.673 | 广安 | 20.561 | 7.477 |
| 芜湖 | 18.692 | 9.346 | 达州 | 22.430 | 16.822 |
| 安庆 | 26.168 | 15.888 | 资阳 | 16.822 | 10.280 |
| 黄山 | 22.430 | 16.822 | 眉山 | 14.953 | 11.215 |
| 亳州 | 24.299 | 23.364 | 巴中 | 20.561 | 14.953 |
| 南昌 | 50.467 | 37.383 | 雅安 | 14.019 | 9.346 |
| 景德镇 | 26.168 | 20.561 | 贵阳 | 30.841 | 26.168 |
| 萍乡 | 20.561 | 12.150 | 六盘水 | 14.953 | 10.280 |
| 九江 | 28.037 | 18.692 | 遵义 | 16.822 | 16.822 |
| 新余 | 25.234 | 8.411 | 安顺 | 7.477 | 7.477 |
| 鹰潭 | 22.430 | 14.953 | 昆明 | 18.692 | 16.822 |
| 赣州 | 27.103 | 26.168 | 昭通 | 25.234 | 21.495 |
| 宜春 | 16.822 | 10.280 | 曲靖 | 19.626 | 12.150 |
| 上饶 | 18.692 | 16.822 | 玉溪 | 8.411 | 4.673 |

| 城市 | 程度中心度 | | 城市 | 程度中心度 | |
|---|---|---|---|---|---|
| | 2005 年 | 2018 年 | | 2005 年 | 2018 年 |
| 吉安 | 23.364 | 18.692 | 普洱 | 17.757 | 18.692 |
| 抚州 | 23.364 | 13.084 | 保山 | 20.561 | 21.495 |
| 武汉 | 68.224 | 53.271 | 丽江 | 19.626 | 21.495 |
| 黄石 | 18.692 | 6.542 | 临沧 | 18.692 | 19.626 |

注：本表选取的长江经济带城市的专利授权量来源于历年《中国科技统计年鉴》、各省份统计年鉴、各市国民经济与社会发展统计公报、各市知识产权局以及各市科学技术厅。其他数据来源于《中国城市统计年鉴》以及各省份统计年鉴。对于个别缺失值，采用均值插补法进行插值。

## 第二节　长江经济带 108 个城市的创新联系直达性比较

接近中心度表示各城市在长江经济带城市创新网络中与其他城市发生创新联系但不受别的城市控制的程度，也即反映的是城市之间发生直接联系的程度，可以衡量城市之间发生创新联系的"直达性"。

从接近中心度来看：城市之间接近中心度值的差异显著，长江经济带下游城市的接近中心度值较高，下游城市之间的创新联系更为直接。2005 年，上海（87.705%）、南京（78.102%）、杭州（76.429%）、武汉（75.887%）、嘉兴（73.793%）、苏州（72.789%）、无锡（70.861%）、长沙（65.644%）、南昌（62.941%）、湖州（61.850%）的接近中心度位列长江经济带 108 个城市的前十，表明这些城市在长江经济带创新网络中与其他城市进行创新交流与合作更畅捷。到 2018 年，湖州、无锡、嘉兴的接近中心度排名有所下降，而宣城（64.072%）、赣州（56.915%）和十堰（56.614%）的接近中心度大幅提升，表明宣城、赣州、十堰在长江经济带城市创新网络中与其他城市的创新距离进一步缩短，获得其他城市创新资源的能力明显增强（见表 9 - 2）。

表 9 - 2　　　　　长江经济带各城市接近中心度：2005 年和 2018 年

| 城市 | 接近中心度 | | 城市 | 接近中心度 | |
|---|---|---|---|---|---|
| | 2005 年 | 2018 年 | | 2005 年 | 2018 年 |
| 上海 | 87.705 | 68.153 | 十堰 | 58.152 | 56.614 |
| 南京 | 78.102 | 67.296 | 荆州 | 52.970 | 45.339 |

续表

| 城市 | 接近中心度 | | 城市 | 接近中心度 | |
|---|---|---|---|---|---|
| | 2005 年 | 2018 年 | | 2005 年 | 2018 年 |
| 无锡 | 70.861 | 52.970 | 宜昌 | 58.152 | 48.416 |
| 徐州 | 55.155 | 47.556 | 襄阳 | 57.838 | 56.316 |
| 常州 | 60.795 | 47.768 | 鄂州 | 46.930 | 41.154 |
| 苏州 | 72.789 | 63.314 | 荆门 | 52.451 | 54.315 |
| 南通 | 52.709 | 45.339 | 孝感 | 50.952 | 43.496 |
| 连云港 | 53.769 | 50.472 | 黄冈 | 46.522 | 45.148 |
| 淮安 | 52.970 | 51.196 | 咸宁 | 51.442 | 43.852 |
| 盐城 | 50.711 | 45.532 | 随州 | 53.769 | 54.872 |
| 扬州 | 54.040 | 45.532 | 长沙 | 65.644 | 60.112 |
| 镇江 | 56.021 | 46.121 | 株洲 | 49.537 | 45.339 |
| 泰州 | 52.709 | 44.770 | 湘潭 | 49.083 | 43.496 |
| 宿迁 | 54.040 | 50.952 | 衡阳 | 52.709 | 46.522 |
| 杭州 | 76.429 | 64.458 | 邵阳 | 54.040 | 47.345 |
| 嘉兴 | 73.793 | 52.970 | 岳阳 | 57.219 | 46.522 |
| 湖州 | 61.850 | 44.770 | 常德 | 53.769 | 56.021 |
| 舟山 | 56.316 | 43.852 | 张家界 | 57.219 | 56.021 |
| 金华 | 55.440 | 44.398 | 益阳 | 51.942 | 45.726 |
| 绍兴 | 61.850 | 47.982 | 永州 | 57.219 | 55.440 |
| 温州 | 54.592 | 50.235 | 郴州 | 56.915 | 56.021 |
| 台州 | 50.000 | 43.852 | 娄底 | 51.691 | 45.726 |
| 丽水 | 52.709 | 43.852 | 怀化 | 57.838 | 48.636 |
| 衢州 | 61.850 | 48.198 | 重庆 | 60.452 | 56.021 |
| 宁波 | 49.309 | 43.145 | 成都 | 50.000 | 51.196 |
| 宣城 | 58.470 | 64.072 | 自贡 | 42.800 | 41.961 |
| 宿州 | 54.592 | 48.636 | 攀枝花 | 56.915 | 55.440 |
| 滁州 | 52.709 | 46.121 | 泸州 | 55.155 | 48.198 |
| 池州 | 53.234 | 43.673 | 德阳 | 41.797 | 41.797 |
| 阜阳 | 56.316 | 54.872 | 绵阳 | 41.634 | 44.958 |

续表

| 城市 | 接近中心度 | | 城市 | 接近中心度 | |
|------|-----------|-----------|------|-----------|-----------|
| | 2005 年 | 2018 年 | | 2005 年 | 2018 年 |
| 六安 | 55.155 | 51.196 | 广元 | 56.316 | 45.148 |
| 合肥 | 56.316 | 49.767 | 遂宁 | 41.634 | 40.530 |
| 蚌埠 | 54.315 | 45.148 | 内江 | 41.961 | 39.630 |
| 淮南 | 54.040 | 50.235 | 乐山 | 55.729 | 41.473 |
| 铜陵 | 53.234 | 44.398 | 南充 | 54.872 | 40.226 |
| 马鞍山 | 50.000 | 42.126 | 宜宾 | 54.872 | 46.522 |
| 淮北 | 50.235 | 36.149 | 广安 | 55.729 | 39.925 |
| 芜湖 | 51.196 | 42.629 | 达州 | 56.316 | 54.040 |
| 安庆 | 54.315 | 49.309 | 资阳 | 41.313 | 37.413 |
| 黄山 | 53.234 | 49.309 | 眉山 | 40.996 | 40.840 |
| 亳州 | 53.769 | 52.451 | 巴中 | 55.729 | 53.500 |
| 南昌 | 62.941 | 58.791 | 雅安 | 40.377 | 37.413 |
| 景德镇 | 54.315 | 51.442 | 贵阳 | 59.116 | 48.198 |
| 萍乡 | 52.970 | 45.339 | 六盘水 | 54.040 | 43.852 |
| 九江 | 54.872 | 51.196 | 遵义 | 54.592 | 43.320 |
| 新余 | 54.315 | 44.583 | 安顺 | 39.483 | 40.226 |
| 鹰潭 | 53.234 | 49.537 | 昆明 | 55.155 | 48.416 |
| 赣州 | 54.872 | 56.915 | 昭通 | 57.219 | 55.155 |
| 宜春 | 51.691 | 44.958 | 曲靖 | 55.440 | 44.215 |
| 上饶 | 52.195 | 50.000 | 玉溪 | 40.226 | 37.153 |
| 吉安 | 53.500 | 51.196 | 普洱 | 54.872 | 54.872 |
| 抚州 | 53.500 | 49.083 | 保山 | 55.729 | 55.729 |
| 武汉 | 75.887 | 68.153 | 丽江 | 55.440 | 55.729 |
| 黄石 | 52.451 | 42.972 | 临沧 | 55.155 | 55.155 |

注：本表选取的长江经济带城市的专利授权量来源于历年《中国科技统计年鉴》、各省份统计年鉴、各市国民经济与社会发展统计公报、各市知识产权局以及各市科学技术厅。其他数据来源于《中国城市统计年鉴》以及各省份统计年鉴。对于个别缺失值，采用均值插补法进行插值。

2005 年接近中心度排名居于后十位的城市有安顺（39.483%）、玉溪

（40.226%）、雅安（40.337%）、眉山（40.996%）、资阳（41.313%）、遂宁（41.634%）、绵阳（41.634%）、德阳（41.797%）、内江（41.961%）、自贡（42.800%），均为长江经济带上游地区城市，表明长江经济带上游地区城市与其他城市之间产生直接创新联系的能力较弱，在长江经济带城市创新网络中与其他城市创新合作与交流多要经过其他城市的中介作用和间接影响。到2018年，绵阳、德阳和自贡的接近中心度排名有所上升，这些城市在长江经济带创新网络中与其他城市间的创新距离逐渐缩小。而南充（40.226%）、广安（39.925%）、淮北（36.149%）的接近中心度有所下降，排名落入后十。

## 第三节　长江经济带108个城市的创新联系中介性比较

中介中心度衡量的是城市创新网络中各城市担任的城市两两之间发生创新联系的中介作用的程度。2005～2018年，长江经济带各城市中介中心度值的差异也是十分明显的。据我们测算，2005年，长江经济带城市创新网络的中介中心度总和为87.369，排名居于前十位的上海、武汉、南京、杭州、嘉兴、长沙、苏州、无锡、重庆、南昌，其中介中心度值明显高于其他城市，这十个城市的中介中心度之和占到长江经济带城市创新网络的中介中心度总和的65.5%，表明这些城市在长江经济带城市创新网络中与其他城市间存在较多的创新联系，是很多城市之间开展创新交流与合作的重要"桥梁"或纽带。到2018年，武汉的中介中心度值赶超上海居于长江经济带之首，重庆、宣城和成都的中介中心度值及排名也不断提升，超过杭州、嘉兴、长沙、南昌，分别位列第四、第五和第九，在长江经济带创新网络中的创新中介作用不断提升，可见，长江经济带城市之间的创新联系日益受到重庆、宣城和成都的中介性影响，表明重庆、宣城和成都在长江经济带城市创新网络中的地位越来越重要（见表9-3）。

表9-3　　　　长江经济带各城市中介中心度：2005年和2018年

| 城市 | 中介中心度 | | 城市 | 中介中心度 | |
|---|---|---|---|---|---|
| | 2005年 | 2018年 | | 2005年 | 2018年 |
| 上海 | 18.585 | 8.462 | 十堰 | 0.823 | 2.364 |
| 南京 | 6.201 | 8.192 | 荆州 | 0.112 | 0.017 |
| 无锡 | 2.614 | 0.919 | 宜昌 | 0.614 | 0.152 |

续表

| 城市 | 中介中心度 | | 城市 | 中介中心度 | |
|---|---|---|---|---|---|
| | 2005 年 | 2018 年 | | 2005 年 | 2018 年 |
| 徐州 | 0.108 | 0.284 | 襄阳 | 0.635 | 1.534 |
| 常州 | 0.703 | 0.440 | 鄂州 | 0.013 | 0.000 |
| 苏州 | 3.336 | 4.280 | 荆门 | 0.060 | 0.513 |
| 南通 | 0.044 | 0.059 | 孝感 | 0.058 | 0.001 |
| 连云港 | 0.050 | 0.285 | 黄冈 | 0.007 | 0.111 |
| 淮安 | 0.030 | 0.302 | 咸宁 | 0.139 | 0.073 |
| 盐城 | 0.005 | 0.052 | 随州 | 0.283 | 1.224 |
| 扬州 | 0.118 | 0.032 | 长沙 | 3.660 | 4.944 |
| 镇江 | 0.212 | 0.066 | 株洲 | 0.116 | 0.191 |
| 泰州 | 0.019 | 0.006 | 湘潭 | 0.061 | 0.095 |
| 宿迁 | 0.053 | 0.515 | 衡阳 | 0.050 | 0.090 |
| 杭州 | 5.179 | 4.765 | 邵阳 | 0.089 | 0.098 |
| 嘉兴 | 3.865 | 0.877 | 岳阳 | 0.680 | 0.172 |
| 湖州 | 0.862 | 0.074 | 常德 | 0.115 | 1.004 |
| 舟山 | 0.291 | 0.016 | 张家界 | 0.427 | 1.498 |
| 金华 | 0.170 | 0.047 | 益阳 | 0.021 | 0.103 |
| 绍兴 | 0.902 | 0.283 | 永州 | 0.379 | 1.176 |
| 温州 | 0.131 | 0.436 | 郴州 | 0.440 | 1.526 |
| 台州 | 0.005 | 0.013 | 娄底 | 0.015 | 0.046 |
| 丽水 | 0.031 | 0.015 | 怀化 | 0.613 | 0.586 |
| 衢州 | 1.038 | 0.125 | 重庆 | 2.249 | 5.935 |
| 宁波 | 0.000 | 0.002 | 成都 | 1.796 | 3.499 |
| 宣城 | 0.411 | 5.375 | 自贡 | 0.172 | 0.131 |
| 宿州 | 0.073 | 0.409 | 攀枝花 | 1.194 | 1.415 |
| 滁州 | 0.036 | 0.194 | 泸州 | 0.432 | 0.648 |
| 池州 | 0.030 | 0.033 | 德阳 | 0.084 | 0.278 |
| 阜阳 | 0.262 | 1.511 | 绵阳 | 0.057 | 0.821 |
| 六安 | 0.165 | 0.773 | 广元 | 1.970 | 0.157 |

续表

| 城市 | 中介中心度 | | 城市 | 中介中心度 | |
|---|---|---|---|---|---|
| | 2005 年 | 2018 年 | | 2005 年 | 2018 年 |
| 合肥 | 0.175 | 0.229 | 遂宁 | 0.032 | 0.062 |
| 蚌埠 | 0.041 | 0.016 | 内江 | 0.060 | 0.018 |
| 淮南 | 0.038 | 0.141 | 乐山 | 0.516 | 0.054 |
| 铜陵 | 0.039 | 0.062 | 南充 | 0.436 | 0.017 |
| 马鞍山 | 0.001 | 0.009 | 宜宾 | 0.410 | 0.449 |
| 淮北 | 0.001 | 0.000 | 广安 | 0.524 | 0.005 |
| 芜湖 | 0.012 | 0.023 | 达州 | 1.473 | 2.010 |
| 安庆 | 0.134 | 0.356 | 资阳 | 0.029 | 0.017 |
| 黄山 | 0.039 | 0.229 | 眉山 | 0.018 | 0.038 |
| 亳州 | 0.041 | 0.949 | 巴中 | 1.127 | 1.552 |
| 南昌 | 2.041 | 3.228 | 雅安 | 0.015 | 0.024 |
| 景德镇 | 0.115 | 0.437 | 贵阳 | 1.550 | 1.259 |
| 萍乡 | 0.064 | 0.035 | 六盘水 | 0.221 | 0.036 |
| 九江 | 0.479 | 0.468 | 遵义 | 0.349 | 0.216 |
| 新余 | 0.202 | 0.005 | 安顺 | 0.000 | 0.011 |
| 鹰潭 | 0.045 | 0.087 | 昆明 | 0.308 | 0.452 |
| 赣州 | 0.301 | 2.395 | 昭通 | 0.959 | 2.045 |
| 宜春 | 0.042 | 0.021 | 曲靖 | 0.362 | 0.050 |
| 上饶 | 0.007 | 0.165 | 玉溪 | 0.001 | 0.000 |
| 吉安 | 0.158 | 0.614 | 普洱 | 0.377 | 1.550 |
| 抚州 | 0.049 | 0.081 | 保山 | 0.752 | 1.910 |
| 武汉 | 9.518 | 16.220 | 丽江 | 0.851 | 2.637 |
| 黄石 | 0.176 | 0.033 | 临沧 | 0.388 | 1.213 |

注：本表选取的长江经济带城市的专利授权量来源于历年《中国科技统计年鉴》、各省份统计年鉴、各市国民经济与社会发展统计公报、各市知识产权局以及各市科学技术厅。其他数据来源于《中国城市统计年鉴》以及各省份统计年鉴。对于个别缺失值，采用均值插补法进行插值。

　　2005 年，中介中心度排名居于后十位的城市有安顺、宁波、玉溪、淮北、马鞍山、台州、盐城、黄冈、上饶和芜湖，这些城市中介中心度值较低，在维持长江经济带城市间创新联系上的影响力较弱。到 2018 年，芜湖、上饶、黄冈和盐城的中介中心度值明显增大，表明这些城市在长江经济带城市创新网络中的中介作用逐渐凸显。泰州、新余、广安、孝感和鄂州的中介中心度排名有所降低，位于后十位，这五个城市在长江经济带城市创新网络中与其他城市的创新联系较少。

# 第五篇　创新网络篇

# 第十章 长江经济带城市创新网络图谱

## 第一节 长江经济带上游地区城市创新网络格局

为直观展示长江经济带上中下游地区城市创新网络演变特征，基于长江经济带上中下游城市创新联系矩阵，应用 Gephi – v0.9.2 软件绘制 2005 年和 2018 年基于长江经济带上中下游城市创新关联网络图。图 10 – 1 中的节点分别代表长江经济带上游 31 个城市，节点大小为长江经济带上游城市创新网络中与该城市有创新联系的城市个数的显性表示，节点间连线的粗细为节点间创新联系强度大小的显性表示。

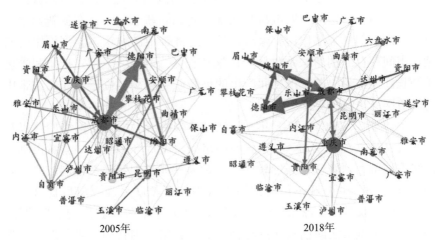

2005年         2018年

**图 10 – 1 长江经济带上游城市创新网络：2005 年和 2018 年**

2005～2018 年长江经济带上游城市创新网络呈"轴—辐"式空间格局特征，城市间创新联系的等级层次性显著，创新关联空间分布两极分化严重。在 2005 年，长江经济带上游城市创新网络形成主要以成都—重庆、成都—德阳、成都—资阳等少数城市对为核心的空间结构,并且以成都为中心节点连接创新网络中其他城市,此时长江经济带上游城市创新网络为单中心的"轴—辐式"网络。到 2018 年,重庆在长江经济带上游城市创新网络中居于"核心"位置,可见重庆在长江经济带上游城市创新网络中与其他城市间的创新联系较多,已逐步成为长江经济带上游城市创新网络中创新集聚与扩散的"枢纽"。此时,长江经济带上游城市创新网络已形成以成都、重庆为双中心的"轴—辐式"网络。

总体来看,2005～2018 年,在长江经济带上游城市创新网络中,成都、重庆接受与发出创新关联数始终处于领先地位,具有很高的创新集聚和扩散能力。这主要归因于成都和重庆在长江经济带上游城市中重要的战略地位,这两个城市创新发展水平较高,提升了长江经济带上游地区创新能力,促进了长江经济带上游地区经济增长,从而推动创新资源的流入。因此应大力发挥成都和重庆创新发展"领头羊"作用,通过这两个城市带动长江经济带上游地区创新发展。

## 第二节 长江经济带中游地区城市创新网络格局

2005～2018 年长江经济带中游城市创新网络呈现出以长沙和武汉为双中心的格局,这两个城市与其他城市间创新联系较多,在创新网络中具有一定的创新带动作用。南昌在长江经济带中游城市创新网络中与其他城市间存在的创新联系数低于武汉和长沙,鹰潭、十堰、抚州和景德镇与长江经济带中游城市之间产生的创新联系较少,位于长江经济带中游城市网络边缘(见图 10 - 2)。

整体来看,2005～2018 年,长江经济带中游城市创新网络始终以长沙和武汉为中心的"轴—辐"式空间格局。2005 年,长江中游城市创新网络中城市间创新联系强度较弱,仅黄冈—鄂州创新联系强度较高。到2018 年,长江中游城市创新网络中城市间创新联系强度有所提升,武汉—孝感、长沙—株洲和长沙—湘潭城市对的创新联系强度均增幅明显,表明这几个城市之间创新交流与合作日益紧密,创新趋于协同发展。南昌反映出南昌与其他城市间创新联系较少,应加强关注江西省内部创新联系以及江西省与长江中游其他省域间的创新合作发展态势。

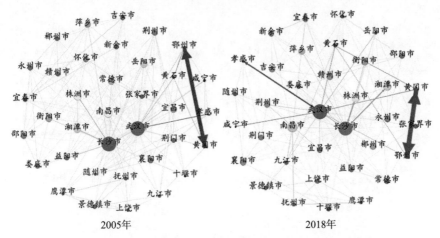

图 10 - 2　长江经济带中游城市创新网络：2005 年和 2018 年

## 第三节　长江经济带下游地区城市创新网络格局

2005 年长江经济带下游城市创新网络形成主要以上海—苏州、上海—杭州、上海—南京、苏州—无锡、苏州—南京、杭州—绍兴等少数城市对为核心的空间结构，并且以上海、杭州、苏州、南京为中心节点连接创新网络中其他城市。到 2018 年，嘉兴、湖州、无锡、常州等城市在长江经济带下游城市创新网络中存在的创新联系数明显增多，与其他城市创新联系更加频繁，逐渐靠近长江经济带下游城市创新网络核心位置。安徽省各城市与长江经济带下游其他城市间创新联系较少，多处在长江经济带下游城市创新网络边缘位置（见图 10 - 3）。

整体来看，2005～2018 年，长江经济带下游城市创新网络结构变化较大，且都呈现多中心发散格局。上海、南京、杭州、苏州、无锡、绍兴位于长江经济带下游城市创新网络的中心位置；在多中心的带动下，创新联系逐渐扩散到常州、南通、嘉兴、湖州等次中心城市，次中心城市在长江经济带城市创新网络中数量最多，是网络结构的主体。次中心城市与中心城市之间的联系随时间推移而更加紧密；铜陵、池州、台州、丽水、衢州、淮南等城市位于长江经济带下游城市创新网络的边缘位置，与其他城市之间创新联系较少。可以看出，长江经济带下游城市创新网络呈现出多中心、多方向、等级结构的创新网络格局。

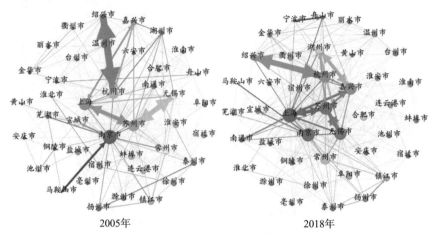

2005年　　　　　　　　　　　　　　　2018年

图10-3　长江经济带下游城市创新网络：2005年和2018年

## 第四节　长江经济带城市创新网络空间结构

2005～2018年长江经济带城市创新网络呈"轴—辐"式空间格局特征，城市间创新联系的等级层次性显著，创新关联空间分布两极分化严重。在2005年，长江经济带城市创新网络形成主要以上海—苏州、上海—杭州、上海—南京、苏州—无锡、苏州—嘉兴、苏州—南京、杭州—嘉兴等少数城市对为核心的空间结构，并且以上海、杭州、苏州、南京为中心节点连接创新网络中其他城市。2018年，重庆、长沙、武汉、南昌和宣城逐渐靠近长江经济带城市创新网络"核心"位置，与上海、苏州、杭州、南京一并成为长江经济带城市创新网络中创新集聚与扩散的"枢纽"。位于长江经济带城市创新网络集散节点位置的城市，与较多其他城市存在创新关联，具有较高创新带动能力，能够有效提升城市创新协同发展效率。无锡、嘉兴、成都、常州、绍兴、黄冈、鄂州等城市在长江经济带城市创新网络中与其他城市存在的创新联系也相对较多，位于网络中的次中心位置，能够辅助中心位置城市共同优化长江经济带城市创新网络结构，推动城市间协调创新（见图10-4）。

总体来看，2005～2018年，长江经济带城市创新网络逐渐形成以直辖市和各省会城市为中心的等级性网络格局，各城市接受和发出的创新联系差异明显。其中，上海、南京、苏州、杭州和武汉始终位于长江经济带城市创新网络的中心位置，拥有创新联系数最多，具有很高的创新集聚和扩散能力。2005～2018年，南昌、长沙、重庆、成都、宣城、无锡、常州和嘉兴等城市创新联系数增加明显，在长江经济带城市创新网络中与其他城市间创新联系较为频繁，具有较高的创新集散能力。可以看出，在长江经济带城市创新网络中拥有创新联系较多的这些城市大多处在长江经济带中游和下游地区，上游地区城市多位于长江经济带城市创新网络边缘位置，仅重庆和成都较为靠近长江经济带城市创新网络核心位置，表明仍需加大上游地区各城市间创新联系，发挥重庆和成都创新发展"领头羊"作用，带动上游区域各城市协调创新。

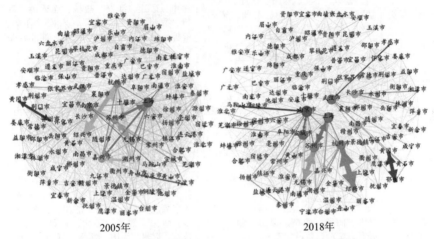

2005年 　　　　　　　　2018年

图 10 − 4　长江经济带城市创新网络：**2005 年和 2018 年**

## 第五节　长江经济带城市创新网络的功能板块

基于长江经济带城市创新网络，分析网络中城市间创新联系的集聚现象，称为块模型分析。借助 Ucinet 软件中的 CONCOR 功能分析长江经济带城市创新网络中存在的功能板块，得出表 10 − 1。

2005 年长江经济带城市创新网络在二级层面形成了四个功能板块：板块 I 主要为长江下游地区城市；板块 II 内部成员主要分布在长江中游地区；板块 III 成员除长沙外，其余城市均处在长江经济带上游地区；板块 IV 成员均为长江经济带上游地区城市。到 2018 年，长江经济带城市创新网络结构有所改变，各板块成员也发生变化。板块 I 成员仍主要是长江下游地区城市；板块 II 和板块 III 内部成员主要分布在长江中游地区；板块 IV 成员均为长江经济带上游地区城市。2005 ~ 2018 年长江经济带城市创新网络各板块均呈现区域性特征，同一板块成员多处在同一省份内，小部分由不同省份城市构成的板块，其内部各城市之间也存在明显的地理邻近效应。

表 10 – 1　　　　　　　　块模型分析：2005 年和 2018 年

| 板块 | 2005 年 | 2018 年 |
|---|---|---|
| 第一板块 | 上海、南京、无锡、湖州、常州、苏州、南通、温州、杭州、丽水、扬州、镇江、宣城、绍兴、舟山、嘉兴、衢州、金华、宁波、徐州、宿迁、淮安、盐城、连云港、台州、泰州、宿州、滁州、池州、阜阳、六安、合肥、蚌埠、淮南、铜陵、马鞍山、淮北、芜湖、安庆、黄山、亳州、九江、景德镇、上饶、抚州、鹰潭 | 上海、南京、无锡、湖州、常州、苏州、南通、杭州、扬州、镇江、宣城、嘉兴、徐州、宿迁、淮安、盐城、连云港、泰州、宿州、滁州、阜阳、六安、合肥、蚌埠、淮南、铜陵、马鞍山、淮北、芜湖、亳州 |
| 第二板块 | 南昌、赣州、宜春、萍乡、吉安、新余、株洲、湘潭、衡阳、邵阳、岳阳、常德、张家界、益阳、永州、郴州、娄底、怀化、襄阳、武汉、黄石、十堰、荆州、宜昌、随州、鄂州、荆门、孝感、黄冈、咸宁 | 南昌、安庆、池州、抚州、赣州、黄山、吉安、金华、景德镇、九江、丽水、宁波、衢州、上饶、绍兴、十堰、随州、台州、温州、襄阳、鹰潭、舟山 |
| 第三板块 | 长沙、贵阳、六盘水、遵义、安顺、昆明、昭通、曲靖、保山、丽江、攀枝花、临沧、普洱、玉溪 | 萍乡、株洲、湘覃、邵阳、娄底、宜春、张家界、益阳、永州、郴州、新余、长沙、衡阳、常德、怀化、宜昌、武汉、黄石、荆州、岳阳、鄂州、荆门、黄冈、咸宁、孝感 |
| 第四板块 | 德阳、重庆、资阳、眉山、泸州、雅安、绵阳、广安、遂宁、内江、乐山、宜宾、自贡、成都、南充、达州、广元、巴中 | 重庆、成都、自贡、眉山、泸州、德阳、绵阳、广元、遂宁、内江、乐山、南充、宜宾、广安、资阳、雅安、遵义、达州、攀枝花、巴中、贵阳、六盘水、安顺、昆明、昭通、曲靖、玉溪、普洱、保山、丽江、临沧 |

# 第十一章　长江经济带城市创新网络变化的驱动力

## 第一节　长江经济带城市创新网络演变的驱动因素

### 一、驱动因素选取

城市创新并非建立在单一要素的基础上，而是涉及多种创新要素。在城市进行创新活动过程中，创新要素由于受到地理邻近性、认知邻近性、产业邻近性等多维邻近性因素的影响，会在各城市创新主体间流动，从而使得城市间产生创新交流与合作。本报告着重探讨以下几点邻近性对城市间创新联系的影响：

（1）地理邻近性。城市间知识溢出是创新网络形成的重要因素之一，城市间地理距离越近，则知识在城市间溢出的可能性越强。一方面，由于创新网络的本地化特征明显，因此隐形的、无形的知识需要面对面的交流，而技术人才跨城市流动会受到一定程度的空间限制[①]；另一方面，对于寻求创新合作的创新主体而言，在寻求合作者过程中需要进行信息搜索，地理空间上的邻近可以降低信息成本。基于此，本报告假设地理邻近对城市间创新联系存在促进作用。

（2）产业邻近性。产业结构相似的城市之间，其人才、技术、信息等创新要素的交流会更加密切，更有助于城市间创新合作的产生和创新联系的加强[②]。因此，本报告假设产业邻近性对城市之间创新联系有着正

---

① Boschma R A. Proximity and innovation：a critical assessment ［J］. Regional Studies，2005，39（1）：61 – 74.

② Thursby J G，Thursby M C. Are faculty critical? Their role in university-industry licensing ［J］. *Social Science Electronic Publishing*，2004，22（2）：162 – 178.

向影响。

（3）认知邻近性。认知邻近性是城市间进行创新交流的前提。在一定程度上，城市之间认知越邻近，越易产生创新联系。认知邻近性越低，城市之间创新知识的交流与学习越困难，从而难以进行创新研发合作。因此，本报告假设认知邻近性对城市间创新联系存在促进作用。

（4）基础设施邻近。城市间的基础设施相近，其发展水平也越相近。研究指出发展水平相近的城市之间，更易进行创新知识的相互学习与交流用。因此，本报告认为基础设施水平的邻近对于城市间创新联系有正向影响。

（5）信息化邻近。信息化时代的到来使得创新要素的跨区域流动明显增强，突破了一定程度上的因地理距离上而产生的壁垒。城市间的空间边界越来越模糊，城市间创新交流与学习更易发生。因此，在信息化发展对城市创新网络演化的影响上，可以做出促进长江经济带城市创新网络演化的正向影响假设。

基于上述理论解释和假设，为探究各影响因素对长江经济带城市创新网络演化产生的作用，本报告以长江经济带 108 个地级市为空间样本，2000～2018 年长江经济带城市创新联系矩阵为被解释变量，选取以下指标作为解释变量（见表 11-1）：地理邻近矩阵（$X_1$），产业邻近（$X_2$），认知邻近（$X_3$），基础设施邻近（$X_4$），信息化邻近（$X_5$）。

表 11-1    影响长江经济带城市创新网络演化的相关指标选取

| 维度 | 变量及说明 | 符号 |
|---|---|---|
| 地理邻近 | 两城市之间相邻则赋值为 1，不相邻则赋值为 0 | $X_1$ |
| 产业邻近 | 三产业占地区生产总值的相似程度 | $X_2$ |
| 认知邻近 | 科研综合技术服务业从业人员比重 | $X_3$ |
| 基础设施邻近 | 每百人公共图书馆藏书量 | $X_4$ |
| 信息化邻近 | 互联网普及率 | $X_5$ |

其中，产业邻近性参照段德忠对产业结构相似度的计算方法[1]：

---

[1] 段德忠、杜德斌、谌颖等：《中国城市创新网络的时空复杂性及生长机制研究》，载《地理科学》2018 年第 11 期，第 1759～1768 页。

$$X_2 = \frac{\sum\limits_{k=1}^{n}\left[(Ind_{i,k} - \overline{Ind_i})(Ind_{j,k} - \overline{Ind_j})\right]}{\sqrt{\sum\limits_{k=1}^{n}(Ind_{i,k} - \overline{Ind_i})^2 \sum\limits_{k=1}^{n}(Ind_{j,k} - \overline{Ind_j})^2}} \tag{11.1}$$

式（11.1）中，$X_2$ 为城市 $i$ 与城市 $j$ 之间的产业邻近程度，$Ind_{i,k}$ 为城市 $i$ 第 $k$ 产业的产出占总产出的比重，$\overline{Ind_i}$ 是 $Ind_{i,k}$ 的均值，$k$ 是产业数量。

## 二、长江经济带城市创新网络演化的 QAP 相关分析

本报告应用 QAP 相关分析探究影响长江经济带城市创新网络演化的影响因素（见表 11－2）。

表 11－2　　　　　　　　　　　QAP 相关分析

| 指标 | 2005 年 | 2018 年 |
|------|---------|---------|
| 地理邻近（$X_1$） | 0.255 *** | 0.216 *** |
| 产业邻近（$X_2$） | 0.008 | 0.090 *** |
| 认知邻近（$X_3$） | 0.079 ** | 0.238 *** |
| 基础设施邻近（$X_4$） | 0.029 * | 0.08 ** |
| 信息化邻近（$X_5$） | 0.050 * | 0.043 ** |

注：显著性水平为 $* p < 0.05$，$** p < 0.01$，$*** p < 0.001$。

由表 11－2 可知，各解释变量均在 5% 的水平表现为显著。其中，2005 年相关系数最大的解释变量为地理邻近，说明在 2005 年长江经济带城市间创新联系与地理邻近相关性最大。到 2018 年，相关系数最大的解释变量改为认知邻近，说明随着信息技术、通讯等发展使得城市间创新联系在一定程度上突破了地理距离的约束，人才、技术、信息化等因素对长江经济带城市创新联系的影响越来越大。

## 三、长江经济带城市创新网络演化的 QAP 回归分析

根据 QAP 回归分析结果（见表 11－3）可知，各解释变量均与长江经济带城市创新联系矩阵呈显著正相关，说明解释变量对长江经济带城市创新网络演化明显促进作用，支持了前文关于地理邻近、产业邻

近、认知邻近、基础设施邻近、信息化邻近对影响城市间创新联系的原假设。

表 11 – 3 　　　　　　　　　　　QAP 回归分析

| 指标 | 2005 年 | 2018 年 |
|---|---|---|
| 地理邻近（$X_1$） | 0.213 *** | 0.234 *** |
| 产业邻近（$X_2$） | 0.025 * | 0.081 ** |
| 认知邻近（$X_3$） | 0.066 ** | 0.159 *** |
| 基础设施邻近（$X_4$） | 0.029 | 0.079 ** |
| 信息化邻近（$X_5$） | 0.045 * | 0.134 *** |

注：显著性水平为 * $p < 0.05$，** $p < 0.01$，*** $p < 0.001$。

具体来看，地理邻近对城市节点网络地位呈现出高显著性的正向影响。地理邻近（$X_1$）作为解释变量在 1% 的水平上表现为显著，说明地理位置仍是影响城市间产生创新联系的重要因素，地理邻近的城市之间更易产生创新交流与合作。

产业邻近对城市间创新联系存在明显促进作用，表明产业结构越相似的越易对城市间创新联系产生影响。因此，长江经济带应关注产业结构相似的城市对其创新协同发展提供更多合作机会。

认知邻近对城市创新联系呈正向影响，表明城市之间认知水平越接近，越有助于城市间进行创新交流与合作。因此，各城市政府部门应推动创新主体跨区域合作，支持引进企业、科研机构、高技术人才等，学习更多其他城市的新技术和新知识，以提高城市间认知水平邻近程度，也有利于在城市创新网络中与其他城市协同创新发展。

基础设施邻近在 2005 年对长江经济带城市创新联系无显著影响，到 2018 年，该指标对城市间创新联系存在明显促进作用，表明随着长江经济带城市公共基础设施越完善，城市间越易产生创新联系。城市间基础设施水平的相近，有助于创新人才在城市间流动，从而为城市创新主体之间提供更多交流与合作的空间。

信息化邻近对城市创新联系呈现出显著的正向影响。互联网宽带用户数（$X_5$）在 1% 的水平上表现为显著，反映信息化水平越相近的城市，越易产生创新联系。因此，应推动各城市信息化水平提升，以使得城市间创新联系日益便捷，从而促进城市间创新交流与合作。

## 第二节 长江经济带城市创新网络优化的政策启示

第一，全面认识长江经济带城市创新网络的结构特征，从整体到局部，系统地加强长江经济带城市创新网络的稳定性，促进城市之间创新的协调发展。尤其需要对长江经济带创新网络中的中心城市重点关注，促进其与其他城市创新资源共享，推动长江经济带城市创新水平整体提升。

第二，充分认识各个城市在我国创新关联网络中所处的板块及其功能与角色，以定向调控、精准调控为原则，制定有针对性的创新发展政策。对于主溢出板块的中心城市，在发挥带动作用的同时更应积极与经纪人板块中的城市交流，从中获取更多的受益机会。经纪人和双向溢出板块中的城市应该进一步改善交通基础设施水平，与周边城市协同发展，增强区域间分工协作的合理性。主受益板块中城市也需要注意降低与其他城市创新合作成本，同时也要积极发挥创新发展的价值链外溢效应。

第三，进一步打造区域协同创新共同体，形成"以局部促整体"的创新发展新格局，进而实现"以点带块"的高质量发展。长江经济带中的各个城市群也需要依据在网络中的特征适时调整发展战略，实现创新要素资源的高效流动和整合以及科技成果的互通共享。

# 第六篇　产业创新篇

# 第十二章　长江经济带高新技术产业创新能力评价

## 第一节　长江经济带高新技术产业创新能力总体评价

### 一、长江经济带高新技术产业创新能力指标体系

按照科学性、全面性、系统性和可比性的原则，本报告构建包含自主创新、引进创新、创新转化和创新产出的四个维度14项指标的创新能力评价指标体系。其中，自主创新能力的指标有R&D经费、科技活动经费和专利授权量；引进创新能力从技术引进经费支出、购买国内外技术经费支出等方面选取指标；创新转化能力主要考虑的是新技术，其指标包括技术改造经费支出、消化吸收经费支出等；创新产出能力主要考虑的是新产品，其指标包括新产品开发项目和经费支出、产品销售收入等方面（见表12－1）。

表12－1　　　长江经济带高新技术产业创新能力综合测度指标体系

| 目标层 | 系统层（权重） | 指标层 | 单位 | 功效 | 权重 |
|---|---|---|---|---|---|
| 高新技术产业创新能力 | 自主创新（0.175） | R&D经费内部支出占GDP比重 | % | 正向 | 0.039 |
| | | 科技活动经费内部支出占GDP比重 | % | 正向 | 0.079 |
| | | 专利授权量 | 件 | 正向 | 0.057 |
| | 引进创新（0.439） | 技术引进经费支出 | 万元 | 正向 | 0.132 |
| | | 购买国内技术经费支出 | 万元 | 正向 | 0.178 |
| | | 技术市场技术流向合同金额 | 万元 | 正向 | 0.049 |
| | | 国外技术引进合同金额 | 亿美元 | 正向 | 0.080 |

续表

| 目标层 | 系统层（权重） | 指标层 | 单位 | 功效 | 权重 |
|---|---|---|---|---|---|
| 高新技术产业创新能力 | 创新转化（0.262） | 技术改造经费支出 | 万元 | 正向 | 0.078 |
| | | 消化吸收经费支出 | 万元 | 正向 | 0.097 |
| | | 技术市场技术输出合同金额 | 万元 | 正向 | 0.087 |
| | 创新产出（0.282） | 新产品开发项目 | 项 | 正向 | 0.039 |
| | | 新产品开发经费支出 | 万元 | 正向 | 0.084 |
| | | 产品销售收入占营业收入 | % | 正向 | 0.067 |
| | | 出口创汇 | 千元 | 正向 | 0.092 |

## 二、高新技术产业创新能力指数构建

本报告采用基于面板数据的熵值法，综合评价模型测度 2010～2019 年全国 30 个省份的高新技术产业创新能力的综合指数，并主要对长江经济带高新技术产业创新能力进行评价分析。该方法可以克服主观赋权法无法避免的随机性、臆断性问题，又可以有效解决多指标变量的重叠问题[①]。本报告采用基于面板数据的熵值法，即根据 $m$ 个年份，$k$ 个省份，$j$ 项指标，对各项指标加权赋值，在此基础上利用加权求和方法对高新技术产业创新能力进行综合测度评价。具体计算步骤如下：

步骤一：对指标进行标准化处理

正向指标：$Z_{\alpha ij} = \dfrac{x_{\alpha ij} - \min x_{\alpha ij}}{\max x_{\alpha ij} - \min x_{\alpha ij}}$ （12.1）

负向指标：$Z_{ij} = \dfrac{\max x_{\alpha ij} - x_{\alpha ij}}{\max x_{\alpha ij} - \min x_{\alpha ij}}$ （12.2）

式中，$\max x_{\alpha ij}$，$\min x_{\alpha ij}$ 分别表示第 $j$ 项指标的最大值和最小值；$x_{\alpha ij}$，$Z_{\alpha ij}$ 分别表示第 $j$ 项指标标准处理前和处理后的值。

步骤二：指标归一化处理

$$P_{\alpha ij} = \frac{Z_{\alpha ij}}{\sum\limits_{\alpha=1}^{m} \sum\limits_{i=1}^{k} Z_{\alpha ij}}$$ （12.3）

---

① 邓宗兵、何若帆、陈钲、朱帆：《中国八大综合经济区生态文明发展的区域差异及收敛性研究》，载《数量经济技术经济研究》，2020 年。

步骤三：计算熵值

$$E_{ij} = -k_1 \sum_{\alpha=1}^{m} \sum_{i=1}^{k} P_{\alpha ij} \ln P_{\alpha ij} \qquad (12.4)$$

其中，$k_1 = \dfrac{1}{\ln(m \times k)} > 0$。

步骤四：计算各指标的冗余度

$$D_j = 1 - E_j \qquad (12.5)$$

步骤五：计算得到各项指标权重（见表12-1）。

$$W_j = \dfrac{D_j}{\sum\limits_{j=1}^{n} D_j} \qquad (12.6)$$

步骤六：得到各省份的综合创新能力指数

$$I_{\alpha i} = P_{\alpha ij} \times W_j \qquad (12.7)$$

各项指标的原始数据来源于 2011～2020 年《中国科技统计年鉴》《中国火炬统计年鉴》《中国高技术统计年鉴》，个别指标根据原始数据经过计算处理，如 R&D 经费内部支出占 GDP 比重、产品销售收入占营业收入比重等指标；其中，个别指标由于数据缺失，本报告在原始数据的基础上进行插补，如消化吸收经费支出、技术引进经费支出等指标；如此处理以满足研究需要。选取 2010～2019 年的统计数据，从自主创新、引进创新、创新转化和创新产出四个方面对中国 30 个省份（不包含西藏）的创新能力进行分析。

### 三、长江经济带高新技术产业创新能力指数演进

2010～2019 年长江经济带高新技术产业创新能力有一定的提升。长江经济带高新技术产业的创新能力综合指数从 0.024 增长到 0.066，增长了 80.3%（见图 12-1）。

**图 12-1　2010～2019 年长江经济带创新能力指数演进**

由表 12 - 2、图 12 - 2 来看，自主创新、引进创新、创新转化、创新产出 4 个维度对长江经济带创新能力的得分也是上升的。其中，创新转化和创新产出得分的年均增长率较高，在 2010 ~ 2019 年间分别增长了 14.67%、13.36%。自主创新和引进创新得分的年均增长率较低，分别为 9.64%、7.01%。

表 12 - 2　　　　2010 ~ 2019 年长江经济带创新能力指数及各维度得分

| 年份 | 自主创新 | 引进创新 | 创新转化 | 创新产出 |
|---|---|---|---|---|
| 2010 | 0.004 | 0.009 | 0.004 | 0.006 |
| 2011 | 0.005 | 0.012 | 0.015 | 0.008 |
| 2012 | 0.006 | 0.016 | 0.011 | 0.009 |
| 2013 | 0.006 | 0.014 | 0.013 | 0.011 |
| 2014 | 0.006 | 0.015 | 0.016 | 0.012 |
| 2015 | 0.007 | 0.012 | 0.015 | 0.012 |
| 2016 | 0.007 | 0.012 | 0.013 | 0.013 |
| 2017 | 0.007 | 0.013 | 0.010 | 0.015 |
| 2018 | 0.010 | 0.019 | 0.016 | 0.018 |
| 2019 | 0.011 | 0.018 | 0.017 | 0.020 |
| 年均增长率（%） | 9.64% | 7.01% | 14.67% | 13.36% |

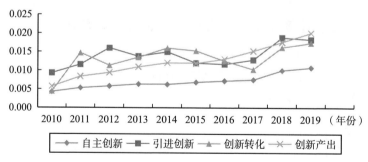

图 12 - 2　长江经济带创新能力四个维度综合得分：2010 ~ 2019 年

## 第二节　长江经济带高新技术产业
## 自主创新水平评价

增强各地区的高新技术产业的自主创新能力，关键在于增强高新技术企业创新的自主性。本报告选取了 R&D 经费内部支出占 GDP 比重、科技活动经费内部支出占 GDP 比重以及专利授权量三个指标来评价高新技术产业的自主创新能力。

由表 12-3 来看，长江经济带 R&D 经费内部支出占 GDP 比重从 2010 年的 0.06% 增长到 2019 年的 0.23%，科技活动经费占 GDP 比重从 0.11% 增长到 0.23%，专利授权量从 40.40 万件增长到 115.49 万件，自主创新维度的三个指标在 2010~2019 年都呈现出增长趋势。

表 12-3　　　　　　2010~2019 年长江经济带自主创新的各指标变动

| 指标 | 2010年 | 2011年 | 2012年 | 2013年 | 2014年 | 2015年 | 2016年 | 2017年 | 2018年 | 2019年 |
|---|---|---|---|---|---|---|---|---|---|---|
| R&D 经费内部支出占 GDP 比重（%） | 0.06 | 0.06 | 0.06 | 0.10 | 0.09 | 0.10 | 0.11 | 0.11 | 0.20 | 0.23 |
| 科技活动经费内部支出占 GDP 比重（%） | 0.11 | 0.14 | 0.13 | 0.16 | 0.16 | 0.15 | 0.17 | 0.19 | 0.20 | 0.23 |
| 专利授权量（万件） | 40.40 | 50.29 | 68.34 | 68.69 | 64.41 | 83.32 | 81.93 | 82.20 | 111.98 | 115.49 |

注：R&D 经费内部支出占 GDP 比重、科技活动经费内部支出占 GDP 比重均由原始数据计算得来。

资料来源：根据《中国科技统计年鉴》（2011~2020）、《中国高技术统计年鉴》（2011~2020）、《中国火炬统计年鉴》（2011~2020）中的数据计算得到。

R&D 经费内部支出占 GDP 比重、科技活动经费内部支出占 GDP 比重、专利授权量的权重分别为 0.039、0.079、0.057，自主创新维度的权重为 0.175，长江经济带自主创新能力指数从 0.004 增长到 0.011，年均增长率为 9.64%。

## 第三节　长江经济带高新技术产业引进创新水平评价

在评价长江经济带引进创新能力时，本报告主要选取了技术引进经费支出、购买国内技术经费支出、技术市场技术流向合同金额以及国外技术引进合同金额四个指标。

技术引进经费支出指企业在报告期用于购买境外技术的费用支出包括产品设计工艺流程图纸配方专利等技术资料的费用支出以及购买关键设备仪器样机和样件等的费用支出；购买国内技术经费支出指企业在报告期购买境内其他单位科技成果的经费支出包括购买产品设计工艺流程

图纸配方专利技术诀窍及关键设备的费用支出①。

从表 12 -4 来看，长江经济带技术引进经费支出从 2010 年的 24.66 亿元增长到 2012 年的 39.77 亿元，并在 2012 年达到考察期内最高数额投入，2019 年这项指标投入为 22.86 亿元，同比下降 7.3%；购买国内技术经费支出从 2010 年的 10.12 亿元增长到 2019 年的 32.74 亿元；技术市场技术流向合同金额从 1.24 千亿元增长到 7.64 千亿元；国外技术引进合同金额从 113.64 亿美元增长到 166.2 亿美元。除了技术引进经费支出有所下滑外，购买国内技术经费支出、技术市场技术流向合同金额以及国外技术引进合同金额均为增长趋势。其中，技术引进经费支出、购买国内技术经费支出、技术市场技术流向合同金额、国外技术引进合同金额的权重分别为 0.132、0.178、0.049、0.080，引进创新维度的权重为 0.439。长江经济带引进创新能力指数从 2010 年的 0.009 增长到 0.018，年均增长率为 7.01%。

表 12 -4　　　　　2010～2019 年长江经济带引进创新的各指标变动

| 指标 | 2010年 | 2011年 | 2012年 | 2013年 | 2014年 | 2015年 | 2016年 | 2017年 | 2018年 | 2019年 |
|---|---|---|---|---|---|---|---|---|---|---|
| 技术引进经费支出（亿元） | 24.66 | 32.46 | 39.77 | 26.36 | 29.36 | 20.79 | 19.20 | 15.56 | 23.25 | 22.86 |
| 购买国内技术经费支出（亿元） | 10.12 | 10.38 | 11.22 | 14.34 | 26.70 | 17.54 | 14.96 | 15.88 | 35.29 | 32.74 |
| 技术市场技术流向合同金额（千亿元） | 1.24 | 1.26 | 2.10 | 2.32 | 2.65 | 3.48 | 3.96 | 4.57 | 6.55 | 7.64 |
| 国外技术引进合同金额（亿美元） | 113.64 | 153.67 | 261.25 | 224.47 | 149.03 | 135.94 | 143.29 | 192.04 | 189.77 | 166.20 |

资料来源：根据《中国科技统计年鉴》（2011～2020）、《中国高技术统计年鉴》（2011～2020）、《中国火炬统计年鉴》（2011～2020）中的数据计算得到。

## 第四节　长江经济带高新技术产业
## 创新转化水平评价

在评价长江经济带创新转化能力时，本报告选取了技术改造经费支

---

① 释义来源于《中国高技术产业统计年鉴》附录 3 主要指标解释。

出、消化吸收经费支出、技术市场技术输出合同金额三个指标。其中，技术改造经费支出指企业在报告期进行技术改造而发生的费用；消化吸收经费支出指对引进技术的掌握应用复制而开展的工作以及在此基础上的创新①。

从表 12-5 来看，2010~2019 年，长江经济带的技术改造经费支出从 79 亿元增长到 216.59 亿元，消化吸收经费支出从 2.43 亿元增长到 7.81 亿元，技术市场技术输出合同金额从 1.09 千亿元增长到 7.88 千亿元。可见，2010~2019 年长江经济带所有创新转化指标均为增长趋势，其中技术市场技术输出合同金额增长最快，其次是消化吸收经费支出、技术改造经费支出。

技术改造经费支出、消化吸收经费支出、技术市场技术输出合同金额的权重分别为 0.078、0.097、0.087，创新转化维度的权重为 0.262。从 2010~2019 年长江经济带创新转化产出来看，自主创新能力水平指数从 0.004 增长到 0.017，其年均增长率为四维度中最高的，达到 14.67%。

表 12-5　　　　　　　　2010~2019 年长江经济带创新转化的各指标变动

| 指标 | 2010年 | 2011年 | 2012年 | 2013年 | 2014年 | 2015年 | 2016年 | 2017年 | 2018年 | 2019年 |
|---|---|---|---|---|---|---|---|---|---|---|
| 技术改造经费支出（亿元） | 79.00 | 193.53 | 236.33 | 230.74 | 210.10 | 241.29 | 216.18 | 215.12 | 216.02 | 216.59 |
| 消化吸收经费支出（亿元） | 2.43 | 12.09 | 6.70 | 8.94 | 12.00 | 10.00 | 6.68 | 3.19 | 8.24 | 7.81 |
| 技术市场技术输出合同金额（千亿元） | 1.09 | 1.31 | 1.59 | 2.09 | 2.55 | 2.90 | 3.45 | 4.12 | 6.18 | 7.88 |

资料来源：根据《中国科技统计年鉴》（2011~2020）、《中国高技术统计年鉴》（2011~2020）、《中国火炬统计年鉴》（2011~2020）中的数据计算得到。

## 第五节　长江经济带高新技术产业创新产出水平评价

创新产出主要为创新投入，即自主创新和引进创新投入后，创新能

---

① 释义来源于《中国高技术产业统计年鉴》附录 3 主要指标解释。

力表现为转化为新产品的能力。为评价长江经济带的创新产出能力，本报告选取了产品销售收入占营业收入的百分比、出口创汇、新产品开发项目和新产品开发经费支出四个指标。新产品指的是采用新技术原理新设计构思研制生产的全新产品或在结构材质工艺等某一方面比原有产品有明显改进从而显著提高了产品性能或扩大了使用功能的产品①。

2010～2019 年，长江经济带产品销售收入占营业收入的比重从 0.27% 增长到 1.26%，增长了 366.67%；出口创汇从 10.25 千亿元增长到 23.10 千亿元，增长了 125.37%；新产品开发项目从 16.98 万项增长到 72.45 万项，增长了 326.68%；新产品开发经费支出从 448.98 千亿元增长到 2183.61 千亿元，增长了 386.35%。长江经济带所有创新产出指标在 2010～2019 年均为增长趋势，其中新产品开发经费支出增长最快，其次是产品销售收入占营业收入的比重、新产品开发项目、出口创汇（见表 12-6）。

表 12-6 　　　　　　2010～2019 年长江经济带创新产出的各指标变动

| 指标 | 2010年 | 2011年 | 2012年 | 2013年 | 2014年 | 2015年 | 2016年 | 2017年 | 2018年 | 2019年 |
|---|---|---|---|---|---|---|---|---|---|---|
| 产品销售收入占营业收入（%） | 0.27 | 0.33 | 0.27 | 0.46 | 0.64 | 0.84 | 0.88 | 1.05 | 1.19 | 1.26 |
| 出口创汇（千亿元） | 10.25 | 12.68 | 13.14 | 15.46 | 16.00 | 15.21 | 15.08 | 17.93 | 21.02 | 23.10 |
| 新产品开发项目（万项） | 16.98 | 31.35 | 37.98 | 42.11 | 45.49 | 38.69 | 44.96 | 51.87 | 60.31 | 72.45 |
| 新产品开发经费支出（千亿元） | 448.98 | 735.24 | 923.83 | 1010.63 | 1134.35 | 1196.27 | 1424.19 | 1619.02 | 1879.25 | 2183.61 |

资料来源：根据《中国科技统计年鉴》（2011～2020）、《中国高技术统计年鉴》（2011～2020）、《中国火炬统计年鉴》（2011～2020）中的数据计算得到。

产品销售收入占营业收入的比重、出口创汇、新产品开发项目、新产品开发经费支出的权重分别为 0.067、0.092、0.039、0.084，创新产出维度的权重为 0.282。从 2010～2019 年，长江经济带自主创新能力水平得分从 0.006 增长到 0.020，年均增长率为 13.36%，增速在四个维度里排名第二位。

---

① 释义来源于《中国高技术产业统计年鉴》附录 3 主要指标解释。

# 第十三章 长江经济带中下游地区高新技术产业创新能力比较

## 第一节 上中下游地区高新技术产业创新能力指数比较

由表 13 - 1 来看，长江上游地区自主创新能力指数从 2010 年的 0.060 增长到 2019 年的 0.157，增长了 161.67%；中游地区从 2010 年的 0.114 增长到 2019 年的 0.31，增长了 171.93%；下游地区从 2019 年的 0.342 增长到 2019 年的 0.605，增长了 76.9%。从增速上看，长江中游地区的自主创新能力指数增长最快；直至 2019 年，长江下游地区的自主创新能力指数最高。

表 13 -1    2010 ~ 2019 年长江经济带上中下游创新能力的各维度及其指数

| 年份 | 地区 | 自主创新 | 引进创新 | 创新转化 | 创新产出 |
|------|------|---------|---------|---------|---------|
| 2010 | 上游 | 0.060 | 0.149 | 0.149 | 0.075 |
| | 中游 | 0.114 | 0.063 | 0.089 | 0.047 |
| | 下游 | 0.342 | 0.918 | 1.230 | 0.635 |
| 2011 | 上游 | 0.061 | 0.173 | 0.095 | 0.122 |
| | 中游 | 0.125 | 0.064 | 0.141 | 0.078 |
| | 下游 | 0.342 | 0.918 | 1.230 | 0.635 |
| 2012 | 上游 | 0.069 | 0.520 | 0.154 | 0.130 |
| | 中游 | 0.157 | 0.082 | 0.166 | 0.095 |
| | 下游 | 0.353 | 0.998 | 0.812 | 0.715 |
| 2013 | 上游 | 0.094 | 0.236 | 0.105 | 0.173 |
| | 中游 | 0.158 | 0.119 | 0.223 | 0.129 |
| | 下游 | 0.380 | 1.021 | 1.019 | 0.790 |

| 年份 | 地区 | 自主创新 | 引进创新 | 创新转化 | 创新产出 |
|---|---|---|---|---|---|
| 2014 | 上游 | 0.099 | 0.204 | 0.144 | 0.191 |
| | 中游 | 0.155 | 0.301 | 0.328 | 0.159 |
| | 下游 | 0.372 | 0.988 | 1.125 | 0.850 |
| 2015 | 上游 | 0.103 | 0.148 | 0.325 | 0.177 |
| | 中游 | 0.160 | 0.178 | 0.233 | 0.172 |
| | 下游 | 0.418 | 0.869 | 0.965 | 0.838 |
| 2016 | 上游 | 0.113 | 0.263 | 0.118 | 0.184 |
| | 中游 | 0.178 | 0.161 | 0.224 | 0.205 |
| | 下游 | 0.428 | 0.741 | 0.909 | 0.913 |
| 2017 | 上游 | 0.116 | 0.346 | 0.160 | 0.222 |
| | 中游 | 0.203 | 0.198 | 0.233 | 0.251 |
| | 下游 | 0.430 | 0.737 | 0.633 | 1.044 |
| 2018 | 上游 | 0.153 | 0.391 | 0.223 | 0.265 |
| | 中游 | 0.278 | 0.272 | 0.271 | 0.305 |
| | 下游 | 0.570 | 1.220 | 1.123 | 1.190 |
| 2019 | 上游 | 0.157 | 0.312 | 0.272 | 0.291 |
| | 中游 | 0.310 | 0.198 | 0.368 | 0.375 |
| | 下游 | 0.605 | 1.320 | 1.100 | 1.340 |

资料来源:根据《中国火炬统计年鉴》(2010~2019)、《中国科技统计年鉴》(2010~2019)、《中国高技术产业统计年鉴》(2010~2019)中的数据计算得到。

长江上游地区引进创新能力从 2010 年的 0.149 增长到 2019 年的 0.312,增长了 167.11%;中游地区从 2010 年的 0.063 增长到 2019 年的 0.198,增长了 214.29%;下游地区从 2010 年的 0.918 增长到 2019 年的 1.320,增长了 43.79%。从增速上看,长江中游地区的引进创新能力指数增长最快,引进创新能力指数最高。

从创新转化维度来看,长江上游地区从 2010 年的 0.149 增长到 2019 年的 0.272,增长了 82.55%;中游地区从 2010 年的 0.089 增长到 2019 年的 0.368,增长了 313.48%;下游地区从 2010 年的 1.23 下降到 2019 年的 1.10,下降幅度为 10.57%。从增速上看,长江中游地区的创新转化能力增长最快;长江下游地区的创新转化能力指数有所下降,但其创新转化能力指数仍然最高。

从创新产出维度来看，长江上游地区从 2010 年的 0.075 增长到 2019 年的 0.291，增长了 288%；中游地区从 0.047 增长到 0.375，增长了 697.82%；下游地区从 0.635 增长到 1.340，增长了 111.02%。从增速上看，长江中游地区的创新产出增长最快；长江下游地区的创新产出能力指数最高。

## 第二节　上中下游地区高新技术产业自主创新能力比较

2010～2019 年，长江上游地区的 R&D 经费内部支出占 GDP 比重从 0.01 增长到 0.04，增长了 3 倍；中游地区则从 0.02 增长到 0.08，增长了 4 倍；下游地区从 0.03 增长到 0.11，增长了 266.27%。可见，长江下游地区的 R&D 经费内部支出占 GDP 比重在上、中、下游地区最高。

长江上游地区的科技活动内部经费支出占 GDP 比重从 2010 年的 0.02 增长到 2019 年的 0.04，增长了 200%；中游地区从 2010 年的 0.02 增长到 2019 年的 0.06，增长了 300%；下游地区从 2010 年的 0.08 增长到 2019 年的 0.13，增长了 62.5%。从增速上看，长江中游地区在科技活动内部经费占 GDP 比重这一指标上的投入增长最快；从总量上看，长江下游地区在这一指标上的投入最高。

2010～2019 年，长江上游地区的专利授权量从 5.12 万件增长到 15.27 万件，增长了 198.63%；中游地区从 3.56 万件增长到 21.93 万件，增长了 516.01%；下游地区从 31.73 万件增长到 78.28 万件，增长了 146.71%。从增速上看，长江中游地区的专利授权量增长最快；从总量上看，长江下游地区的专利授权量在远高于长江上中游地区（见表 13－2）。

表 13－2　　2010～2019 年长江经济带上中下游自主创新的各指标变动情况

| 指标 | 地区 | 2010年 | 2011年 | 2012年 | 2013年 | 2014年 | 2015年 | 2016年 | 2017年 | 2018年 | 2019年 |
|------|------|--------|--------|--------|--------|--------|--------|--------|--------|--------|--------|
| R&D 经费内部支出占 GDP 比重（%） | 上游 | 0.01 | 0.01 | 0.01 | 0.02 | 0.02 | 0.02 | 0.02 | 0.02 | 0.04 | 0.04 |
| | 中游 | 0.02 | 0.02 | 0.02 | 0.04 | 0.03 | 0.03 | 0.04 | 0.04 | 0.07 | 0.08 |
| | 下游 | 0.03 | 0.03 | 0.03 | 0.04 | 0.04 | 0.05 | 0.05 | 0.05 | 0.10 | 0.11 |

续表

| 指标 | 地区 | 2010年 | 2011年 | 2012年 | 2013年 | 2014年 | 2015年 | 2016年 | 2017年 | 2018年 | 2019年 |
|------|------|--------|--------|--------|--------|--------|--------|--------|--------|--------|--------|
| 科技活动经费内部支出占GDP比重（％） | 上游 | 0.02 | 0.02 | 0.02 | 0.03 | 0.03 | 0.03 | 0.03 | 0.04 | 0.04 | 0.04 |
| | 中游 | 0.02 | 0.02 | 0.03 | 0.04 | 0.04 | 0.04 | 0.04 | 0.05 | 0.05 | 0.06 |
| | 下游 | 0.08 | 0.10 | 0.08 | 0.08 | 0.09 | 0.09 | 0.10 | 0.10 | 0.11 | 0.13 |
| 专利授权量（万件） | 上游 | 5.12 | 5.16 | 7.45 | 7.91 | 8.12 | 11.76 | 11.92 | 11.51 | 15.67 | 15.27 |
| | 中游 | 3.56 | 4.06 | 5.57 | 6.82 | 7.55 | 11.07 | 12.24 | 13.48 | 19.92 | 21.93 |
| | 下游 | 31.73 | 41.06 | 55.32 | 53.95 | 48.74 | 60.49 | 57.77 | 57.20 | 76.38 | 78.28 |

资料来源：根据《中国火炬统计年鉴》（2010～2019）、《中国科技统计年鉴》（2010～2019）、《中国高技术产业统计年鉴》（2010～2019）中的数据计算得到。

　　2010～2019年，长江下游地区在长江经济带的自主创新的各项指标均高于长江中上游地区3～10倍；在增速上，长江中游地区在自主创新能力的各项指标的年均增长率均高于长江上下游地区，其R&D经费内部支出占GDP的比重、科技活动经费内部支出、专利授权量在2010～2019年的年均增长率分别为16.7%、13%、22.4%。

　　2010年长江上、中、下游自主创新能力得分为0.060、0.114、0.342，长江下游比长江中游高出约3倍、比长江上游高出约5.7倍，长江中游比长江上游高出约1.9倍。到2019年，长江上、中、下游自主创新能力得分增加到0.157、0.310、0.605，长江下游比长江中游高出约1.95倍、比长江上游高出约3.9倍，长江中游比长江上游高出约1.97倍。

## 第三节　上中下游地区高新技术产业引进创新能力比较

　　2010～2019年，长江上游地区的技术引进经费支出从3.05亿元增长到4.79亿元，增长了57.05%；中游地区的技术引进经费支出在2013～2018分别为2.24亿元、2.44亿元、3.81亿元、2.83亿元、2.72亿元、3.87亿元，高于2010年的1.39亿元，其余年份均小于2010年，同比下降58.27%。下游地区的技术引进经费支出在2011～2014年分别为29.99亿元、24.49亿元、22.42亿元、25.69亿元，均大于2010年的20.22亿元，但其2015～2019年的技术引进经费支出均小于2010年，分别为

15.87 亿元、14.02 亿元、10.94 亿元、16.77 亿元、17.50 亿元，同比下降 13.45%。

　　长江上游地区的购买国内技术经费支出从 2010 年的 1.35 亿元增长到 2019 年的 5.94 亿元，增长了 340%；中游地区从 0.85 亿元增长到 3.17 亿元，增长了 272.94%；下游地区从 7.92 亿元增长到 23.63 亿元，增长了 198.36%。

　　长江上游地区的技术市场技术流向合同金额从 2010 年的 2.26 千亿元增长到 2019 年的 13.60 千亿元，增长了 501.77%；中游地区从 0.21 千亿元增长到 1.59 千亿元，增长了 657.14%；下游地区从 0.81 千亿元增长到 4.37 千亿元，增长了 439.51%。

　　长江上游地区的国外技术引进合同金额在 2010 年为 25.56 亿美元，2011~2018 年均高于 2010 年，2019 年为 11.52 亿美元，同比下降 54.93%；中游地区从 5.37 亿美元增长到 15.64 亿美元，增长了 191.25%；下游地区从 82.71 亿美元增长到 139.04 亿美元，增长了 68.11%（见表 13-3）。

表 13-3　　　　　2010~2019 年长江上中下游引进创新能力的各指标变动情况

| 指标 | 地区 | 2010年 | 2011年 | 2012年 | 2013年 | 2014年 | 2015年 | 2016年 | 2017年 | 2018年 | 2019年 |
|---|---|---|---|---|---|---|---|---|---|---|---|
| 技术引进经费支出（亿元） | 上游 | 3.05 | 1.61 | 14.80 | 1.70 | 1.24 | 1.11 | 2.35 | 1.90 | 2.61 | 4.79 |
| | 中游 | 1.39 | 0.86 | 0.48 | 2.24 | 2.44 | 3.81 | 2.83 | 2.72 | 3.87 | 0.58 |
| | 下游 | 20.22 | 29.99 | 24.49 | 22.42 | 25.69 | 15.87 | 14.02 | 10.94 | 16.77 | 17.50 |
| 购买国内技术经费支出（亿元） | 上游 | 1.35 | 1.87 | 1.92 | 2.37 | 2.05 | 2.51 | 3.33 | 6.05 | 4.87 | 5.94 |
| | 中游 | 0.85 | 0.92 | 1.25 | 1.38 | 10.89 | 2.17 | 1.05 | 1.94 | 4.38 | 3.17 |
| | 下游 | 7.92 | 7.59 | 8.05 | 10.58 | 13.75 | 12.85 | 10.58 | 7.89 | 26.04 | 23.63 |
| 技术市场技术流向合同金额（千亿元） | 上游 | 2.26 | 2.29 | 3.71 | 4.07 | 4.65 | 6.72 | 6.72 | 7.99 | 11.16 | 13.60 |
| | 中游 | 0.21 | 0.17 | 0.31 | 0.43 | 0.53 | 0.75 | 0.93 | 1.05 | 1.27 | 1.59 |
| | 下游 | 0.81 | 0.86 | 1.30 | 1.31 | 1.47 | 1.90 | 1.83 | 2.37 | 3.34 | 4.37 |
| 国外技术引进合同金额（亿美元） | 上游 | 25.56 | 40.29 | 90.92 | 51.98 | 43.19 | 14.16 | 38.27 | 54.54 | 59.33 | 11.52 |
| | 中游 | 5.37 | 9.77 | 13.54 | 13.56 | 9.03 | 14.17 | 18.05 | 24.08 | 22.51 | 15.64 |
| | 下游 | 82.71 | 103.61 | 156.79 | 158.93 | 96.81 | 107.61 | 86.97 | 113.42 | 107.93 | 139.04 |

资料来源：根据《中国科技统计年鉴》（2010~2019）、《中国高技术产业统计年鉴》（2010~2019）中的数据计算得到。

2010～2019 年，长江上游地区的引进创新指数从 0.149 增长到 0.312，增长了 109.4%；长江中游地区的引进创新指数从 0.063 增长到 0.198，增长了 214.3%；长江下游地区的引进创新指数从 0.918 增长到 1.320，增长了 43.8%。长江下游在引进创新的各项指标普遍远高于长江中上游地区，但增速最慢；长江中游地区的增速在长江上中下游中排名第一位。

## 第四节　上中下游地区高新技术产业创新转化能力比较

长江上游地区的技术改造经费支出从 2010 年的 38.73 亿元增长到 2019 年的 55.39 亿元，增长了 43.02%；2010～2019 年，中游地区从 15.86 亿元增长到 31.66 亿元，增长了 99.62%；下游地区从 24.41 亿元增长到 129.54 亿元，增长了 430.68%。

长江上游地区的消化吸收经费支出从 2010 年的 0.17 亿元增长到 2019 年的 0.29 亿元，增长了 70.59%；中游地区从 0.55 亿元增长到 1.59 亿元，增长了 189.09%；下游地区从 1.71 亿元增长到 5.93 亿元，增长了 246.78%。

长江上游地区的技术市场技术输出合同金额从 2010 年的 0.15 千亿元增长到 2019 年的 1.58 千亿元，增长了 953.33%；中游地区从 0.15 千亿元增长到 2.07 千亿元，增长了 1280%；下游地区从 0.79 千亿元增长到 4.23 千亿元，增长了 435.44（见表 13 - 4）。

表 13 - 4　　　　长江上中下游创新转化能力的各指标变动情况

| 指标 | 地区 | 2010年 | 2011年 | 2012年 | 2013年 | 2014年 | 2015年 | 2016年 | 2017年 | 2018年 | 2019年 |
|---|---|---|---|---|---|---|---|---|---|---|---|
| 技术改造经费支出（亿元） | 上游 | 38.73 | 27.15 | 24.57 | 24.86 | 29.93 | 34.71 | 26.10 | 50.65 | 46.69 | 55.39 |
| | 中游 | 15.86 | 27.71 | 38.91 | 45.92 | 43.59 | 64.04 | 50.24 | 44.41 | 28.69 | 31.66 |
| | 下游 | 24.41 | 138.66 | 172.85 | 159.96 | 136.58 | 142.54 | 139.84 | 120.06 | 140.64 | 129.54 |
| 消化吸收经费支出（亿元） | 上游 | 0.17 | 0.36 | 1.08 | 0.39 | 0.61 | 2.73 | 0.28 | 0.07 | 0.06 | 0.29 |
| | 中游 | 0.55 | 0.87 | 0.83 | 1.12 | 2.23 | 0.36 | 0.43 | 0.42 | 0.96 | 1.59 |
| | 下游 | 1.71 | 10.85 | 4.78 | 7.43 | 9.15 | 6.90 | 5.97 | 2.69 | 7.22 | 5.93 |

| 指标 | 地区 | 2010年 | 2011年 | 2012年 | 2013年 | 2014年 | 2015年 | 2016年 | 2017年 | 2018年 | 2019年 |
|------|------|--------|--------|--------|--------|--------|--------|--------|--------|--------|--------|
| 技术市场技术输出合同金额（千亿元） | 上游 | 0.15 | 0.16 | 0.22 | 0.30 | 0.42 | 0.42 | 0.53 | 0.62 | 1.45 | 1.58 |
| | 中游 | 0.15 | 0.20 | 0.28 | 0.52 | 0.73 | 0.96 | 1.09 | 1.33 | 1.60 | 2.07 |
| | 下游 | 0.79 | 0.95 | 1.09 | 1.27 | 1.39 | 1.53 | 1.83 | 2.16 | 3.13 | 4.23 |

资料来源：根据《中国科技统计年鉴》（2010～2019）、《中国高技术产业统计年鉴》（2010～2019）中的数据计算得到。

长江上游地区的创新转化能力从 2010 年的 0.149 增长到 2019 年的 0.272，增长了 82.55%；长江中游地区的创新转化能力从 2010 年的 0.089 增长到 2019 年的 0.368，增长了 313.48%；长江下游地区的创新转化能力在 2010 年为 1.23，2019 年为 1.10，增速放缓。长江经济带在创新转化维度的技术改造经费支出、消化吸收经费支出、技术市场技术输出合同金额三个指标上，长江下游地区在三个指标上的投入在 2010～2019 年普遍高于长江中上游地区。

## 第五节　上中下游地区高新技术产业创新产出能力比较

2010～2019 年，长江上游地区的产品销售收入占营业收入的比重从 0.11 增长到 0.47，增长了 327.27%；中游地区从 0.03 增长到 0.33，增长了 1000%；下游地区从 0.13 增长到 0.46，增长了 253.85%。

长江上游地区的出口创汇从 2010 年的 0.40 千亿元增长到 2019 年的 1.45 千亿元，增长了 262.5%；2010～2019 年，中游地区从 0.48 千亿元增长到 3.23 千亿元，增长了 572.92%；下游地区从 9.37 千亿元增长到 18.42 千亿元，增长了 96.58%。

长江上游地区的新产品开发项目从 2010 年的 3.97 千项增长到 2019 年的 11.95 千项，增长了 201.01%；中游地区从 2.27 千项增长到 13.7 千项，增长了 503.52%；下游地区从 10.74 千项增长到 46.8 千项，增长了 335.75%。

长江上游的新产品开发经费支出从 2010 年的 57.8 亿元增长到 281.83 亿元，增长了 387.60%；中游地区从 48.91 亿元增长到 442.03 亿元，增长了 803.76%；下游地区从 342.28 亿元增长到 1459.74 亿元，增长了 326.48%（见表 13 - 5）。

表 13 - 5　　　　　长江上中下游创新产出能力的各指标变动情况

| 指标 | 地区 | 2010 年 | 2011 年 | 2012 年 | 2013 年 | 2014 年 | 2015 年 | 2016 年 | 2017 年 | 2018 年 | 2019 年 |
|---|---|---|---|---|---|---|---|---|---|---|---|
| 产品销售收入占营业收入 | 上游 | 0.11 | 0.19 | 0.11 | 0.19 | 0.22 | 0.34 | 0.30 | 0.37 | 0.44 | 0.47 |
| | 中游 | 0.03 | 0.02 | 0.03 | 0.10 | 0.16 | 0.19 | 0.22 | 0.27 | 0.31 | 0.33 |
| | 下游 | 0.13 | 0.12 | 0.14 | 0.18 | 0.27 | 0.32 | 0.36 | 0.41 | 0.44 | 0.46 |
| 出口创汇（千亿元） | 上游 | 0.40 | 0.49 | 0.83 | 1.57 | 1.63 | 1.23 | 0.96 | 1.14 | 1.30 | 1.45 |
| | 中游 | 0.48 | 0.72 | 1.06 | 1.21 | 1.43 | 1.75 | 1.89 | 2.44 | 2.70 | 3.23 |
| | 下游 | 9.37 | 11.46 | 11.25 | 12.69 | 12.94 | 12.23 | 12.24 | 14.35 | 17.03 | 18.42 |
| 新产品开发项目（千项） | 上游 | 3.97 | 6.99 | 8.06 | 8.54 | 9.49 | 5.24 | 6.46 | 8.07 | 9.74 | 11.95 |
| | 中游 | 2.27 | 3.90 | 4.30 | 4.99 | 5.94 | 5.03 | 6.45 | 8.14 | 10.31 | 13.70 |
| | 下游 | 10.74 | 20.46 | 25.62 | 28.58 | 30.05 | 28.43 | 32.05 | 35.66 | 40.26 | 46.80 |
| 新产品开发经费支出（亿元） | 上游 | 57.80 | 90.06 | 106.70 | 127.88 | 139.28 | 152.46 | 200.01 | 225.99 | 276.73 | 281.83 |
| | 中游 | 48.91 | 94.83 | 110.50 | 149.78 | 173.13 | 191.40 | 233.47 | 269.02 | 348.62 | 442.03 |
| | 下游 | 342.28 | 550.36 | 706.62 | 732.97 | 821.94 | 852.41 | 990.71 | 1124.01 | 1253.89 | 1459.74 |

资料来源：根据《中国火炬统计年鉴》（2010～2019）、《中国科技统计年鉴》（2010～2019）、《中国高技术产业统计年鉴》（2010～2019）中的数据计算得到。

长江上游地区的创新产出能力指数从 2010 年的 0.075 增长到 2019 年的 0.291，增长了 288%；长江中游地区的创新产出能力指数从 2010 年的 0.047 增长到 2019 年的 0.375，增长了 697.87%；长江下游地区的创新产出能力指数从 2010 年的 0.635 增长到 2019 年的 1.34，增长了 111.02%。

# 第十四章 长江经济带11省市高新
技术产业创新能力比较

2010~2019年长江经济带的创新能力指数在时间上呈现逐年递增的趋势，长江经济带各省份的创新能力指数也呈现波动上升的趋势。其中，江苏省的总体创新能力指数前九年连续最高，其次为上海市连续九年排名第二，直至2019年，上海、江苏、浙江、四川位列前四位。由此看出，总体而言长江经济带上游地区整体创新能力最强，长江中游地区次之，长江下游地区稍逊（见表14-1）。

表14-1　　　　2010~2019年长江经济带11省市创新能力指数变化

| 地区 | 2010年 | 2011年 | 2012年 | 2013年 | 2014年 | 2015年 | 2016年 | 2017年 | 2018年 | 2019年 | 年均增长率（%） |
|---|---|---|---|---|---|---|---|---|---|---|---|
| 江苏 | 0.0073 | 0.0174 | 0.0155 | 0.0160 | 0.0162 | 0.0146 | 0.0143 | 0.0131 | 0.0153 | 0.0146 | 8 |
| 浙江 | 0.0022 | 0.0046 | 0.0051 | 0.0066 | 0.0062 | 0.0056 | 0.0056 | 0.0060 | 0.0082 | 0.0092 | 17 |
| 上海 | 0.0054 | 0.0076 | 0.0068 | 0.0077 | 0.0092 | 0.0086 | 0.0072 | 0.0069 | 0.0131 | 0.0162 | 13 |
| 安徽 | 0.0018 | 0.0017 | 0.0013 | 0.0018 | 0.0018 | 0.0021 | 0.0027 | 0.0024 | 0.0044 | 0.0036 | 8 |
| 湖北 | 0.0007 | 0.0012 | 0.0020 | 0.0028 | 0.0042 | 0.0036 | 0.0038 | 0.0042 | 0.0045 | 0.0048 | 24 |
| 湖南 | 0.0016 | 0.0018 | 0.0017 | 0.0021 | 0.0023 | 0.0023 | 0.0025 | 0.0030 | 0.0044 | 0.0049 | 13 |
| 江西 | 0.0008 | 0.0011 | 0.0013 | 0.0014 | 0.0029 | 0.0015 | 0.0014 | 0.0016 | 0.0023 | 0.0028 | 15 |
| 重庆 | 0.0013 | 0.0017 | 0.0030 | 0.0023 | 0.0022 | 0.0016 | 0.0024 | 0.0028 | 0.0035 | 0.0023 | 7 |
| 四川 | 0.0019 | 0.0019 | 0.0045 | 0.0029 | 0.0029 | 0.0026 | 0.0028 | 0.0039 | 0.0045 | 0.0057 | 13 |
| 贵州 | 0.0004 | 0.0005 | 0.0008 | 0.0005 | 0.0006 | 0.0007 | 0.008 | 0.0009 | 0.0013 | 0.0014 | 15 |
| 云南 | 0.0003 | 0.0004 | 0.0005 | 0.0005 | 0.0006 | 0.0027 | 0.008 | 0.0009 | 0.0010 | 0.0009 | 13 |

注：此为原始指数，后面将所有指数乘以$10^2$，并不影响指数之间的关系，以方便作图展示。

本报告将四个系统层划分为投入与产出两个大方向，其中创新投入方向包含的系统层有自主创新、引进创新。其中，创新产出方面有创新转化、创新产出，为避免混淆概念，本报告对系统层的创新转化及创新产出作出界定，创新转化指的是创新投入后转化为新技术。创新产出是指创新投入后转化为新产品，两个系统层共同构成了创新产出方面。即本报告构建了自主创新与引进创新、创新转化与创新产出的二维坐标，通过根据长江经济带 11 个省份四个系统层的平均得分画出散点图，以此评估分析各省份在两个方向上的具体得分。

## 第一节　江苏省的高新技术产业创新能力指数

2011 年江苏省的创新能力综合指数为 1.74，比 2010 年的 0.73 增长了 138.36%，2012 年略微下降至 1.55，此后江苏的创新能力指数波动不大，因此综合指数在 2011～2019 年较为平缓。

相比于引进创新、创新转化、创新产出，江苏省在 2010～2019 年的自主创新能力指数对综合创新指数的贡献最小；2010 年、2012 年、2014～2015 年对综合指数贡献最高的是引进创新能力指数；2011 年、2013 年对综合指数贡献最高的是创新转化能力指数，2017～2019 年贡献最高的是创新产出。具体结果如图 14-1 所示。

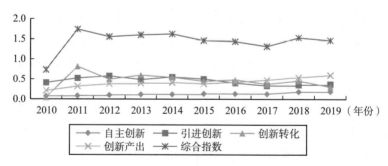

图 14-1　2010～2019 年江苏省创新能力综合指数及各维度得分情况

在长江经济带 11 个省份中，江苏省从 2010～2018 年的创新能力综合指数均为最高，在 2019 年被上海市超越，排名第二位。在创新投入方面，江苏省的自主创新能力指数和引进创新能力指数均高于长江经济带平均水平。在创新产出方面，2010 年，江苏省的创新转化能力低于长江经济带平均水平，创新产出略高于长江经济带平均水平；2011～2019 年，江苏省的创新产出水平在两个维度上均远高于长江经济带平均水平。

在创新投入方面，江苏省自主创新与引进创新水平均高于长江经济带11省市平均水平，其自主创新能力得分从2010年的0.07增长到2019年的0.19，年均增长率为11%。同期，江苏引进创新能力从0.41下降到0.37，下降了1%。江苏省的自主创新能力指数仅次于上海市，稳居第二位。引进创新能力指数在2010~2017年均高居榜首，2018~2019年，由于增速放缓，被上海市超越，退居第二位。

在创新产出方面，江苏省创新转化能力得分从2010年的0.04增长到2019年的0.30，年均增长率为25%，增速排名第三位，位于湖北省、浙江省之后。江苏省的创新产出能力的得分从2010年的0.21增长到2019年的0.60，年均增长率为12%。江苏省的创新产出能力的得分遥遥领先，在2010~2019年一直位居榜首，所以即便其增速仅高于贵州省、上海市，也能够保持在创新产出能力指数上远超其他省市（见图14-2）。

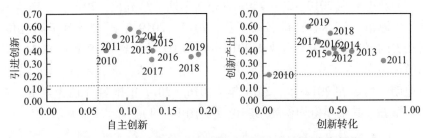

**图14-2 2010~2019年江苏省创新投入与创新产出得分**

## 第二节 浙江省的高新技术产业创新能力指数

2010年浙江省的创新能力综合指数为0.22，2019年达到0.92，增长了318.18%，2013~2017年虽有轻微下滑，但总体上看，浙江省的综合指数在2010~2019年呈现上升趋势。

2010年、2013年浙江省的引进创新能力指数对综合创新指数的贡献最大；2011~2012年和2014年对综合指数贡献最高的是创新转化能力指数；2015~2019年贡献最高的是创新产出（见图14-3）。

从2010~2019年，浙江省的综合创新能力在长江经济带11省市中连续10年排名第三位，综合创新能力从2010年的0.022增长到2019年的0.092，年均增长率17%，增速仅次于湖北省，位列第二位。

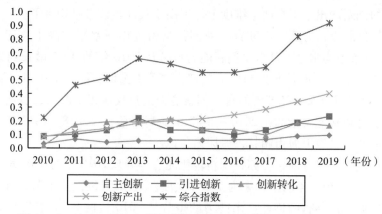

**图 14 – 3　2010～2019 年浙江省创新能力综合指数及各维度得分情况**

在创新投入方面，浙江省的自主创新能力指数从 2010 年的 0.03 增长到 2019 年的 0.10，年均增长率为 13.34%，增速位列第五位。浙江省的自主创新得分在 2010～2014 年一直处在第四、第五位，2015～2016 年仅次于上海市、江苏省，排名第三位，2017～2019 年再次滑落至第五位。浙江省的引进创新能力指数从 2010 年的 0.09 增长到 2019 年的 0.24，年均增长率为 11.92%，增速排名第六位。由于增速排名并不高，浙江省的引进创新指数在 2012 年、2014 年、2016～2017 年排名分别为第五、第四、第五，其余年份均位列第三位（见图 14 – 4）。

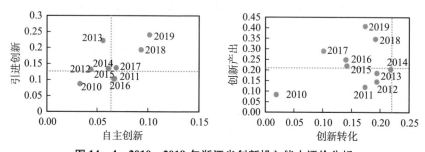

**图 14 – 4　2010～2019 年浙江省创新投入能力评价分析**

## 第三节　上海市的高新技术产业创新能力指数

2010～2017 年，上海市的创新能力综合指数波动较为平缓，而在 2018 年，上海市的创新能力综合指数从 2017 年的 0.69 增长到 2018 年的

1.31，增长了 89.86%，也因此上海市在 2019 年的创新能力综合指数在 2010 ~ 2019 年间首次超过江苏省，位居榜首。2010 ~ 2013 年、2016 ~ 2019 年对上海市创新能力综合指数贡献最大的是引进创新能力指数，2014 ~ 2015 年贡献最大的是创新转化能力指数（见图 14 - 5）。

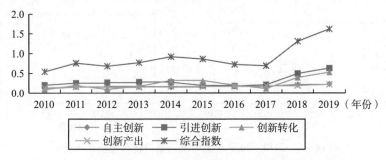

**图 14 - 5 2010 ~ 2019 年上海市创新能力综合指数及各维度得分**

上海市的创新能力综合指数从 2010 年的 0.054 增长到 2019 年的 0.162，年均增长率为 13%，增速排名第六位。上海市的创新能力综合指数在 2010 ~ 2018 年均仅次于江苏省，位列第二位。2019 年超越江苏，位居榜首。在创新投入方面，上海市的自主创新能力指数和引进创新能力指数均高于长江经济带平均水平。在创新产出方面，上海市在 2010 ~ 2013 年、2016 ~ 2017 年均低于长江经济带平均水平，2014 ~ 2015 年、2018 年上海市的创新转化高于长江经济带平均水平，创新产出仍低于长江经济带平均水平，2019 年上海市创新产出方面的创新转化维度和创新产出维度均高于长江经济带平均水平。

上海市的自主创新能力得分从 2010 年的 0.12 上升到 2019 年的 0.24，年均增长率为 8.33%。上海市的自主创新能力得分在 2010 ~ 2019 年一直高居榜首。上海市的引进创新得分从 2010 年的 0.20 增长到 2019 年的 0.63，年均增长率为 13.53%，2010 ~ 2011 年，上海市的引进创新能力得分仅次于江苏省，2012 年被四川省超越，2013 ~ 2017 年，上海市的引进创新能力得分再次回到第二位，2018 ~ 2019 年超越江苏，跃居第一位。上海市的自主创新和引进创新维度得分在 2010 ~ 2019 年都处于高水平。

上海市的创新转化能力得分从 2010 年的 0.09 增长到 2019 年的 0.53，年均增长率为 21.68%，增速排名第五位。上海市的创新转化能力得分在 2014 ~ 2015 年、2018 ~ 2019 年分别为 0.322、0.318、0.397、0.528，高于长江经济带平均水平 0.22。上海市的创新产出能力得分从 2010 年的 0.13，到 2019 年降为 0.058，年均增长率为 5.85%。2010~2012 年，上海市的创新产出得分仅次于江苏，2013~2019 年被浙江省超越，退居第三位（见图 14 - 6）。

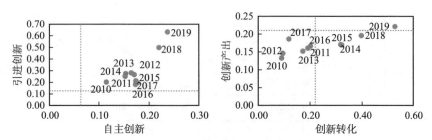

图 14 - 6　2010~2019 年上海市创新转化和创新产出得分

## 第四节　安徽省的高新技术产业创新能力指数

安徽省的创新能力综合指数在 2010~2012 年有所下滑，2012~2016 年波动上升，2019 年为 0.36。2010~2011 年对安徽省创新能力综合指数贡献最大的是创新转化能力指数，2012~2017 年、2019 年创新产出能力指数的贡献最大，2018 年对综合能力指数贡献最大的是引进创新能力指数（见图 14 - 7）。

图 14 - 7　2010~2019 年安徽省创新能力综合指数及各维度得分

安徽省的创新能力综合指数从 2010 年的 0.018 增长到 2019 年的 0.036，年均增长率为 8%。安徽省的创新投入水平在 2010~2017 年均处于长江经济带平均水平之下；2018 年安徽省在自主创新和引进创新两个维度的得分均提高到高于长江经济带平均水平；2019 年，安徽省的创新投入方面的得分为自主创新导向型。安徽省的创新产出方面的水平，在 2010 ~ 2019 年的创新转化和创新产出两个维度均低于长江经济带平均水平。

安徽省自主创新能力指数从 2010 年的 0.03 增长到 2019 年的 0.08，年均增长率为 10.63%，增速高于上海市、云南省、湖南省。安徽省的引进创新能力指数从 2010 年的 0.02 增长到 2019 年的 0.08，其中 2018 年引进创新能力指数最高，为 0.18。

在创新产出方面，从创新转化能力指数来看，安徽省的创新转化指数在 2010 年为 0.102，2019 年为 0.094，年均增长率下降 0.94%，其增速排名末位。安徽省 2010 年的创新转化能力得分位居长江经济带第一，此后排名明显下降。再从创新产出能力指数来看。安徽省的创新产出能力的得分从 2010 年的 0.026 增长到 2019 年的 0.176，年均增长率为 17.61%。2010 ~ 2012 年，安徽省的创新产出能力的得分在江苏省、上海市、浙江省、四川省之后，位列第五位；2019 年排名第七位（见图 14 - 8）。

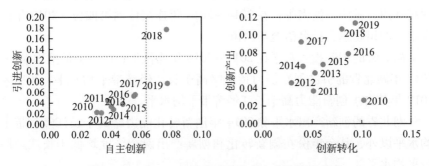

图 14 - 8 2010 ~ 2019 年安徽省投入创新能力得分

## 第五节 湖北省的高新技术产业创新能力指数

2010 ~ 2019 年，湖北省的创新能力综合指数整体呈上升趋势。其中，2010 ~ 2014 年一直处于上升趋势，从 0.07 增长到 0.42，2015 年下滑至 0.36，并在 2015 ~ 2019 年缓慢上升至 2019 年的 0.48。2010 年、2019 年对湖北省综合能力指数的贡献最大的是创新产出能力指数，2011 ~ 2014 年贡献最大的是创新转化能力指数，特别是在 2014 年，湖北省的创新转化能力指数达到了 0.22，占这一年综合指数 0.42 的 52.38%，对综合能力指数产生非常大的影响。2015 ~ 2017 年贡献最大的是引进创新能力指数，2018～2019 年，创新转化和创新产出能力指数对综合指数的贡献几乎是一样的（见图 14-9）。

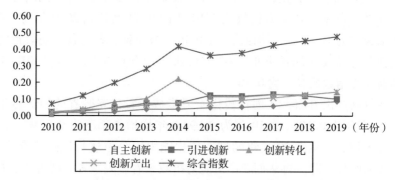

图 14-9　2010～2019 年湖北省创新能力综合指数及各维度得分

湖北省的创新能力综合指数从 2010 年的 0.007 增长到 2019 年的 0.048，年均增长率为 24%，增速排名第一。创新能力综合指数排名逐渐超越江西、重庆、湖南等，在 2014～2018 年连续位列第四位，2019 年被湖南、四川超越，排名落至第六位。

湖北省的创新投入水平在 2010～2016 年均低于长江经济带平均水平；2017 年湖北省的引进创新能力指数略高于长江经济带平均水平；2018～2019 年其自主创新能力高于长江经济带平均水平。

湖北省的创新产出水平除 2014 年创新转化能力略高于长江经济带平均水平以外，其余年份在创新转化和创新产出两个维度均低于长江经济带平均水平。

湖北省的自主创新能力指数从 2010 年的 0.018 增长到 2019 年的 0.087，年均增长率 18.86%，增长速度位列第一位，但其自主创新能力指数在 2010～2019 年均在第六、第七、第八位之间徘徊。湖北省的引进创新指数从 2010 年的 0.021 增长到 2019 年的 0.101，年均增长率 19.1%，增速排名第二位，其引进创新指数 2010～2019 年，排名在第四至第八位之间波动。

在创新产出方面，从创新转化维度来看，湖北省的创新转化从 2010 年的 0.009 上升至 2019 年的 0.144，年均增长率 36.24%。湖北省的四个维度的年均增长率均位居前列，但由于本身各维度的创新能力指数并不高，使得湖北省的创新投入与产出两方面仍处于较低水平。

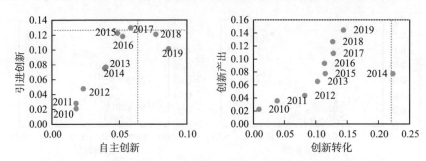

图 14 - 10　2010~2019 年湖北省创新投入与创新产出的评价与分析

## 第六节　湖南省的高新技术产业创新能力指数

湖南省在 2010~2019 年的创新能力综合指数呈现稳步上升的趋势。2010 年自主创新能力和创新转化能力对湖南省的创新能力综合指数的贡献几乎是相同的，2011~2012 年贡献最大的是自主创新能力指数，2013~2019 年贡献最大的是创新转化能力指数（见图 14 - 11）。

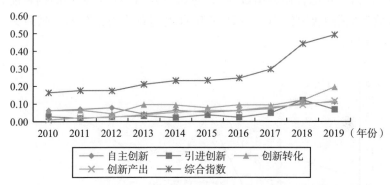

图 14 - 11　2010~2019 年湖南省创新能力综合指数及各维度得分

湖南省的创新能力综合指数从 2010 年的 0.016 增长到 2019 年的 0.049，年均增长率为 13%，增速位列第五位。湖南省的自主创新能力指数从 2011 年的 0.06 增长到 2019 年的 0.11，年均增长率为 6.61%。湖南省的引进创新能力指数从 2010 年的 0.03 增长到 2019 年的 0.07，年均增长率为 10.45%。湖南省的创新转化能力指数从 2010 年的 0.064 增长到 2019 年的 0.195，年均增长率为 13.3%（见图 14 - 12）。

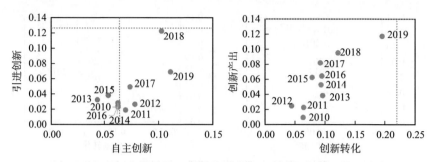

**图 14 – 12　2010～2019 年湖南省创新投入与创新产出的评价分析**

## 第七节　江西省的高新技术产业创新能力指数

江西省的创新能力综合指数 2010～2013 年平缓上升，2014 年从 2013的 0.14 增加至 0.29，2015 年下滑至 0.15，2015～2019 年稳步上升，2019年为 0.28。2010 年创新转化能力指数对综合指数的贡献最高，2011～2013年贡献最高的是自主创新能力指数，2014 年引进创新能力指数贡献最高，为 0.2，占当年综合创新指数 0.29 的 68.97%，对 2014 年的创新能力综合指数产生很大影响，2015～2019 年自主创新能力指数的贡献最大（见图 14 – 13）。

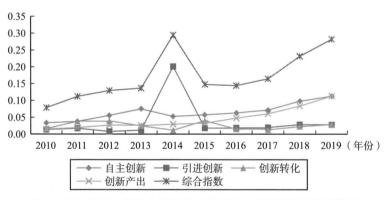

**图 14 – 13　2010～2019 年江西省创新能力综合指数及各维度得分**

江西省的创新能力指数从 2010 年的 0.008 增长到 2019 年的 0.028，年均增长率为 15%，增速位列第三位。

在创新投入方面，从自主创新维度来看，江西省的自主创新指数从2010 年的 0.03 增长到 2019 年的 0.11，年均增长率为 14.4%，增速仅次于湖北,排名第二位。从引进创新维度来看,江西省的引进创新从 2010 年的 0.013,增长到 2019 年的 0.028,年均增长率为 8.32%。在创新产出方面,江西省的创新转化指数从 2010 年的 0.016 增长到 2019 年的 0.028,年均增长率为 6.38%。江西省的创新产出能力从 2010 年的 0.015 增长到 2019 年的 0.251,年均增长率为 25.05%,增速排名仅次于湖南省,位居第二位(见图 14 - 14)。

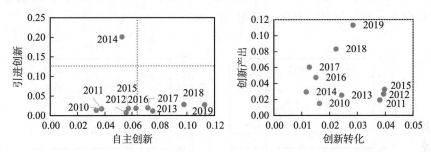

**图 14 - 14 2010 ~ 2019 年江西省创新投入与创新产出的评价分析**

## 第八节 重庆市的高新技术产业创新能力指数

重庆市的创新能力综合指数在 2010 ~ 2019 年的大体趋势与引进创新能力指数的趋势几乎一致,可以说是引进创新能力指数支撑起了重庆市的创新能力综合指数。2010 ~ 2018 年对重庆市创新能力综合指数贡献最大的是引进创新能力指数,2019 年创新产出超过引进创新能力指数,对重庆市综合指数的贡献最大(见图 14 - 15)。

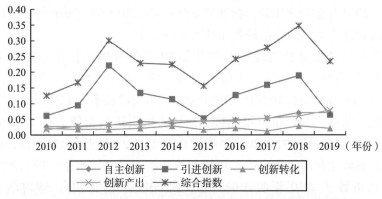

**图 14 - 15 2010 ~ 2019 年重庆市创新能力综合指数及各维度得分**

重庆市的创新能力综合指数从 2010 年的 0.013 增长到 2019 年的 0.023，年均增长率为 7%。在创新投入方面，重庆市的自主创新能力指数从 2010 年的 0.03 增长到 2019 年的 0.07，年均增长率为 11.64%。重庆市的引进创新能力在 2010 年与 2019 年并无太大差别，分别为 0.061 和 0.064，年均增长率为 0.52%。在创新产出方面，重庆市的创新转化能力指数在 2010 年和 2019 年变化微小，年均增长率放缓 0.25%。重庆市的创新产出能力指数从 2010 年的 0.017 增长到 2019 年的 0.187，增长了 18.67%，增速排名第五位（见图 14 - 16）。

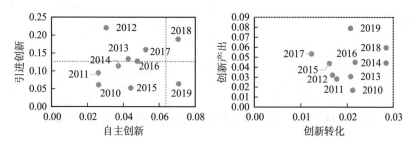

图 14 - 16　2010～2019 年重庆市创新投入与创新产出指数的评价分析

## 第九节　四川省的高新技术产业创新能力指数

四川省的创新能力综合指数从 2010 年的 0.19 增长为 2019 年的 0.57。2010～2012 年、2017 年、2019 年对综合指数贡献最大的是引进创新能力指数，2012 年四川省的引进创新能力指数为 0.28，占 2012 年综合指数 0.45 的 62.22%，对 2012 年四川省的综合创新能力指数产生很大影响。2013～2014 年创新产出能力指数的贡献最大，2015 年、2016 年、2018 年创新转化能力指数的贡献最大（见图 14 - 17）。

四川省的创新能力综合指数从 2010 年的 0.019 增长到 2019 年的 0.057，年均增长率 13%。在创新投入方面，四川省的自主创新能力从 2010 年的 0.009 增长到 2019 年的 0.029，年均增长率为 14%，增速排名在湖北、江西之后，位列第三位。四川省的引进创新能力从 2010 年的 0.08 增长到 2019 年的 0.20，年均增长率 11%，在创新产出方面，四川省的创新转化和创新产出能力均低于长江经济带平均水平。四川省的创新转化指数从 2010 年的 0.065 增长到 2019 年的 0.125，年均增长率 12.55%，增速排名第八位。四川省的创新产出指数从 2010 年的 0.034 增长到 2019 年的 0.178，增长了 17.78%，增速位列第六位。其创新产出能力指数在 2010～2019 年始终保持在第四位，在江苏、上海、浙江之后（见图 14－18）。

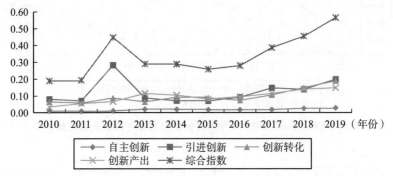

**图 14－17 2010～2019 年四川省创新能力综合指数及各维度得分**

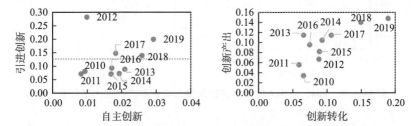

**图 14－18 2010～2019 年四川省创新投入与创新产出能力指数的评价分析**

## 第十节 贵州省的高新技术产业创新能力指数

贵州省的创新能力综合指数从 2010 年的 0.04 增长为 2019 年的 0.14。2010～2011 年、2013～2015 年、2017 年对创新能力综合指数的贡献最大的是创新产出能力指数，2012 年、2019 年贡献最大的是创新转化能力指数，2016 年、2018 年贡献最大的是引进创新能力指数（见图 14－19）。

在创新投入方面，贵州省的自主创新能力从 2010 年的 0.009 增长到 2019 年的 0.029，年均增长率为 13%，引进创新能力从 2010 年的 0.002 增长到 2019 年的 0.030，年均增长率为 38%，其引进创新能力指数的年均增长率最快。在创新产出方面，贵州省的创新转化能力从 2010 年的 0.012 增长到 2019 年的 0.047，年均增长率为 16%，同比之下，贵州省创新产出能力从 0.015 增长到 0.036，年均增长率为 10%（见图 14－20）。

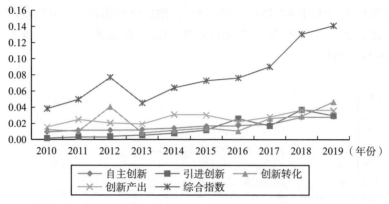

图 14 – 19　2010～2019 年贵州省创新能力综合指数及各维度得分

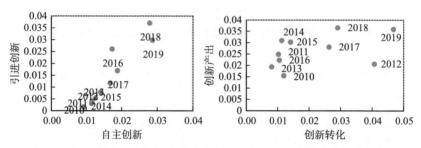

图 14 – 20　2010～2019 年贵州省创新投入与创新产出能力的评价分析

## 第十一节　云南省的高新技术产业创新能力指数

云南省的创新能力指数从 2010 年的 0.003 增长到 2019 年的 0.009，年均增长率为 13%。四个维度的指数相较于其他省市都比较低，因此导致云南省综合指数不高。2010～2014 年、2016 年对综合指数贡献最高的是自主创新能力指数，2015 年贡献最高的是创新转化能力指数。2016～2019 年，自主创新能力指数和创新产出指数对综合指数的贡献几乎相等（见图 14 – 21）。

云南省在创新投入方面，自主创新能力指数从 2010 年的 0.015 增长到 2019 年的 0.028，年均增长率为 7%，引进创新指数从 2010 年的 0.005 增长到 2019 年的 0.020，年均增长率为 16%。在创新产出方面，创新转化能力指数从 2010 年的 0.002 增长到 2019 年的 0.015，年均增长率为 24%，创新产出能力从 2010 年的 0.008 增长到 2019 年的 0.029，年均增长率为 14%（见图 14 – 22）。

图 14 – 21　2010 ~ 2019 年云南省创新能力综合指数及各维度得分

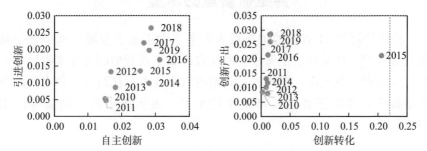

图 14 – 22　2010 ~ 2019 年云南省创新投入与创新产出评价分析

# 第十五章　长江经济带高新技术产业创新能力的区域不平衡特征

## 第一节　长江经济带11省市高新技术产业创新能力类型

长江经济带11省市的创新投入水平集中于第三象限，其中属于双高型的省市有江苏省、上海市、浙江省；属于双低型的有安徽省、湖北省、四川省、重庆市、贵州省、云南省六个省市；江西省、湖南省的自主创新指数略高于长江经济带平均水平，因而属于自主创新导向型（见图15-1）。

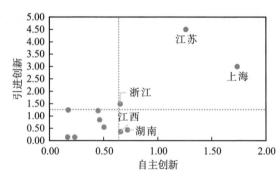

图15-1　2010~2019年长江经济带各省市创新投入指数评价分析

长江经济带11个省市的创新产出水平并没有很明显地偏向于创新转化或创新产出维度，较为集中于第三象限（见图15-2）。江苏省、浙江省和上海市的创新转化和创新产出能力得分均高于长江经济带平均水平，而安徽省、重庆市、贵州省、四川省、云南省、湖北省、湖南省和江西省的创新转化和创新产出能力的得分均低于长江经济带平均水平，可以看出，江苏省的创新产出水平远远高于长江经济带平均水平，创新能力指数长期位居榜首，2019年被上海市超越，退居第二位。

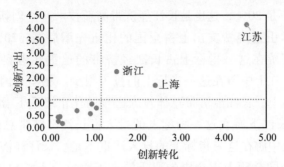

图 15－2　2010～2019 年长江经济带各省市创新产出指数评价分析

## 第二节　长江经济带高新技术产业创新能力的区域不平衡问题

### 一、长江经济带高新技术产业创新能力偏低且与全国差距逐步扩大

长江经济带横跨东中西三个地域，核心区域是以上海为核心的长三角城市群、以成渝为核心的城市群以及以武汉为核心的城市群，但通过分析发现，除长三角城市群的省市创新能力名列前茅，其他省市创新能力均位于中下水平，区域发展有很大差距。

从自主创新维度来看，长江经济带整体投入占全国比重在 2019 年不足 40%。2019 年长江经济带在 R&D 经费内部支出占 GDP 比重这一指标上，占全国的比重较高，超过 70%，2010～2019 年长江经济带整体在这项指标上的投入也呈上升趋势；长江经济带的科技活动内部经费支出占 GDP 比重这一指标，占全国的比重呈现先上升后下降的趋势，除长江中游在这一指标上占长江经济带总体比重上升，长江上下游占比均呈现下降趋势；长江经济带专利授权量占全国比重呈现下降趋势，从原来的占比接近 60% 到 2019 年的占比不足 50%，在这一指标上，长江上中游占长江经济带的比重逐年升高，长江下游占比呈现下降趋势。

从各项指标的绝对量看，长江下游占长江经济带的绝大部分，但在 2010～2019 年长江下游在各项指标的占比均有所下滑，其带动作用明显下降；长江中游在各项指标的比重相对来说有较大的提升，但相比于长江下游其总量上的基础薄弱，其较快的增长速度在短时间内也无法追赶。

在引进创新维度，长江经济带整体投入占全国比重下滑趋势显著，

2019 年占比不足 20%，这也是长江经济带高新技术产业创新能力偏低的原因。在技术引进经费支出上占全国的比重先增后减，2019 年仅约占 20%；长江下游在这一指标上占长江经济带的比重在考察期间均占到 70% 以上，长江上中游在这一指标上的投入很少。在购买国内技术经费支出这一指标上，长江经济带总体投入占全国比重严重下滑，2019 年仅约占 11%，长江下游在这一指标上的投入占长江经济带总体的 70% ~ 80%，长江上中游在这一指标上的投入严重不足。长江经济带在技术市场技术流向合同金额上占全国的比重波动不大，投入相较于全国较少，占比约 39%，长江上中下游占长江经济带的比重分配约为 2∶2∶6；长江经济带的国外技术引进合同金额占全国比重 53% 左右，长江下游占比 60% ~ 80%，长江上游占比 20% ~ 30%，长江中游占比 10% 左右，总体呈现先增后降的趋势。

从各项指标占比得出，长江经济带在引进创新维度上的投入不足，并且大部分投入来源于长江下游，在这一维度上投入的不足制约着长江经济带创新能力的发展。

在创新转化维度，长江经济带整体占全国比重先增后降，考察期间平均占比约 50%。长江经济带的技术改造经费支出占全国比重下滑较大，2019 年仅占约 26%，长江下游占长江经济带比重先增后降，平均占比约 60%，长江中下游占比均呈下滑趋势，平均占比均在 19% 左右；长江经济带的消化吸收经费支出占全国比重呈现上升趋势，2019 年占比约 77%，其中，长江下游占长江经济带的比重最大，平均占比 80%，中游次之，下游最小。长江经济带的技术市场技术输出合同金额占全国比重约为 31%。长江下游占长江经济带整体比重下降，2019 年约 54%，长江中游占比先上升后下降，平均占比 25%，长江下游占比呈上升趋势，平均占比 16%。

从各项指标的绝对量看依旧是长江下游占比最大，但呈现下滑趋势，长江中上游上升幅度不大。

在创新产出维度，长江经济带整体占全国比重波动不大，考察期间平均占比约 44%。长江经济带的产品销售收入占营业收入比重这一指标占全国比重逐年提升，但总量不大，2019 年仅占比约 37%，在这一指标上，长江上下游占长江经济带的平均比重相差无几，均在 40% 左右，但长江上游呈现上升趋势，而长江下游呈现下降趋势，与此同时，长江中游在这项指标上的占比增长最快，增长趋势最为明显，相比于 2010 年的

9.9%，其在 2019 年占比达约 20%。长江经济带在出口总额这一指标上占全国比重呈现下降趋势，2019 年占比约 47%，长江下游在这一指标上的贡献非常大，占到了 80% ~ 90%，且波动趋势不大，相比之下，长江上中游虽然呈现小幅上升趋势，但在绝对量上远远不足。长江经济带的新产品开发项目占全国的比重呈现波动上升趋势，考察期内平均占比46%。长江下游波动不大，考察期间在长江经济带平均占比约 67%，长江中游小幅度上升，平均占比 14%，长江上游小幅度下降，平均占比18%。长江经济带的新产品开发经费支出占全国比重呈现小幅下降趋势，2019 年占比约 40%，长江下游也呈现下降趋势，2019 年占长江经济带比重约 67%，长江中游则呈现上升趋势，2019 年占比约 20%，长江上游变化不大，考察期内平均占比约 13%。

从各项指标的变化来看，长江下游的贡献最大，且总体上没有太大波动，但长江中上游在各项指标的绝对量相对来说都比较少，增幅小，总体来看缺乏增长动力，创新能力发展不充分。

综上所述，长江经济带高新技术产业创新能力对全国贡献最大的是创新转化能力，其次是创新产出和自主创新能力，最后是引进创新能力。可见，一是长江经济带的引进创新能力不足，影响了长江经济带总体水平；二是长江经济带高新技术产业创新能力对长江下游的依赖程度较高，而总体上长江下游在考察期间的增速放缓，个别指标出现年均增长率负值情况，导致其带动作用逐渐减弱；三是长江中上游的创新能力增长速度跟不上全国增长水平，加之原本的创新能力基础薄弱，个别指标投入明显不足，总体上与长江下游和全国总体水平相比差距过大；所有因素使得整个长江经济带高新技术产业创新能力不足，并逐渐与全国拉开差距（见图 15 - 3）。

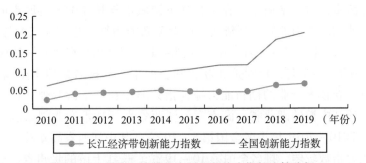

**图 15 - 3 长江经济带与全国创新能力指数比较分析**

## 二、长江经济带上中下游高新技术产业创新能力区域发展不平衡问题突出

从图 15 - 4 来看，2010～2019 年长江下游地区的创新能力综合指数占长江经济带总体创新能力的 62%～81%，远高于长江上中游地区。长江上游综合指数的年均增长率为 10.13%，中游地区的年均增长率为 16.64%，下游地区的年均增长率为 3.78%，相比之下，中游地区的年均增长率最高。但由于长江下游创新能力指数基数远大于长江上中游，因此相较于长江上中游，其缓慢的增长速度在考察期内并没有影响长江下游创新能力指数遥遥领先，使得长江经济带高新技术产业创新能力的区域不平衡主要体现在长江下游与长江上中游之间的不平衡。

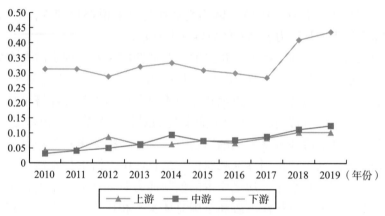

图 15 - 4 长江经济带上中下游创新能力指数比较分析

长江经济带九省二市高新技术产业创新能力发展不平衡问题明显。长江经济带区域不平衡主要在于长江下游城市与长江中上游城市的高新技术产业创新能力差异。高新技术产业创新能力综合指数前三的江苏省、上海市、浙江省均位于长江下游，其创新能力综合指数在 2010～2019 年全国排名在第 1～8 名，特别是江苏省和上海市，其排名未掉出全国前五；安徽省高新技术产业的创新能力综合指数弱于长江下游其他省份。与此同时，长江中游的湖北省、湖南省、江西省高新技术产业创新能力综合指数在 2010～2019 年排名全国第 8～19 位，其中江西省高新技术产业的创新能力指数较弱，排名全国第 10～19 位。长江上游的贵州省、云南省高新技术产业创新能力综合指数在 2010～2019 年排名全国第 21～29 名，

四川省排名全国第 7 ~ 11 名，重庆市排名全国第 10 ~ 17 名。可以看出，长江经济带省市高新技术产业创新能力两极分化明显，存在省际发展不平衡问题。

　　长江经济带高新技术产业创新能力结构不合理，资源配置能力亟待改善。一是长江经济带九省二市高新技术产业创新投入与产出的绝对量不平衡、不充分。云南省、贵州省等上中游省市高新技术产业的创新投入和产出的各项指标的绝对量远低于江苏省、上海市、浙江省，一些省份在某一指标上的投入或产出不足或过多，导致生产资料或劳动力的分配不平衡，资源配置能力有待改善，显示出长江经济带高新技术产业结构的不合理、不平衡，进而使长江经济带高新技术产业创新能力发展不充分。二是通过分析比较各省份高新技术产业创新能力指数发现，在创新投入与创新产出两方面，长江下游的江苏省、上海市、浙江省均属于高—高型，而其他省市高新技术产业在创新投入与创新产出集中于低—低型。三是长江经济带高新技术产业基础设施建设总体不完善、空间分布不平衡，高新技术产业创新能力显示出"马太效应"。原来创新能力较强的省市其高新技术产业基础设施较为完备，而创新能力相对落后的省市其高新技术产业基础设施较为薄弱，创新投入的起点有差异，所能支撑的创新产出也产生差距。新兴的中小型高新技术企业为降低成本向基础设施较为雄厚的地区布局，使得资源再次流向创新能力较强的地区。

# 第七篇　创新效率篇

# 第十六章　长江经济带绿色创新效率评价和区域比较

## 第一节　长江经济带绿色创新效率评价

### 一、模型与数据

1. Malmquist – Luenberger 指数模型

任何生产方式在创造"好"的产出的同时，或多或少都会有"坏"的产出。在环境约束日益严峻的背景下，长江经济带发展更应该考虑"坏"产出对 TFP 变化的影响。Malmquist – Luenberger 指数（简称 ML 指数）是在 DEA 方法基础上构建而成，其基本思路为：首先通过 DEA 技术构造出某经济体的生产可能性边界；其次利用方向性距离函数计算经济体中每个生产决策单元与生产可能性边界的距离；最后基于两期方向性距离函数计算此期间 ML 指数[①]。本报告使用 Malmquist – Luenberger 指数模型来计算绿色创新效率。

假设在每一时期 $t(t = 1, \cdots, T)$，存在决策单元 $k(k = 1, \cdots, K)$ 使用 $N$ 种投入 $x = (x1, \cdots, xN)$，并生产出 $M$ 种"好"产出 $y = (y1, \cdots, yN)$ 和 $I$ 种"坏"产出 $b = (b1, \cdots, bI)$，运用 $DEA$ 将环境技术生产可能集模型化为：

$$P^t(x^t) = \{(x^t, y^t, b^t): x^t \rightarrow (y^t, b^t)\} \qquad (16.1)$$

$$\vec{D}_0^t(x^t, y^t, b^t; g) = \sup\{\beta: (y^t, b^t) + \beta g \in P^t(x^t)\} \qquad (16.2)$$

假定"好"产出的增加与"坏"产出的减少是同比例的，则 $g = (gy, -gb)$，$\beta$ 为"好"产出增加，"坏"产出减少的最大可能量。

利用 DEA 求解方向性距离函数，需要解如下线性规划：

---

[①]　吴军：《环境约束下中国地区工业全要素生产率增长及收敛分析》，载《数量经济技术经济研究》2009 年第 11 期，第 17 ~ 27 页。

$$\vec{D}_0^t(x_k^t,\ y_k^t,\ b_k^t;\ g_k^t)=\max\beta \tag{16.3}$$

$$s.t.\ \sum_{k=1}^{K}a_k^t x_{kn}^t\leqslant(1-\beta)x_{kn}^t,\ n=1,2,\cdots,N;$$

$$\sum_{k=1}^{K}a_k^t y_{km}^t\geqslant(1+\beta)y_{km}^t,\ m=1,2,\cdots,M$$

$$\sum_{k=1}^{K}a_k^t b_{ki}^t=(1-\beta)b_{ki}^t,\ i=1,2,\cdots,I$$

其中 $a_k^t$ 为第 $t$ 期的权重值，$k=1,2,\cdots,K$。

根据上述方向性距离函数，依据 Chung et al.（1997）的方法[1]，构建基于产出的 ML 指数如下：

$$ML_t^{t+1}=\left\{\frac{[1+\vec{D}_0^t(x^t,\ y^t,\ b^t;\ g^t)]}{[1+\vec{D}_0^t(x^{t+1},\ y^{t+1},\ b^{t+1};\ g^{t+1})]}\times\frac{[1+\vec{D}_0^{t+1}(x^t,\ y^t,\ b^t;\ g^t)]}{[1+\vec{D}_0^{t+1}(x^{t+1},\ y^{t+1},\ b^{t+1};\ g^{t+1})]}\right\}^{1/2} \tag{16.4}$$

ML 指数可进一步分解为综合效率指数 EC 和技术进步指数 TC

$$EC_t^{t+1}=\frac{1+\vec{D}_0^t(x^t,\ y^t,\ b^t;\ g^t)}{1+\vec{D}_0^{t+1}(x^{t+1},\ y^{t+1},\ b^{t+1};\ g^{t+1})} \tag{16.5}$$

$$TC_t^{t+1}=\left\{\frac{[1+\vec{D}_0^{t+1}(x^t,\ y^t,\ b^t;\ g^t)]}{[1+\vec{D}_0^t(x^t,\ y^t,\ b^t;\ g^t)]}\times\frac{[1+\vec{D}_0^{t+1}(x^{t+1},\ y^{t+1},\ b^{t+1};\ g^{t+1})]}{[1+\vec{D}_0^t(x^{t+1},\ y^{t+1},\ b^{t+1};\ g^{t+1})]}\right\} \tag{16.6}$$

2. 标准差椭圆

标准差椭圆是空间统计方法中能够揭示经济空间分布多方面特征的方法，用于揭示地理要素的空间分布特征，已在社会学、人口学、犯罪学、地质学、生态学等领域得到广泛应用。

标准差椭圆方法通过以中心、长轴、短轴、方位角为基本参数的空间分布椭圆定量描述研究对象的空间分布整体特征。具体来说，空间分布椭圆以地理要素空间分布的平均中心为中心，分别计算其在 $X$ 方向和 $Y$ 方向上的标准差，以此定义包含要素分布的椭圆的轴。使用该椭圆可以查看要素的分布是否被拉长，由此而具有特定方向。

标准差椭圆方法基于研究对象的空间区位和空间结构，可从全局的、

① Chung Y H，Färe R，Grosskopf S. Productivity and undesirable outputs：a directional distance function approach [J]. *Journal of Environmental Management*，1997，51（3）：229–240.

空间的角度定量解释地理要素空间分布的中心性、展布性、方向性、空间形态等特征。椭圆空间分布范围表示地理要素空间分布的主体区域，其中，中心表示地理要素在二维空间上分布的相对位置，方位角反映其分布的主趋势方向（即正北方向顺时针旋转到椭圆长轴的角度），长轴表征地理要素在主趋势方向上的离散程度。标准差椭圆主要参数的计算公式如下：

平均中心：

$$\overline{X_w} = \frac{\sum\limits_{i=1}^{n} w_i x_i}{\sum\limits_{i=1}^{n} w_i} ; \quad \overline{Y} = \frac{\sum\limits_{i=1}^{n} w_i y_i}{\sum\limits_{i=1}^{n} w_i} \tag{16.7}$$

方位角：

$$\frac{(\sum\limits_{i=1}^{n} w_i^2 \tilde{x}_i^2 - \sum\limits_{i=1}^{n} w_i^2 \tilde{y}_i^2) + \sqrt{(\sum\limits_{i=1}^{n} w_i^2 \tilde{x}_i^2 - \sum\limits_{i=1}^{n} w_i^2 \tilde{y}_i^2)^2 + 4\sum\limits_{i=1}^{n} w_i^2 \tilde{x}_i^2 \tilde{y}_i^2}}{2\sum\limits_{i=1}^{n} w_i^2 \tilde{x}_i \tilde{y}_i}$$

$$\tag{16.8}$$

$x$ 轴标准差：

$$\sigma_x = \sqrt{\frac{\sum\limits_{i=1}^{n} (w_i \tilde{x}_i \cos\theta) - w_i \tilde{y}_i \sin\theta^2}{\sum\limits_{i=1}^{n} w_i^2}} \tag{16.9}$$

$x$ 轴标准差：

$$\sigma_y = \sqrt{\frac{\sum\limits_{i=1}^{n} (w_i \tilde{x}_i \sin\theta) - w_i \tilde{y}_i \cos\theta^2}{\sum\limits_{i=1}^{n} w_i^2}} \tag{16.10}$$

上式中，$(x_i, y_i)$ 表示研究对象的空间区位，$w_i$ 表示权重，$(\overline{X_w}, \overline{Y_w})$ 表示加权平均中心；$\theta$ 为椭圆方位角，表示正北方向顺时针旋转到椭圆长轴所形成的夹角，$\tilde{x}_i$、$\tilde{y}_i$ 分别表示各研究对象区位到平均中心的坐标偏差；$\sigma_x$、$\sigma_y$ 分别表示沿 $x$ 轴和 $y$ 轴的标准差。

3. 地理探测器

地理探测器是一种用于探索某种现象空间分异性的统计学方法。本报告利用其因子探测器方法识别长江经济带绿色创新效率空间分异的关键驱动因素，进而运用交互作用探测分析某个驱动因素与其他驱动因素进行空间叠加后产生的交互作用。因子探测的计算公式为：

$$q = 1 - \frac{\sum_{k=1}^{L} n_k \sigma_k^2}{n\sigma^2} \tag{16.11}$$

式（16.11）中，$q$ 为驱动因素对长江经济带绿色创新效率的解释力度，其值越大意味着该驱动因素对长江经济带绿色创新效率的解释力越大。$k$ 代表驱动因素的分类，$n$ 和 $n_k$ 分别为样本总量和第 $k$ 层的样本量，$\sigma^2$ 与 $\sigma_k^2$ 分别表示总体方差和第 $k$ 层的方差。

交互作用的评估方法为：比较两个驱动因素对 $Y$ 的 $q$ 值 $q(X_1)$、$q(X_2)$ 与二者产生交互作用时的 $q$ 值 $q(X_1 \cap X_2)$ 之间的关系。其关系具体可细分为五类，以下选取其中两类做简单介绍：（1）当 $q(X_1 \cap X_2) > \max\{q(X_1), q(X_2)\}$ 时，驱动因素 $X_1$ 与 $X_2$ 的交互作用为双因子增强；（2）当 $q(X_1 \cap X_2) > q(X_1) + q(X_2)$ 时，$X_1$ 与 $X_2$ 的交互作用为非线性增强。

4. 数据来源与处理

长江经济带覆盖上海、江苏、浙江、安徽、江西、湖北、湖南、重庆、四川、贵州、云南等 11 省市，包含了 110 个城市，其中由于贵州省的铜仁市数据缺失，本篇将其剔除。考虑数据可得性后，本篇实际评价单元为 109 座地级及以上城市，研究时段为 2017~2019 年。

评价指标主要分为投入、产出两类。投入指标之一为 R&D 从业人员全时当量，由于统计数据中没有直接给出这个指标，因此我们用 R&D 从业人员数来代替。投入指标之二为资本投入，选取 R&D 内部经费支出来代替 R&D 投资额，并采用永续盘存法得到各年份资本存量，折旧率参考 Hall&Jones 的做法取值为 6%[1]，取 2017 年为基期，对于基期资本存量，用初始年份投资额除以 10% 作为基期资本存量[2]。投入指标之三为能源要素，由于缺乏地级市层面的能源消费总量，借鉴佟家栋和陈霄的做法[3]，用城市的总 GDP 乘能源强度来计算城市能源消费总量，假设城市能源强

---

① Hall R E, Jones C I. Why do some countries produce so much more output per worker than others? National bureau of economic research, 1999.

② 刘宁：《农村人力资本流失的区域农业增长效应研究——基于 13 个粮食主产省区的面板数据》，载《人口与经济》2014 年第 4 期，第 23~32 页。

③ 佟家栋、陈霄：《出口是否影响了城市的能源效率？——基于中国 281 个城市的实证研究》，载《国际商务研究》2020 年第 3 期，第 5~18 页。

度与省份能源强度相等，因此可以用省份的能源强度代替城市能源强度。产出指标之一为专利授权数；产出指标之二为各城市人均 GDP；产出指标之三选择各城市工业废水排放量、工业 $SO_2$ 排放量及工业烟尘排放量。上述数据主要来自 2018～2020 年《中国城市统计年鉴》，固定资产投资价格指数来自 2018～2020 年各省（市）统计年鉴（见表 16－1）。

表 16－1　　　　　　　　　各指标变量解释

| 指标类型 | 指标构成 | 变量 | 单位 |
|---|---|---|---|
| 投入 | 资本投入 | R&D 资本存量 | 万元 |
| | 人力投入 | R&D 从业人员全时当量 | 人 |
| | 能源投入 | 能源消费 | 万吨标准煤 |
| 产出 | 技术产出 | 专利授权 | 件 |
| | 经济产出 | 人均 GDP | 元 |
| | 非期望产出 | 工业 $SO_2$ 排放量 | 吨 |
| | | 工业废水排放量 | 万吨 |
| | | 工业固体废弃物排放量（工业粉尘排放量） | 吨 |

## 二、长江经济带绿色创新效率呈上升趋势

2018～2019 年长江经济带绿色创新效率均值为 1.1，除 2019 年的浙江和重庆外，其余城市的绿色创新效率均大于 1（见表 16－2），说明长江经济带绿色创新效率呈现上升趋势，相对于上一年的绿色创新效率都有所提升。但是大部分省份的 2019 年长江经济带绿色创新效率增长幅度明显低于 2018 年（见图 16－1），说明增长逐渐趋于缓慢。

表 16－2　　　长江经济带各省域绿色创新效率：2018 年和 2019 年

| 省市 | 2018 年 | 2019 年 | 均值 |
|---|---|---|---|
| 上海 | 1.177 | 1.162 | 1.170 |
| 江苏 | 1.121 | 1.078 | 1.100 |
| 浙江 | 1.327 | 0.974 | 1.151 |
| 安徽 | 1.089 | 1.125 | 1.107 |
| 江西 | 1.123 | 1.043 | 1.083 |

续表

| 省市 | 2018 年 | 2019 年 | 均值 |
|------|---------|---------|------|
| 湖北 | 1.125 | 1.045 | 1.085 |
| 湖南 | 1.131 | 1.039 | 1.085 |
| 重庆 | 1.166 | 0.965 | 1.066 |
| 四川 | 1.069 | 1.034 | 1.052 |
| 贵州 | 1.022 | 1.217 | 1.120 |
| 云南 | 1.085 | 1.093 | 1.089 |
| 均值 | 1.130 | 1.070 | 1.100 |

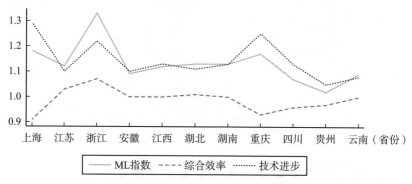

图 16 - 1 2018 年长江经济带各省域 ML 指数及其分解

## 三、上海、江苏、浙江、安徽、贵州的绿色创新效率均值较高

2018~2019 年长江经济带各省份绿色创新效率均值中上海、江苏、浙江、安徽、贵州的绿色创新效率都在 1.10 以上水平，其中以上海的 1.17 为最高（见表 16 - 2），表明上海在绿色创新发展中投入要素的资源利用程度最高，绿色创新效率也高。与长江经济带其他省份相比较，2018~2019 年四川的绿色创新发展的 ML 指数最低，为 1.052，表明四川的绿色创新效率最低。而且四川的绿色创新效率一直处于长江经济带各省市间绿色创新效率中较低的状态，2018~2019 年四川省平均绿色创新效率为 1.052，相比于最高的上海（1.17），相差约 11.2%，说明在 2018~2019 年之间，虽然长江经济带各省域间的绿色创新效率有一些差距，但是相差不大。

绿色创新效率可以分解为绿色创新综合效率和绿色创新技术进步，

其分解结果绘制成图 16 - 1 和图 16 - 2。从图 16 - 1 和图 16 - 2 来看，2018 年的长江经济带绿色技术进步明显高于综合效率，且与绿色创新效率趋势基本吻合，这说明 2018 年，对于长江经济带绿色创新效率起主导作用的是绿色创新技术进步。但是在 2019 年，除了上海、江苏、浙江等少数省市的绿色创新技术进步大于绿色创新综合效率之外，大部分城市是绿色创新综合效率占主导地位，对于绿色创新效率的主要驱动力由2018 年的技术进步变成了 2019 年的综合效率。

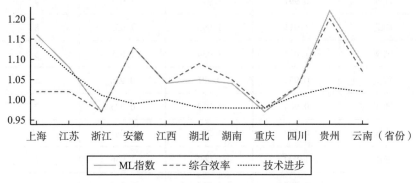

图 16 - 2　2019 年长江经济带各省域 ML 指数及其分解

## 四、长江经济带绿色创新综合效率整体呈提高趋势

2018～2019 年长江经济带绿色创新综合效率年均值为 1.02（见表16 - 3），说明 2019 年长江经济带绿色创新综合效率相较于 2018 年来说，呈现上升趋势。上海和重庆绿色创新综合效率较低。2018～2019 年，江苏、浙江、安徽、江西、湖北、湖南、贵州、云南 8 个省市的长江经济带绿色创新综合效率大于 1.02（见表 16 - 3），说明这 8 个省份的绿色创新综合效率高于长江经济带整体水平，而上海、重庆和四川的绿色创新综合效率均低于 1.02，说明上海、重庆和四川省的绿色创新综合效率低于长江经济带整体水平，处于增长缓慢状态。

上海是我国的经济中心之一，2019 年上海全年用于研究与实验经费支出为 22143.6 亿元，占上海生产总值的 2.2%。但由于上海高新技术比较发达，经济发展对于资源的需求比较大，对于环境的压力加大。同时资金投入不足，企业过于追求高利润、高产量，导致企业进行绿色创新活动的内生驱动力不足，因此导致上海的绿色创新综合效率增长较为缓慢。

表 16 - 3　　　　长江经济带各省绿色创新综合效率: 2018 年和 2019 年

| 省市 | 2018 年 | 2019 年 | 均值 | 提升速度（%） |
|---|---|---|---|---|
| 上海 | 0.915 | 1.024 | 0.969 | 12 |
| 江苏 | 1.026 | 1.019 | 1.022 | -1 |
| 浙江 | 1.072 | 0.966 | 1.019 | -9 |
| 安徽 | 0.998 | 1.132 | 1.065 | 13 |
| 江西 | 0.997 | 1.044 | 1.021 | 4 |
| 湖北 | 1.011 | 1.093 | 1.052 | 8 |
| 湖南 | 1.001 | 1.054 | 1.028 | 5 |
| 重庆 | 0.931 | 0.981 | 0.956 | 5 |
| 四川 | 0.964 | 1.027 | 0.995 | 7 |
| 贵州 | 0.973 | 1.200 | 1.087 | 24 |
| 云南 | 1.002 | 1.069 | 1.036 | 7 |
| 均值 | 0.990 | 1.055 | 1.023 | 7 |

　　重庆是我国西部的重要中心城市，长江上游经济中心，千亿级产业集群地，是三条丝绸之路的起点和连接点。重庆高新技术产业是首批五个国家综合改革试点开发区，因此同上海一样，高新技术产业较发达，对于资源的需求量大，对环境造成一些压力。同时重庆所处区域含有丰富的煤炭资源，但是煤炭中的硫含量偏高，属于高硫煤种，燃烧过程中产生大量的二氧化硫，因此治理较难，绿色创新综合效率增长放缓。

## 五、上海、安徽、贵州三省绿色创新综合效率提升快速

　　2018 ~ 2019 年，长江经济带的上海、安徽、贵州的绿色创新效率提升的速度分别为 12%、13%、24%。其中，上海和贵州 2019 年的绿色创新综合效率大于 1.02，说明上海和贵州 2019 年的绿色创新综合效率高于长江经济带平均水平，即在 2019 年，上海和贵州的综合效率增长较快。同时这些省市的绿色创新综合效率在长江经济带中的排名都有较大的提升。从 2018 ~ 2019 年，上海的绿色创新发展综合效率排名由 2018 年的第 11 位上升到 2019 年的第 8 位，安徽省的绿色创新发展综合效率排名由

2018 年的第 6 位上升到 2019 年的第 2 位，贵州省的绿色创新发展综合效率排名由 2018 年的第 8 名上升到第 1 名，创新发展综合效率提升显著。

与这些省市相对比，浙江省的绿色创新综合效率则出现较大的下降，从 2018 年的 1.072 下降到 2019 年的 0.966（见表 16 - 3），同时绿色创新综合效率的排名也有所后退，从 2018 年的第 1 名下滑到 2019 年的第 11 名（见表 16 - 4），到 2019 年达到长江经济带各省份绿色创新综合效率的最低值。2019 年，浙江省与长江经济带其他省市相比，处于靠后的位置。

表 16 - 4　　　长江经济带各省市绿色创新综合效率排名：2018 年和 2019 年

| 省市 | 2018 年 | 2019 年 |
| --- | --- | --- |
| 上海 | 11 | 8 |
| 江苏 | 2 | 9 |
| 浙江 | 1 | 11 |
| 安徽 | 6 | 2 |
| 江西 | 7 | 6 |
| 湖北 | 3 | 3 |
| 湖南 | 5 | 5 |
| 重庆 | 10 | 10 |
| 四川 | 9 | 7 |
| 贵州 | 8 | 1 |
| 云南 | 4 | 4 |

## 六、长江经济带绿色创新技术进步整体呈下降趋势

2018～2019 年长江经济带绿色创新技术进步年均值为 1.08，这表明长江经济带整体的绿色创新技术进步水平比较高。但是，也应该注意到的是：从变化趋势来看，长江经济带绿色创新技术进步值整体呈下降趋势，全部都是负增长，说明长江经济带各省市的绿色创新技术进步的速度在放缓（见表 16 - 5）。

表 16 - 5　　　长江经济带各省绿色创新技术进步：2018 年和 2019 年

| 年份 | 2018 年 | 2019 年 | 均值 | 提升速度（%） |
|---|---|---|---|---|
| 上海 | 1.287 | 1.135 | 1.211 | -12 |
| 江苏 | 1.098 | 1.074 | 1.086 | -3 |
| 浙江 | 1.224 | 1.013 | 1.119 | -17 |
| 安徽 | 1.099 | 0.990 | 1.045 | -10 |
| 江西 | 1.127 | 1.000 | 1.064 | -12 |
| 湖北 | 1.115 | 0.982 | 1.049 | -12 |
| 湖南 | 1.130 | 0.983 | 1.057 | -13 |
| 重庆 | 1.253 | 0.984 | 1.118 | -22 |
| 四川 | 1.130 | 1.007 | 1.069 | -11 |
| 贵州 | 1.051 | 1.030 | 1.041 | -2 |
| 云南 | 1.084 | 1.021 | 1.052 | -6 |
| 均值 | 1.145 | 1.020 | 1.083 | -11 |

从 2018~2019 年绿色创新技术进步均值来看，安徽省、江西省、湖北省、湖南省、四川省、贵州省、云南省七个省份的绿色创新技术进步均值低于长江经济带的绿色创新技术进步均值 1.083，说明相对于长江经济带整体来看，这七个省份的技术进步增长速度较为缓慢。

## 七、贵州、江苏、云南三省绿色创新技术进步下降较缓

2019 年与 2018 年相比长江经济带的贵州、江苏、云南的绿色创新技术进步增长率下降的速度分别为 -2%、-3%、-6%（见表 16 -5），相对于其他长江经济带的省份来说，这三个省份绿色创新技术进步增长率的下降幅度较小，同时这些省份的绿色创新技术进步在长江经济带省份中的排名都有较大的提升，贵州省的绿色创新技术进步的排名由 2018 年的第 11 位上升到第 3 位，江苏省的绿色创新技术进步的排名由 2018 年的第 9 位上升到第 2 位，云南省的绿色创新技术进步的排名由 2018 年的第 10 位上升到第 4 位（见表 16 -6）。

与这些省市相对比，重庆市、浙江省、湖南省的绿色创新技术进步增长率则下降较为明显，其中，重庆市和湖南省的绿色创新技术进步均

由 2018 年大于 1.00，下降到 2019 年的小于 1.00（见表 16 - 5）。同时绿色创新技术进步的排名也有所下降，重庆市的绿色创新技术进步排名由 2018 年的第 2 位下降到第 9 位，浙江省的绿色创新技术进步排名由 2018 年的第 3 位下降到第 5 位，湖南省的绿色创新技术进步排名由 2018 年的第 4 位下降到第 10 位（见表 16 - 6）。

表 16 - 6　　　　长江经济带各省市绿色创新技术进步排名：2018 年和 2019 年

| 省市 | 2018 年 | 2019 年 |
| --- | --- | --- |
| 上海 | 1 | 1 |
| 江苏 | 9 | 2 |
| 浙江 | 3 | 5 |
| 安徽 | 8 | 8 |
| 江西 | 6 | 7 |
| 湖北 | 7 | 11 |
| 湖南 | 4 | 10 |
| 重庆 | 2 | 9 |
| 四川 | 5 | 6 |
| 贵州 | 11 | 3 |
| 云南 | 10 | 4 |

## 八、长江经济带的绿色创新效率增长主要来源均为技术进步变化

总体来看，长江经济带上中下游城市绿色创新效率变化表现出明显的地区差异。分地区来看，2018 ~ 2019 年，长江经济带下游城市大部分处于正增长的状态，平均增长率为 12%。长江经济带全部城市的平均 ML 指数为 1.10，即绿色创新增长率为 10%，只有长江经济带下游城市的绿色创新效率增长率超过平均水平。长江经济带中游和上游的绿色创新效率增长率分别为 8%、7%，均未超过平均水平，说明长江经济带下游城市在绿色创新方面占据优势（见表 16 - 7）。

表 16 - 7　长江经济带上中下游地区 ML 指数、EC、TC 对比：2018 年和 2019 年

| 地区 | ML 指数 | EC | TC |
|---|---|---|---|
| 下游 | 1.12 | 1.04 | 1.08 |
| 中游 | 1.08 | 1.03 | 1.06 |
| 上游 | 1.07 | 1.02 | 1.06 |

　　从绿色创新效率的分解结果来看，长江经济带上、中、下游绿色创新效率变化的来源相同，都是技术进步占据主要地位，长江经济带的绿色创新效率增长主要来源均为技术进步变化，进一步说明长江经济带各城市经济增长方式已经发生改变，特别在转变经济增长方式的过程中，减排已经取得了进展。

## 九、长三角城市群、长江中游城市群、成渝双城、滇中城市群的绿色创新效率增长主要来自技术进步

　　从表 16 - 8 中可以看出，黔中城市群和长三角城市群绿色创新发展的 ML 指数大于 1.1，高于长江经济带绿色创新效率的平均水平，即黔中城市群和长三角城市群绿色创新效率比较高，增长比较快。而长江中游城市群、成渝双城、滇中城市群的绿色创新效率低于 1.1，低于长江经济带的平均水平。同时可以观察到，黔中城市群的绿色创新综合效率指数为 1.13，而绿色创新技术进步指数为 1.02，说明黔中城市群的绿色创新效率的增长主要来自综合效率的提升，这说明黔中城市群受区域政策的影响比较大，而内生性的技术进步作用不明显。长三角城市群、长江中游城市群、成渝双城、滇中城市群的绿色创新效率增长主要来自技术进步，说明这几个城市群关于绿色减排的技术比较先进，污染物减排效果显著。

表 16 - 8　长江经济带五个城市群 ML 指数、EC、TC 对比：2018 年和 2019 年

| 城市群 | ML 指数 | EC | TC |
|---|---|---|---|
| 长三角城市群 | 1.12 | 1.04 | 1.08 |
| 长江中游城市群 | 1.08 | 1.03 | 1.06 |
| 成渝双城 | 1.05 | 0.99 | 1.07 |
| 黔中城市群 | 1.15 | 1.13 | 1.02 |
| 滇中城市群 | 1.05 | 1.02 | 1.03 |

# 第二节 长江经济带 11 省市各城市的

## 绿色创新 ML 指数

## 一、江苏省

江苏省的 13 个城市中，盐城市、南京市、常州市、苏州市、宿迁市、南通市这 6 个城市的 ML 指数均值大于长江经济带区域的 ML 指数均值，这 6 个城市的绿色创新效率较高，具有绿色创新优势；其余 7 个城市，即无锡市、镇江市、泰州市、扬州市、徐州市、淮安市、连云港市的 ML 指数均值均小于长江经济带区域的 ML 指数均值，说明这 7 个城市的绿色创新效率较低，绿色创新水平不高（见表 16 – 9）。

表 16 – 9 　　江苏省各地级市 ML 指数排序：2018 年和 2019 年

| 城市 | 2018 年 | 2019 年 | ML 指数均值 | 排名 |
|---|---|---|---|---|
| 盐城市 | 1.24 | 1.25 | 1.25 | 1 |
| 南京市 | 1.07 | 1.36 | 1.22 | 2 |
| 常州市 | 1.21 | 1.06 | 1.14 | 3 |
| 苏州市 | 1.13 | 1.1 | 1.12 | 4 |
| 宿迁市 | 1.23 | 0.98 | 1.11 | 5 |
| 南通市 | 1.18 | 1.02 | 1.10 | 6 |
| 无锡市 | 1.11 | 1.07 | 1.09 | 7 |
| 镇江市 | 1.09 | 1.08 | 1.09 | 7 |
| 泰州市 | 1.14 | 1.03 | 1.09 | 7 |
| 扬州市 | 1.13 | 0.97 | 1.05 | 8 |
| 徐州市 | 1.06 | 1.03 | 1.05 | 8 |
| 淮安市 | 1.01 | 1.04 | 1.03 | 9 |
| 连云港市 | 0.99 | 1.01 | 1.00 | 10 |

## 二、浙江省

浙江省的 11 个城市中，温州市、金华市、舟山市、台州市、杭州市、湖州市、嘉兴市等 7 个城市绿色创新发展的 ML 指数高于长江经济带区域的 ML 指数均值，说明这 7 个城市的绿色创新效率增长较为快速；而丽水市、绍兴市、衢州市、宁波市等 4 个城市绿色创新发展的 ML 指数低于长江经济带区域的 ML 指数均值，说明这 4 个城市的绿色创新效率增长较为缓慢（见表 16 – 10）。

表 16 – 10　　　　浙江省各地级市 ML 指数排序：2018 年和 2019 年

| 城市 | 2018 年 | 2019 年 | ML 指数均值 | 排名 |
|---|---|---|---|---|
| 温州市 | 2.33 | 0.57 | 1.45 | 1 |
| 金华市 | 1.28 | 1.18 | 1.23 | 2 |
| 舟山市 | 1.20 | 1.17 | 1.19 | 3 |
| 台州市 | 1.21 | 1.05 | 1.13 | 4 |
| 杭州市 | 1.13 | 1.13 | 1.13 | 4 |
| 湖州市 | 1.46 | 0.80 | 1.13 | 4 |
| 嘉兴市 | 1.16 | 1.04 | 1.10 | 5 |
| 丽水市 | 1.08 | 1.10 | 1.09 | 6 |
| 绍兴市 | 1.35 | 0.82 | 1.08 | 7 |
| 衢州市 | 1.33 | 0.82 | 1.08 | 7 |
| 宁波市 | 1.07 | 1.04 | 1.05 | 8 |

## 三、安徽省

安徽省的 16 个城市中，只有亳州市、铜陵市、安庆市、蚌埠市、阜阳市 5 个城市绿色创新发展的 ML 指数高于长江经济带区域的 ML 指数均值，说明这 5 个城市的绿色创新效率增长较为快速；而六安市、合肥市、淮北市、黄山市、宣城市、宿州市、芜湖市、马鞍山市、滁州市、池州市、淮南市等 11 个城市绿色创新发展的 ML 指数低于长江经济带区域的 ML 指数均值，说明这 11 个城市的绿色创新效率增长较为缓慢（见表 16 – 11）。

表 16 – 11　　　　安徽省各地级市 ML 指数排序：2018 年和 2019 年

| 城市 | 2018 年 | 2019 年 | ML 指数均值 | 排名 |
|---|---|---|---|---|
| 亳州市 | 1.23 | 1.67 | 1.45 | 1 |
| 铜陵市 | 1.08 | 1.78 | 1.43 | 2 |

续表

| 城市 | 2018 年 | 2019 年 | ML 指数均值 | 排名 |
|---|---|---|---|---|
| 安庆市 | 1.40 | 1.09 | 1.25 | 3 |
| 蚌埠市 | 1.05 | 1.19 | 1.12 | 4 |
| 阜阳市 | 1.13 | 1.08 | 1.10 | 5 |
| 六安市 | 1.20 | 0.96 | 1.08 | 6 |
| 合肥市 | 1.11 | 1.03 | 1.07 | 7 |
| 淮北市 | 1.04 | 1.09 | 1.06 | 8 |
| 黄山市 | 1.04 | 1.06 | 1.05 | 9 |
| 宣城市 | 1.08 | 1.01 | 1.05 | 9 |
| 宿州市 | 1.00 | 1.04 | 1.02 | 10 |
| 芜湖市 | 1.03 | 0.99 | 1.01 | 11 |
| 马鞍山市 | 1.04 | 0.97 | 1.01 | 11 |
| 滁州市 | 1.06 | 0.95 | 1.01 | 11 |
| 池州市 | 0.94 | 1.07 | 1.00 | 12 |
| 淮南市 | 0.98 | 1.02 | 1.00 | 12 |

## 四、江西省

江西省的 11 个城市中，抚州市、吉安市、赣州市、九江市 4 个城市绿色创新发展的 ML 指数高于长江经济带区域的 ML 指数均值，说明这 4 个城市的绿色创新效率增长较为快速；而上饶市、鹰潭市、宜春市、景德镇市、南昌市、萍乡市、新余市这 7 个城市绿色创新发展的 ML 指数低于长江经济带区域的 ML 指数均值，说明这 7 个城市的绿色创新效率增长较为缓慢（见表 16 - 12）。

表 16 - 12　　　　江西省各地级市 ML 指数排序：2018 年和 2019 年

| 城市 | 2018 年 | 2019 年 | ML 指数均值 | 排名 |
|---|---|---|---|---|
| 抚州市 | 1.23 | 1.15 | 1.19 | 1 |
| 吉安市 | 1.23 | 1.08 | 1.15 | 2 |
| 赣州市 | 1.19 | 1.09 | 1.14 | 3 |
| 九江市 | 1.10 | 1.10 | 1.10 | 4 |

续表

| 城市 | 2018 年 | 2019 年 | ML 指数均值 | 排名 |
|------|---------|---------|-------------|------|
| 上饶市 | 1.11 | 1.06 | 1.08 | 5 |
| 鹰潭市 | 1.26 | 0.89 | 1.08 | 5 |
| 宜春市 | 1.05 | 1.08 | 1.07 | 6 |
| 景德镇市 | 1.11 | 1.01 | 1.06 | 7 |
| 南昌市 | 1.06 | 1.00 | 1.03 | 8 |
| 萍乡市 | 1.01 | 1.02 | 1.02 | 9 |
| 新余市 | 1.01 | 0.98 | 0.99 | 10 |

# 五、湖北省

湖北省的 12 个城市中，鄂州市、随州市、荆州市、咸宁市、十堰市5 个城市绿色创新发展的 ML 指数高于长江经济带区域的 ML 指数均值，说明这 5 个城市的绿色创新效率增长较为快速；而荆门市、黄石市、武汉市、黄冈市、宜昌市、襄阳市、孝感市这 7 个城市绿色创新发展的 ML 指数低于长江经济带区域的 ML 指数均值，说明这 7 个城市的绿色创新效率增长较为缓慢（见表 16 – 13）。

表 16 – 13　　　　湖北省各地级市 ML 指数排序：2018 年和 2019 年

| 城市 | 2018 年 | 2019 年 | ML 指数均值 | 排名 |
|------|---------|---------|-------------|------|
| 鄂州市 | 1.06 | 1.36 | 1.21 | 1 |
| 随州市 | 1.71 | 0.62 | 1.16 | 2 |
| 荆州市 | 1.18 | 1.12 | 1.15 | 3 |
| 咸宁市 | 1.09 | 1.15 | 1.12 | 4 |
| 十堰市 | 1.11 | 1.13 | 1.12 | 4 |
| 荆门市 | 1.09 | 1.06 | 1.07 | 5 |
| 黄石市 | 1.07 | 1.07 | 1.07 | 5 |
| 武汉市 | 1.06 | 1.06 | 1.06 | 6 |
| 黄冈市 | 1.01 | 1.07 | 1.04 | 7 |
| 宜昌市 | 1.04 | 0.99 | 1.01 | 8 |
| 襄阳市 | 1.06 | 0.96 | 1.01 | 8 |
| 孝感市 | 1.03 | 0.96 | 1.00 | 9 |

## 六、湖南省

湖南省的 13 个城市中，常德市、张家界市、邵阳市、益阳市 4 个城市绿色创新发展的 ML 指数高于长江经济带区域的 ML 指数均值，说明这 4 个城市的绿色创新效率增长较为快速；而株洲市、长沙市、永州市、怀化市、湘潭市、岳阳市、衡阳市、郴州市、娄底市这 9 个城市绿色创新发展的 ML 指数低于长江经济带区域的 ML 指数均值，说明这 9 个城市的绿色创新效率增长较为缓慢（见表 16 - 14）。

表 16 - 14　　　　湖南省各地级市 ML 指数排序：2018 年和 2019 年

| 城市 | 2018 年 | 2019 年 | ML 指数均值 | 排名 |
|------|---------|---------|------------|------|
| 常德市 | 1.05 | 1.53 | 1.29 | 1 |
| 张家界市 | 1.96 | 0.51 | 1.23 | 2 |
| 邵阳市 | 1.09 | 1.19 | 1.14 | 3 |
| 益阳市 | 1.06 | 1.14 | 1.10 | 4 |
| 株洲市 | 1.04 | 1.11 | 1.08 | 5 |
| 长沙市 | 1.13 | 1.01 | 1.07 | 6 |
| 永州市 | 1.24 | 0.87 | 1.05 | 7 |
| 怀化市 | 1.05 | 1.03 | 1.04 | 8 |
| 湘潭市 | 1.02 | 1.05 | 1.04 | 8 |
| 岳阳市 | 1.03 | 1.04 | 1.03 | 9 |
| 衡阳市 | 1.04 | 1.02 | 1.03 | 9 |
| 郴州市 | 1.01 | 1.01 | 1.01 | 10 |
| 娄底市 | 1.00 | 0.99 | 1.00 | 11 |

## 七、四川省

四川省的 18 个城市中，仅有攀枝花市、广安市、资阳市、成都市 4 个城市绿色创新发展的 ML 指数高于长江经济带区域的 ML 指数均值，说明这 4 个城市的绿色创新效率增长较为快速；而眉山市、雅安市、泸州市、德阳市、南充市、乐山市、自贡市、内江市、巴中市、达州市、遂宁市、宜宾市、广元市、绵阳市 14 个城市绿色创新发展的 ML 指数低于长江经济带区域的 ML 指数均值，表明这 14 个城市的绿色创新效率增长较为缓慢（见表 16 - 15）。

表 16 - 15　　　　　四川省各地级市 ML 指数排序：2018 年和 2019 年

| 城市 | 2018 年 | 2019 年 | ML 指数均值 | 排名 |
|---|---|---|---|---|
| 攀枝花市 | 1.09 | 1.34 | 1.22 | 1 |
| 广安市 | 1.15 | 1.19 | 1.17 | 2 |
| 资阳市 | 1.04 | 1.21 | 1.12 | 3 |
| 成都市 | 1.35 | 0.87 | 1.11 | 4 |
| 眉山市 | 1.03 | 1.13 | 1.08 | 5 |
| 雅安市 | 0.95 | 1.19 | 1.07 | 6 |
| 泸州市 | 1.05 | 1.05 | 1.05 | 7 |
| 德阳市 | 1.05 | 1.04 | 1.04 | 8 |
| 南充市 | 1.10 | 0.99 | 1.04 | 8 |
| 乐山市 | 1.03 | 1.05 | 1.04 | 8 |
| 自贡市 | 1.11 | 0.95 | 1.03 | 9 |
| 内江市 | 1.01 | 1.04 | 1.03 | 9 |
| 巴中市 | 1.15 | 0.87 | 1.01 | 10 |
| 达州市 | 1.04 | 0.97 | 1.01 | 10 |
| 遂宁市 | 1.19 | 0.81 | 1.00 | 11 |
| 宜宾市 | 1.00 | 1.00 | 1.00 | 11 |
| 广元市 | 0.93 | 1.00 | 0.97 | 12 |
| 绵阳市 | 0.97 | 0.93 | 0.95 | 13 |

## 八、贵州省

贵州省的 5 个城市中，贵阳市、遵义市这 2 个城市绿色创新发展的 ML 指数高于长江经济带区域的 ML 指数均值，说明这 2 个城市的绿色创新效率增长较为快速；而安顺市、毕节市、六盘水市这 3 个城市绿色创新发展的 ML 指数低于长江经济带区域的 ML 指数均值，表明这些城市的绿色创新效率增长较为缓慢（见表 16 - 16）。

表 16-16　　　　　贵州省各地级市 ML 指数排序：2018 年和 2019 年

| 城市 | 2018 年 | 2019 年 | ML 指数均值 | 排名 |
|------|---------|---------|-------------|------|
| 贵阳市 | 1.01 | 1.56 | 1.29 | 1 |
| 遵义市 | 1.08 | 1.23 | 1.15 | 2 |
| 安顺市 | 0.98 | 1.20 | 1.09 | 3 |
| 毕节市 | 1.04 | 1.07 | 1.06 | 4 |
| 六盘水市 | 1.00 | 1.03 | 1.02 | 5 |

## 九、云南省

云南省的 8 个城市中，丽江市、保山市、昆明市、普洱市、临沧市这 5 个城市绿色创新发展的 ML 指数高于长江经济带区域的 ML 指数均值，说明这 5 个城市的绿色创新效率增长较为快速；而玉溪市、曲靖市、昭通市这 3 个城市绿色创新发展的 ML 指数低于长江经济带区域的 ML 指数均值，说明这 3 个城市的绿色创新效率增长较为缓慢（见表 16-17）。

表 16-17　　　　　云南省各地级市 ML 指数排序：2018 年和 2019 年

| 城市 | 2018 年 | 2019 年 | ML 指数均值 | 排名 |
|------|---------|---------|-------------|------|
| 丽江市 | 1.38 | 1.00 | 1.19 | 1 |
| 保山市 | 0.97 | 1.31 | 1.14 | 2 |
| 昆明市 | 1.11 | 1.15 | 1.13 | 3 |
| 普洱市 | 1.00 | 1.24 | 1.12 | 4 |
| 临沧市 | 1.18 | 1.02 | 1.10 | 5 |
| 玉溪市 | 1.02 | 1.02 | 1.02 | 6 |
| 曲靖市 | 1.02 | 1.00 | 1.01 | 7 |
| 昭通市 | 1.00 | 1.00 | 1.00 | 8 |

## 第三节　长江经济带 11 省市各城市的绿色创新综合效率

## 一、江苏省

江苏省的 13 个城市中，盐城市、宿迁市、泰州市、南通市、南京市这 5 个城市的综合效率均值大于长江经济带区域的综合效率均值，这 5 个城市的绿色创新发展综合效率增长较快，具有绿色创新优势；其余 8 个城市的综合效率均值均小于长江经济带区域的综合效率均值，这 8 个城市绿色创新发展综合效率增长较为缓慢（见表 16 - 18）。

表 16 - 18　　　　江苏省各地级市综合效率排序：2018 年和 2019 年

| 城市 | 2018 年 | 2019 年 | 综合效率均值 | 排名 |
| --- | --- | --- | --- | --- |
| 盐城市 | 1.15 | 1.23 | 1.19 | 1 |
| 宿迁市 | 1.14 | 1.13 | 1.14 | 2 |
| 泰州市 | 1.02 | 1.08 | 1.05 | 3 |
| 南通市 | 1.05 | 1.02 | 1.04 | 4 |
| 南京市 | 0.99 | 1.08 | 1.03 | 5 |
| 镇江市 | 0.97 | 1.05 | 1.01 | 6 |
| 无锡市 | 1.01 | 0.99 | 1.00 | 7 |
| 徐州市 | 0.96 | 1.03 | 1.00 | 7 |
| 苏州市 | 1.06 | 0.93 | 1.00 | 7 |
| 扬州市 | 1.01 | 0.96 | 0.98 | 8 |
| 常州市 | 1.28 | 0.68 | 0.98 | 8 |
| 连云港市 | 0.87 | 1.02 | 0.95 | 9 |
| 淮安市 | 0.83 | 1.04 | 0.94 | 10 |

## 二、浙江省

浙江省的 11 个城市中，金华市、舟山市、台州市、嘉兴市、杭州市这 5 个城市绿色创新发展的综合效率高于长江经济带区域的综合效率均值，说明这 5 个城市绿色创新发展的综合效率增长较快；而其余 6 个城市绿色创新发展的综合效率低于长江经济带区域的综合效率均值，说明这 6 个城市绿色创新发展的综合效率增长较为缓慢（见表 16 - 19）。

表 16 - 19　　　　浙江省各地级市综合效率排序：2018 年和 2019 年

| 城市 | 2018 年 | 2019 年 | 综合效率均值 | 排名 |
| --- | --- | --- | --- | --- |
| 金华市 | 1.05 | 1.16 | 1.10 | 1 |
| 舟山市 | 1.04 | 1.14 | 1.09 | 2 |

| 城市 | 2018 年 | 2019 年 | 综合效率均值 | 排名 |
|---|---|---|---|---|
| 台州市 | 1.03 | 1.02 | 1.02 | 3 |
| 嘉兴市 | 0.99 | 1.05 | 1.02 | 3 |
| 杭州市 | 0.97 | 1.07 | 1.02 | 3 |
| 衢州市 | 1.20 | 0.82 | 1.01 | 4 |
| 湖州市 | 1.15 | 0.86 | 1.01 | 4 |
| 绍兴市 | 1.09 | 0.92 | 1.00 | 5 |
| 丽水市 | 0.91 | 1.09 | 1.00 | 5 |
| 温州市 | 1.46 | 0.50 | 0.98 | 6 |
| 宁波市 | 0.90 | 0.99 | 0.94 | 7 |

## 三、安徽省

安徽省的 16 个城市中，铜陵市、亳州市、安庆市、蚌埠市、阜阳市、淮北市、宣城市、合肥市这 8 个城市绿色创新发展的综合效率高于长江经济带区域的综合效率均值，说明这 8 个城市绿色创新发展的综合效率增长较快；而芜湖市、宿州市、滁州市、六安市、马鞍山市、池州市、淮南市、黄山市这 8 个城市绿色创新发展的综合效率低于长江经济带区域的综合效率均值，说明这 8 个城市绿色创新发展的综合效率增长相对缓慢（见表 16 – 20）。

表 16 – 20　　　　安徽省各地级市综合效率排序：2018 年和 2019 年

| 城市 | 2018 年 | 2019 年 | 综合效率均值 | 排名 |
|---|---|---|---|---|
| 铜陵市 | 0.99 | 1.76 | 1.38 | 1 |
| 亳州市 | 1.19 | 1.53 | 1.36 | 2 |
| 安庆市 | 1.36 | 1.13 | 1.24 | 3 |
| 蚌埠市 | 0.98 | 1.18 | 1.08 | 4 |
| 阜阳市 | 1.10 | 1.04 | 1.07 | 5 |
| 淮北市 | 1.00 | 1.13 | 1.07 | 5 |
| 宣城市 | 1.04 | 1.04 | 1.04 | 6 |
| 合肥市 | 0.94 | 1.11 | 1.02 | 7 |

续表

| 城市 | 2018 年 | 2019 年 | 综合效率均值 | 排名 |
|------|---------|---------|------------|------|
| 芜湖市 | 0.96 | 1.03 | 1.00 | 8 |
| 宿州市 | 0.95 | 1.03 | 0.99 | 9 |
| 滁州市 | 1.00 | 0.97 | 0.99 | 9 |
| 六安市 | 0.98 | 0.99 | 0.98 | 10 |
| 马鞍山市 | 0.96 | 0.99 | 0.98 | 10 |
| 池州市 | 0.90 | 1.05 | 0.98 | 10 |
| 淮南市 | 0.91 | 1.01 | 0.96 | 11 |
| 黄山市 | 0.72 | 1.13 | 0.92 | 12 |

## 四、江西省

江西省的 11 个城市中，景德镇市、宜春市、九江市、赣州市、抚州市、上饶市、吉安市这 7 个城市绿色创新发展的综合效率高于长江经济带区域的综合效率均值，说明这 7 个城市绿色创新发展的综合效率增长较快；而萍乡市、新余市、鹰潭市、南昌市这 4 个城市绿色创新发展的综合效率低于长江经济带区域的综合效率均值，说明这 4 个城市绿色创新发展的综合效率增长较为缓慢（见表 16 - 21）。

表 16 - 21　　　　江西省各地级市综合效率排序：2018 年和 2019 年

| 城市 | 2018 年 | 2019 年 | 综合效率均值 | 排名 |
|------|---------|---------|------------|------|
| 景德镇市 | 1.05 | 1.11 | 1.08 | 1 |
| 宜春市 | 1.01 | 1.14 | 1.08 | 1 |
| 九江市 | 1.02 | 1.11 | 1.07 | 2 |
| 赣州市 | 1.04 | 1.09 | 1.07 | 2 |
| 抚州市 | 0.99 | 1.10 | 1.05 | 3 |
| 上饶市 | 1.04 | 1.04 | 1.04 | 4 |
| 吉安市 | 1.02 | 1.04 | 1.03 | 5 |
| 萍乡市 | 0.89 | 1.05 | 0.97 | 6 |
| 新余市 | 0.98 | 0.94 | 0.96 | 7 |
| 鹰潭市 | 0.97 | 0.93 | 0.95 | 8 |
| 南昌市 | 0.95 | 0.94 | 0.95 | 8 |

## 五、湖北省

湖北省的 12 个城市中，随州市、鄂州市、荆州市、十堰市、黄冈市、黄石市、咸宁市这 7 个城市绿色创新发展的综合效率高于长江经济带区域的综合效率均值，说明这 7 个城市绿色创新发展的综合效率增长较快；而宜昌市、荆门市、武汉市、襄阳市、孝感市这 5 个城市绿色创新发展的综合效率低于长江经济带区域的综合效率均值，说明这 5 个城市绿色创新发展的综合效率增长较为缓慢（见表 16 – 22）。

表 16 – 22　　　　　湖北省各地级市综合效率排序：2018 年和 2019 年

| 城市 | 2018 年 | 2019 年 | 综合效率均值 | 排名 |
|---|---|---|---|---|
| 随州市 | 1.00 | 1.58 | 1.29 | 1 |
| 鄂州市 | 1.09 | 1.20 | 1.14 | 2 |
| 荆州市 | 1.08 | 1.19 | 1.13 | 3 |
| 十堰市 | 1.02 | 1.16 | 1.09 | 4 |
| 黄冈市 | 0.98 | 1.13 | 1.05 | 5 |
| 黄石市 | 1.02 | 1.05 | 1.04 | 6 |
| 咸宁市 | 1.03 | 1.04 | 1.04 | 6 |
| 宜昌市 | 1.01 | 1.02 | 1.01 | 7 |
| 荆门市 | 1.01 | 1.00 | 1.01 | 7 |
| 武汉市 | 0.97 | 0.97 | 0.97 | 8 |
| 襄阳市 | 0.98 | 0.88 | 0.93 | 9 |
| 孝感市 | 0.93 | 0.90 | 0.92 | 10 |

## 六、湖南省

湖南省的 13 个城市中，常德市、邵阳市、益阳市、株洲市、衡阳市这 5 个城市绿色创新发展的综合效率高于长江经济带区域的综合效率均值，说明这 5 个城市绿色创新发展的综合效率增长较快；而永州市、张家界市、郴州市、怀化市、岳阳市、湘潭市、长沙市、娄底市这 8 个城市绿色创新发展的综合效率低于长江经济带区域的综合效率均值，说明这 8 个城市绿色创新发展的综合效率增长较为缓慢（见表 16 – 23）。

表 16 – 23　　　　湖南省各地级市综合效率排序：2018 年和 2019 年

| 城市 | 2018 年 | 2019 年 | 综合效率均值 | 排名 |
|---|---|---|---|---|
| 常德市 | 1.02 | 1.43 | 1.22 | 1 |
| 邵阳市 | 1.07 | 1.21 | 1.14 | 2 |
| 益阳市 | 1.01 | 1.14 | 1.08 | 3 |
| 株洲市 | 0.98 | 1.11 | 1.05 | 4 |
| 衡阳市 | 1.01 | 1.03 | 1.02 | 5 |
| 永州市 | 1.12 | 0.89 | 1.01 | 6 |
| 张家界市 | 1.00 | 1.00 | 1.00 | 7 |
| 郴州市 | 0.99 | 1.00 | 1.00 | 7 |
| 怀化市 | 0.99 | 1.00 | 0.99 | 8 |
| 岳阳市 | 0.98 | 0.99 | 0.99 | 8 |
| 湘潭市 | 0.96 | 1.00 | 0.98 | 9 |
| 长沙市 | 0.98 | 0.92 | 0.95 | 10 |
| 娄底市 | 0.90 | 0.98 | 0.94 | 11 |

# 七、四川省

四川省的 18 个城市中，仅有攀枝花市、广安市、乐山市、眉山市、自贡市这 5 个城市绿色创新发展的综合效率高于长江经济带区域的综合效率均值，说明这 5 个城市绿色创新发展的综合效率增长较快；而达州市、德阳市、南充市、巴中市、泸州市、雅安市、内江市、宜宾市、成都市、资阳市、绵阳市、广元市、遂宁市这 13 个城市绿色创新发展的综合效率低于长江经济带区域的综合效率均值，说明这 13 个城市绿色创新发展的综合效率增长较为缓慢（见表 16 – 24）。

表 16 – 24　　　　四川省各地级市综合效率排序：2018 年和 2019 年

| 城市 | 2018 年 | 2019 年 | 综合效率均值 | 排名 |
|---|---|---|---|---|
| 攀枝花市 | 1.19 | 1.16 | 1.17 | 1 |
| 广安市 | 1.06 | 1.14 | 1.10 | 2 |
| 乐山市 | 1.03 | 1.05 | 1.04 | 3 |
| 眉山市 | 0.99 | 1.09 | 1.04 | 3 |

| 城市 | 2018 年 | 2019 年 | 综合效率均值 | 排名 |
|------|---------|---------|--------------|------|
| 自贡市 | 1.01 | 1.02 | 1.02 | 4 |
| 达州市 | 1.00 | 1.02 | 1.01 | 5 |
| 德阳市 | 1.00 | 1.01 | 1.00 | 6 |
| 南充市 | 1.03 | 0.98 | 1.00 | 6 |
| 巴中市 | 1.00 | 1.00 | 1.00 | 6 |
| 泸州市 | 0.98 | 1.02 | 1.00 | 6 |
| 雅安市 | 0.89 | 1.09 | 0.99 | 7 |
| 内江市 | 0.98 | 0.99 | 0.98 | 8 |
| 宜宾市 | 0.96 | 0.99 | 0.97 | 9 |
| 成都市 | 1.01 | 0.93 | 0.97 | 9 |
| 资阳市 | 0.56 | 1.28 | 0.92 | 10 |
| 绵阳市 | 0.87 | 0.96 | 0.91 | 11 |
| 广元市 | 0.77 | 1.01 | 0.91 | 12 |
| 遂宁市 | 1.03 | 0.74 | 0.89 | 12 |

## 八、贵 州 省

贵州省的 5 个城市中，贵阳市、遵义市、安顺市、毕节市这 4 个城市绿色创新发展的综合效率高于长江经济带区域的综合效率均值，说明这 4 个城市绿色创新发展的综合效率增长较快；而只有六盘水市绿色创新发展的综合效率低于长江经济带区域的综合效率均值，说明六盘水市绿色创新发展的综合效率增长较为缓慢（见表 16 – 25）。

表 16 – 25　　　　贵州省各地级市综合效率排序：2018 年和 2019 年

| 城市 | 2018 年 | 2019 年 | 综合效率均值 | 排名 |
|------|---------|---------|--------------|------|
| 贵阳市 | 0.94 | 1.57 | 1.25 | 1 |
| 遵义市 | 1.01 | 1.30 | 1.16 | 2 |
| 安顺市 | 0.92 | 1.24 | 1.08 | 3 |
| 毕节市 | 1.01 | 1.06 | 1.03 | 4 |
| 六盘水市 | 0.98 | 0.83 | 0.91 | 5 |

## 九、云南省

云南省的 8 个城市中，普洱市、保山市、临沧市、昆明市这 4 个城市绿色创新发展的综合效率高于长江经济带区域的综合效率均值，说明这 4 个城市绿色创新发展的综合效率增长较快；而曲靖市、玉溪市、昭通市、丽江市这 4 个城市绿色创新发展的综合效率低于长江经济带区域的综合效率均值，说明这 4 个城市绿色创新发展的综合效率增长较为缓慢（见表 16 – 26）。

表 16 – 26　　　　云南省各地级市综合效率排序：2018 年和 2019 年

| 城市 | 2018 年 | 2019 年 | 综合效率均值 | 排名 |
| --- | --- | --- | --- | --- |
| 普洱市 | 0.98 | 1.19 | 1.08 | 1 |
| 保山市 | 0.97 | 1.17 | 1.07 | 2 |
| 临沧市 | 1.14 | 1.00 | 1.07 | 2 |
| 昆明市 | 0.95 | 1.15 | 1.05 | 3 |
| 曲靖市 | 1.00 | 1.02 | 1.01 | 4 |
| 玉溪市 | 0.98 | 1.03 | 1.00 | 5 |
| 昭通市 | 1.00 | 1.00 | 1.00 | 5 |
| 丽江市 | 1.00 | 1.00 | 1.00 | 5 |

## 第四节　长江经济带 11 省市各城市的技术进步分析

## 一、江苏省

江苏省的 13 个城市中，常州市、南京市、苏州市、淮安市、无锡市这 5 个城市的技术进步均值大于长江经济带区域的技术进步均值，说明这 5 个城市的绿色创新发展技术进步值增长较快；其余 8 个城市的技术进步均值均小于长江经济带区域的技术进步均值，说明这 8 个城市的绿色创新发展技术进步值增长较为缓慢（见表 16 – 27）。

表16-27 　　　　　　　江苏省各地级市技术进步排序：2018 年和 2019 年

| 城市 | 2018 年 | 2019 年 | 技术进步均值 | 排名 |
|---|---|---|---|---|
| 常州市 | 0.95 | 1.56 | 1.25 | 1 |
| 南京市 | 1.08 | 1.27 | 1.17 | 2 |
| 苏州市 | 1.06 | 1.18 | 1.12 | 3 |
| 淮安市 | 1.22 | 1.00 | 1.11 | 4 |
| 无锡市 | 1.10 | 1.08 | 1.09 | 5 |
| 镇江市 | 1.12 | 1.03 | 1.07 | 6 |
| 扬州市 | 1.13 | 1.01 | 1.07 | 6 |
| 连云港市 | 1.14 | 0.99 | 1.07 | 6 |
| 南通市 | 1.12 | 1.00 | 1.06 | 7 |
| 盐城市 | 1.08 | 1.02 | 1.05 | 8 |
| 徐州市 | 1.10 | 1.00 | 1.05 | 8 |
| 泰州市 | 1.12 | 0.96 | 1.04 | 9 |
| 宿迁市 | 1.07 | 0.87 | 0.97 | 10 |

## 二、浙江省

　　浙江省的 11 个城市中，温州市、宁波市、金华市、杭州市、台州市、丽水市、湖州市、舟山市、嘉兴市这 9 个城市的技术进步均值大于长江经济带区域的技术进步均值，说明这 9 个城市的绿色创新发展技术进步值增长较快；而绍兴市、衢州市的技术进步均值均小于长江经济带区域的技术进步均值，说明这 2 个城市的绿色创新发展技术进步值增长较为缓慢（见表 16 - 28）。

表16-28 　　　　　　　浙江省各地级市技术进步排序：2018 年和 2019 年

| 城市 | 2018 年 | 2019 年 | 技术进步均值 | 排名 |
|---|---|---|---|---|
| 温州市 | 1.60 | 1.15 | 1.37 | 1 |
| 宁波市 | 1.19 | 1.05 | 1.12 | 2 |
| 金华市 | 1.21 | 1.02 | 1.12 | 2 |
| 杭州市 | 1.16 | 1.05 | 1.11 | 3 |

续表

| 城市 | 2018 年 | 2019 年 | 技术进步均值 | 排名 |
|---|---|---|---|---|
| 台州市 | 1.18 | 1.03 | 1.10 | 4 |
| 丽水市 | 1.20 | 1.01 | 1.10 | 4 |
| 湖州市 | 1.26 | 0.93 | 1.10 | 4 |
| 舟山市 | 1.16 | 1.03 | 1.09 | 5 |
| 嘉兴市 | 1.16 | 0.99 | 1.08 | 6 |
| 绍兴市 | 1.24 | 0.89 | 1.06 | 7 |
| 衢州市 | 1.11 | 1.00 | 1.05 | 8 |

## 三、安徽省

安徽省的 16 个城市中,只有黄山市、六安市这 2 个城市的技术进步均值大于长江经济带区域的技术进步均值,说明这 2 个城市的绿色创新发展技术进步值增长较快;而其余 14 个城市的技术进步均值均小于长江经济带区域的技术进步均值,说明这 14 个城市的绿色创新发展技术进步值增长较为缓慢(见表 16 - 29)。

表 16 - 29 安徽省各地级市技术进步排序:2018 年和 2019 年

| 城市 | 2018 年 | 2019 年 | 技术进步均值 | 排名 |
|---|---|---|---|---|
| 黄山市 | 1.45 | 0.94 | 1.19 | 1 |
| 六安市 | 1.23 | 0.97 | 1.10 | 2 |
| 亳州市 | 1.04 | 1.09 | 1.07 | 3 |
| 合肥市 | 1.19 | 0.93 | 1.06 | 4 |
| 铜陵市 | 1.09 | 1.01 | 1.05 | 5 |
| 淮南市 | 1.08 | 1.01 | 1.04 | 6 |
| 蚌埠市 | 1.08 | 1.01 | 1.04 | 6 |
| 宿州市 | 1.05 | 1.01 | 1.03 | 7 |
| 马鞍山市 | 1.08 | 0.98 | 1.03 | 7 |
| 阜阳市 | 1.03 | 1.03 | 1.03 | 7 |
| 池州市 | 1.04 | 1.02 | 1.03 | 7 |

| 城市 | 2018 年 | 2019 年 | 技术进步均值 | 排名 |
|------|---------|---------|-------------|------|
| 滁州市 | 1.06 | 0.98 | 1.02 | 8 |
| 芜湖市 | 1.07 | 0.96 | 1.02 | 8 |
| 宣城市 | 1.04 | 0.97 | 1.00 | 9 |
| 安庆市 | 1.03 | 0.97 | 1.00 | 9 |
| 淮北市 | 1.03 | 0.96 | 1.00 | 9 |

## 四、江西省

江西省的 11 个城市中，抚州市、鹰潭市、吉安市、南昌市这 4 个城市的技术进步均值大于长江经济带区域的技术进步均值，说明这 4 个城市的绿色创新发展技术进步值增长较快；而赣州市、萍乡市、上饶市、九江市、新余市、宜春市、景德镇市这 6 个城市的技术进步均值均小于长江经济带区域的技术进步均值，说明这 6 个城市的绿色创新发展技术进步值增长较为缓慢（见表 16 - 30）。

表 16 - 30　　　　　江西省各地级市技术进步排序：2018 年和 2019 年

| 城市 | 2018 年 | 2019 年 | 技术进步均值 | 排名 |
|------|---------|---------|-------------|------|
| 抚州市 | 1.25 | 1.04 | 1.14 | 1 |
| 鹰潭市 | 1.29 | 0.96 | 1.13 | 2 |
| 吉安市 | 1.20 | 1.04 | 1.12 | 3 |
| 南昌市 | 1.11 | 1.07 | 1.09 | 4 |
| 赣州市 | 1.14 | 1.00 | 1.07 | 5 |
| 萍乡市 | 1.14 | 0.98 | 1.06 | 6 |
| 上饶市 | 1.06 | 1.01 | 1.04 | 7 |
| 九江市 | 1.08 | 0.99 | 1.03 | 8 |
| 新余市 | 1.03 | 1.04 | 1.03 | 8 |
| 宜春市 | 1.04 | 0.95 | 0.99 | 9 |
| 景德镇市 | 1.06 | 0.92 | 0.99 | 9 |

## 五、湖北省

湖北省的 12 个城市中武汉市、孝感市、襄阳市、咸宁市这 4 个城市的技术进步均值大于长江经济带区域的技术进步均值，说明这 4 个城市的绿色创新发展技术进步值增长较快；而荆门市、鄂州市、随州市、黄石市、十堰市、荆州市、宜昌市、黄冈市这 8 个城市的技术进步均值均小于长江经济带区域的技术进步均值，说明这 8 个城市的绿色创新发展技术进步值增长较为缓慢（见表 16 - 31）。

表 16 - 31　　　　　湖北省各地级市技术进步排序：2018 年和 2019 年

| 城市 | 2018 年 | 2019 年 | 技术进步均值 | 排名 |
|------|---------|---------|------------|------|
| 武汉市 | 1.09 | 1.08 | 1.09 | 1 |
| 孝感市 | 1.10 | 1.07 | 1.09 | 1 |
| 襄阳市 | 1.08 | 1.09 | 1.09 | 1 |
| 咸宁市 | 1.06 | 1.11 | 1.08 | 2 |
| 荆门市 | 1.08 | 1.06 | 1.07 | 3 |
| 鄂州市 | 0.97 | 1.14 | 1.05 | 4 |
| 随州市 | 1.71 | 0.39 | 1.05 | 4 |
| 黄石市 | 1.04 | 1.02 | 1.03 | 5 |
| 十堰市 | 1.08 | 0.97 | 1.03 | 5 |
| 荆州市 | 1.09 | 0.94 | 1.02 | 6 |
| 宜昌市 | 1.03 | 0.97 | 1.00 | 7 |
| 黄冈市 | 1.03 | 0.95 | 0.99 | 8 |

## 六、湖南省

湖南省的 13 个城市中，只有张家界市、长沙市这 2 个城市的技术进步均值大于长江经济带区域的技术进步均值，说明这 2 个城市的绿色创新发展技术进步值增长较快；而娄底市、湘潭市、常德市、岳阳市、怀化市、永州市、株洲市、益阳市、郴州市、衡阳市、邵阳市的技术进步均值均小于长江经济带区域的技术进步均值，说明这 11 个城市的绿色创新发展技术进步值增长较为缓慢（见表 16 - 32）。

表 16 - 32　　　　　　湖南省各地级市技术进步排序：2018 年和 2019 年

| 城市 | 2018 年 | 2019 年 | 技术进步均值 | 排名 |
|---|---|---|---|---|
| 张家界市 | 1.96 | 0.51 | 1.23 | 1 |
| 长沙市 | 1.15 | 1.10 | 1.13 | 2 |
| 娄底市 | 1.11 | 1.01 | 1.06 | 3 |
| 湘潭市 | 1.07 | 1.05 | 1.06 | 3 |
| 常德市 | 1.03 | 1.07 | 1.05 | 4 |
| 岳阳市 | 1.05 | 1.05 | 1.05 | 4 |
| 怀化市 | 1.06 | 1.03 | 1.05 | 4 |
| 永州市 | 1.10 | 0.98 | 1.04 | 5 |
| 株洲市 | 1.06 | 1.00 | 1.03 | 6 |
| 益阳市 | 1.05 | 1.00 | 1.03 | 6 |
| 郴州市 | 1.02 | 1.01 | 1.01 | 7 |
| 衡阳市 | 1.02 | 0.99 | 1.01 | 7 |
| 邵阳市 | 1.01 | 0.98 | 1.00 | 8 |

# 七、四川省

四川省的 18 个城市中，资阳市、成都市、遂宁市、广元市、雅安市这 5 个城市的技术进步均值大于长江经济带区域的技术进步均值，说明这 5 个城市的绿色创新发展技术进步值增长较快；而广安市、泸州市、内江市、绵阳市、德阳市、南充市、攀枝花市、眉山市、宜宾市、自贡市、巴中市、乐山市、达州市的技术进步均值均小于长江经济带区域的技术进步均值，说明这 13 个城市的绿色创新发展技术进步值增长较为缓慢（见表 16 - 33）。

表 16 - 33　　　　　四川省各地级市技术进步排序：2018 年和 2019 年

| 城市 | 2018 年 | 2019 年 | 综合效率均值 | 排名 |
|---|---|---|---|---|
| 资阳市 | 1.86 | 0.94 | 1.40 | 1 |
| 成都市 | 1.34 | 0.93 | 1.13 | 2 |
| 遂宁市 | 1.16 | 1.09 | 1.13 | 2 |
| 广元市 | 1.21 | 0.99 | 1.10 | 3 |

续表

| 城市 | 2018 年 | 2019 年 | 综合效率均值 | 排名 |
|---|---|---|---|---|
| 雅安市 | 1.06 | 1.09 | 1.08 | 4 |
| 广安市 | 1.09 | 1.04 | 1.06 | 5 |
| 泸州市 | 1.07 | 1.03 | 1.05 | 6 |
| 内江市 | 1.03 | 1.05 | 1.04 | 7 |
| 绵阳市 | 1.11 | 0.97 | 1.04 | 7 |
| 德阳市 | 1.05 | 1.03 | 1.04 | 7 |
| 南充市 | 1.07 | 1.01 | 1.04 | 7 |
| 攀枝花市 | 0.92 | 1.16 | 1.04 | 7 |
| 眉山市 | 1.04 | 1.03 | 1.03 | 8 |
| 宜宾市 | 1.04 | 1.01 | 1.03 | 8 |
| 自贡市 | 1.10 | 0.93 | 1.01 | 9 |
| 巴中市 | 1.15 | 0.87 | 1.01 | 9 |
| 乐山市 | 1.00 | 1.00 | 1.00 | 10 |
| 达州市 | 1.04 | 0.95 | 0.99 | 11 |

## 八、贵州省

贵州省的 5 个城市中，只有六盘水市的技术进步均值大于长江经济带区域的技术进步均值，说明六盘水市的绿色创新发展技术进步值增长较快；而贵阳市、毕节市、安顺市、遵义市的技术进步均值均小于长江经济带区域的技术进步均值，说明这 4 个城市的绿色创新发展技术进步值增长较为缓慢（见表 16 - 34）。

表 16 - 34　　　　贵州省各地级市技术进步排序：2018 年和 2019 年

| 城市 | 2018 年 | 2019 年 | 综合效率均值 | 排名 |
|---|---|---|---|---|
| 六盘水市 | 1.02 | 1.24 | 1.13 | 1 |
| 贵阳市 | 1.08 | 1.00 | 1.04 | 2 |
| 毕节市 | 1.03 | 1.01 | 1.02 | 3 |
| 安顺市 | 1.07 | 0.96 | 1.01 | 4 |
| 遵义市 | 1.07 | 0.94 | 1.00 | 5 |

## 九、云南省

云南省的 8 个城市中,丽江市、昆明市这 2 个城市的技术进步均值大于长江经济带区域的技术进步均值,说明这 2 个城市的绿色创新发展技术进步值增长较快;而保山市、普洱市、临沧市、玉溪市、曲靖市、昭通市的技术进步均值均小于长江经济带区域的技术进步均值,说明这 6 个城市的绿色创新发展技术进步值增长较为缓慢(见表 16 - 35)。

表 16 - 35　　　　　云南省各地级市技术进步排序:2018 年和 2019 年

| 城市 | 2018 年 | 2019 年 | 综合效率均值 | 排名 |
|------|---------|---------|------------|------|
| 丽江市 | 1.38 | 1.00 | 1.19 | 1 |
| 昆明市 | 1.17 | 1.00 | 1.08 | 2 |
| 保山市 | 1.00 | 1.12 | 1.06 | 3 |
| 普洱市 | 1.03 | 1.05 | 1.04 | 4 |
| 临沧市 | 1.04 | 1.02 | 1.03 | 5 |
| 玉溪市 | 1.04 | 0.99 | 1.02 | 6 |
| 曲靖市 | 1.02 | 0.98 | 1.00 | 7 |
| 昭通市 | 1.00 | 1.00 | 1.00 | 7 |

# 第五节　长江经济带绿色创新效率的动态变化

## 一、长江经济带 ML 指数重心分布

从绿色创新效率的重心轨迹来看,2018 年和 2019 年,绿色创新效率重心一直位于长江经济带几何中心的东部,说明长江下游城市的绿色创新效率在长江经济带中占据重要地位。从 2018 ~ 2019 年,长江经济带绿色创新效率的重心整体呈现向西南方向移动的演变趋势,这说明长江中上游南部地区对于长江经济带绿色创新效率的贡献程度在加速提高,且提高速度逐渐快于长江经济带下游地区。可能是由于西部大开发、中部崛起等战略的实施,以及长江中游城市群和成渝城市群的崛起,使得长江中上游城市的绿色创新效率增长速度提升。

从表 16 - 36 来看,绿色创新效率空间分布呈西南—东北趋势,呈收

缩集聚态势。从旋转角度的变化来看，长江经济带绿色创新效率总体呈现出"西南—东北"方向的空间分布格局。旋转角由 78.34° 缩小到 76.95°，表明长江经济带绿色创新效率空间分布格局存在较为明显的"正北—正南"方向偏移的趋势。

表 16－36　　　　长江经济带 ML 指数标准差椭圆基本情况：2018 年和 2019 年

| 年份 | 长轴距离 | 短轴距离 | 旋转角度 | 椭圆面积 |
| --- | --- | --- | --- | --- |
| 2018 | 2.92 | 8.98 | 78.34 | 20.57 |
| 2019 | 2.88 | 9.09 | 76.95 | 20.54 |

标准差椭圆的长轴和短轴距离相差较大，说明绿色创新效率的空间分布具有明显的方向性。从长轴方向来看，长轴距离由 2018 年的 2.92 略降至 2018 年的 2.88，表明 2018～2019 年长江经济带绿色创新效率在主要方向即"西南—东北"方向上呈现收缩趋势，即在高绿色创新效率地区有所集聚，但是集聚程度不明显。

从短轴方向看，短轴距离由 2018 年的 8.98 增长至 2019 年的 9.09（见表 16－36），说明长江经济带绿色创新效率在地理空间上呈现分散的趋势。

从椭圆覆盖范围来看，标准差椭圆的面积由 2018 年的 20.57 变为 2019 年的 20.54，呈现出收缩的态势，表明绿色创新效率较高值聚集地有所收缩。

## 二、长江经济带技术进步重心分布

从技术进步重心位置来看，2018 年和 2019 年的技术进步重心一直位于长江经济带几何中心的东部方向，说明长江下游城市的技术进步在长江经济带中始终占据重要地位。下游城市的经济比较发达，创新能力较强，技术较为先进，因此技术进步的增长速度更快。2018～2019 年，技术进步重心向西南方向迁移，与绿色创新效率的迁移方向一致，说明长江中上游南部地区对于技术进步的贡献在不断增大，可能是由于长江中上游城市政府加大对于技术的支持力度，使得长江中上游城市的技术进步增速超过下游地区。

技术进步空间分布呈西南—东北趋势，呈收缩集聚态势。从旋转角度的变化来看，长江经济带绿色创新效率总体呈现出"西南—东北"方向的空间分布格局。旋转角由 78.46°缩小到 77.61°（见表 16 – 37），表明长江经济带技术进步空间分布格局存在较为明显的"正北—正南"方向偏移的趋势。

表 16 – 37　　　长江经济带技术进步标准差椭圆基本情况：2018 年和 2019 年

| 年份 | 长轴距离 | 短轴距离 | 旋转角度 | 椭圆面积 |
| --- | --- | --- | --- | --- |
| 2018 | 2.91 | 8.98 | 78.46 | 20.56 |
| 2019 | 2.90 | 9.11 | 77.61 | 20.73 |

标准差椭圆的长轴和短轴距离相差较大，说明技术进步的空间分布具有明显的方向性。从长轴方向来看，长轴距离由 2018 年的 2.91 略降至 2018 年的 2.90（见表 16 – 37），表明 2018～2019 年长江经济带绿色创新效率在主要方向即"西南—东北"方向上呈现收缩趋势，即在高绿色创新效率地区有所集聚，但是集聚程度不明显。

从短轴方向看，短轴距离由 2018 年的 8.98 增长至 2019 年的 9.11（见表 16 – 37），说明长江经济带绿色创新效率在地理空间上呈现分散的趋势。

从椭圆覆盖范围来看，标准差椭圆的面积由 2018 年的 20.56 变为 2019 年的 20.73（见表 16 – 37），呈现出扩张的态势，表明技术进步较高值聚集地有所分散。

### 三、长江经济带综合效率重心分布

从综合效率重心位置来看，2018 年和 2019 年的综合效率重心一直位于长江经济带几何中心的东部方向，说明长江下游城市的综合效率在长江经济带中始终占据重要地位。从 2018～2019 年，综合效率重心呈现像西北方向移动的趋势，说明长江中上游北部城市的综合效率提升对于整个长江经济带的贡献在不断增强。同时可以看出综合效率重心迁移方向与绿色创新效率重心的迁移方向不同，而技术进步重心的迁移方向与绿色创新效率的迁移方向相同，说明技术进步对于绿色创新效率的影响大于综合效率。

综合效率空间分布呈西南—东北趋势，呈收缩集聚态势。从旋转角度的变化来看，长江经济带绿色创新效率总体呈现出"西南—东北"方向的空间分布格局。旋转角由 77.58°缩小到 77.01°（见表 16 – 38），表明长江经济带综合效率空间分布格局存在较为明显的"正北—正南"方向偏移的趋势。

表 16 – 38　　长江经济带综合效率标准差椭圆基本情况：2018～2019 年

| 年份 | 长轴距离 | 短轴距离 | 旋转角度 | 椭圆面积 |
| --- | --- | --- | --- | --- |
| 2018 年 | 2.91 | 9.02 | 77.58 | 20.59 |
| 2019 年 | 2.89 | 8.99 | 77.01 | 20.39 |

标准差椭圆的长轴和短轴距离相差较大，说明综合效率的空间分布具有明显的方向性。从长轴方向来看，长轴距离由 2018 年的 2.91 略降至 2018 年的 2.89（见表 16 – 38），表明 2018～2019 年长江经济带绿色创新效率在主要方向即"西南—东北"方向上呈现收缩趋势，即在高绿色创新效率地区有所集聚，但是集聚程度不大。

从短轴方向看，短轴距离由 2018 年的 9.02 减小至 2019 年的 8.99（见表 16 – 38），说明长江经济带绿色创新效率在地理空间上呈现聚集的趋势，但是聚集的趋势较小。

从椭圆覆盖范围来看，标准差椭圆的面积由 2018 年的 20.59 变为 2019 年的 20.39（见表 16 – 38），呈现出收缩的态势，表明技术进步较高值聚集范围有所收缩。

# 第十七章 长江经济带绿色创新
效率变化的影响因素

## 第一节 长江经济带绿色创新
效率的影响指标选取

长江经济带绿色创新效率空间分异是多种因素共同作用的结果。本报告从内源力、外源力、市场力、行政力4个方面选取6个探测因子，来进一步识别长江经济带绿色创新效率空间分异的关键驱动因素（见表17-1）。相应指标数据来源于中国城市统计年鉴（2019年）。

表 17-1　　　　长江经济带绿色创新效率空间分异因子

| 类型 | 驱动因素 | 具体指标 |
|------|----------|----------|
| 内源力 | 教育水平 | 万人在校大学生数（在校大学生数/总人口数） |
| 外源力 | 外商投资 | 外商投资企业投资总额 |
| | 对外贸易 | 进出口总额 |
| 市场力 | 产业结构高级化 | 第三产业产值/第二产业产值 |
| | 年末存贷款余额 | 存款、贷款总余额 |
| 行政力 | 财政支出 | 政府财政支出占GDP的比重 |
| | 绿化覆盖率 | 绿化覆盖率 |

整体来看，内源力、外源力、市场力、行政力的区域差异是导致长江经济带绿色创新效率空间分异的基本作用因子。不同地区由于产业结构、对外投资、对外贸易、财政支出等的不同，决定了技术进步等内生驱动力异质性特征，将导致长江经济带绿色创新效率表现出空间分异特征。教育水平等内源力的不断提升可以帮助提升劳动力素质，优化劳动

力。开放的经济环境，积极对外贸易、积极吸引外商投资，可以扩大资本积累，也可以促进技术的进步，有利于长江经济带绿色创新效率的提高。行政力是政府进行有效的宏观调控的表现，在长江经济带绿色创新效率的提升过程中起着统筹协调、完善政策的关键性作用，财政支出是政府宏观调控能力的重要体现。市场力起着重要的调节作用，有效的市场可以形成有序的竞争环境，提升绿色创新过程中各种要素的利用率。同时，内源力、外源力、市场力与行政力相互依存、相互作用，不同因子交互的作用力差异将进一步导致新型城镇化的空间分异（见图 17 - 1）。

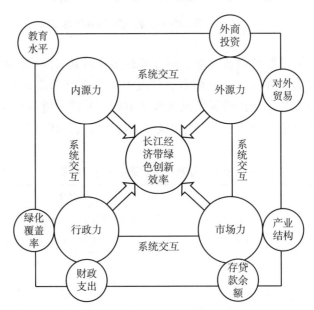

图 17 - 1　长江经济带绿色创新效率空间分异因子作用机制

## 第二节　基于地理探测器因子探测的影响因素识别

### 一、长江经济带 11 省域各城市的 ML 指数主导因素识别

长江经济带绿色创新效率是多种因素共同作用的结果，其主导因素的识别对于长江经济带绿色创新效率的提升具有重要意义。运用地理探

测器的因子探测对长江经济带绿色创新效率进行分析，揭示影响绿色创新效率的主导因素。发现对于总体城市而言，进出口总额对于绿色创新效率的影响强度远大于其他因素，因子解释力为0.088，说明市场力中的进出口总额是长江经济带绿色创新效率的核心驱动因素。可能是由于进出口总额代表着我国与外界的交流程度，与其他国家交流越密切，越可以吸收更多的资金，越有利于绿色创新的资金积累。同时，可以借鉴其他国家的先进绿色创新技术，可以有效地提升技术进步的速度，从而提高长江经济带的绿色创新效率。由于我国近几年来加强对外往来的力度，因此绿色创新效率得以提高。对于绿色创新效率的影响强度最低的是绿化覆盖率，因子解释力只有0.008，约占进出口总额影响强度的22.9%，还不到1/4（见图17-2）。

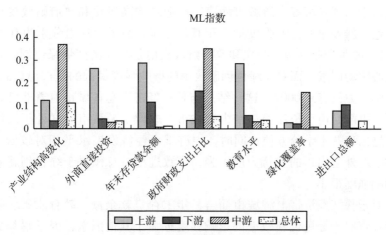

图 17-2　长江经济带绿色创新 ML 指数空间分异的
驱动因素：2019（纵坐标值0.1、0.2、…）

从表17-2来看，长江经济带下游城市的政府财政支出、年末存贷款余额、进出口总额对于绿色创新效率的影响强度远大于其他因素，因子解释力分别为0.165、0.116、0.106，说明政府财政支出、年末存贷款余额、进出口总额是长江经济带绿色创新效率的核心驱动因素。而对于绿色创新效率的影响强度最低的是绿化覆盖率，因子解释力只有0.022。

表 17 - 2　　　　　　长江经济带绿色创新 ML 指数空间分异
驱动因素所对应的 q 值：2019 年

| 类型 | 变量 | 总体 | 下游 | 中游 | 上游 |
|------|------|------|------|------|------|
| 内源力 | 教育水平 | 0.038 | 0.058 | 0.031 | 0.286 |
| 外源力 | 外商直接投资 | 0.034 | 0.043 | 0.028 | 0.264 |
|        | 进出口总额 | 0.035 | 0.106 | 0.0002 | 0.079 |
| 市场力 | 产业结构高级化 | 0.112 | 0.034 | 0.369 | 0.124 |
|        | 年末存贷款余额 | 0.011 | 0.116 | 0.003 | 0.288 |
| 行政力 | 政府财政支出占比 | 0.054 | 0.165 | 0.351 | 0.036 |
|        | 绿化覆盖率 | 0.008 | 0.022 | 0.16 | 0.027 |

对于长江经济带中游城市而言，产业结构高级化和政府财政支出对于绿色创新效率的影响强度远大于其他因素，因子解释力分别为 0.369、0.351，说明产业结构高级化和政府财政支出是长江经济带绿色创新效率的核心驱动因素。而对于绿色创新效率的影响强度最低的是进出口总额，因子解释力只有 0.0002。这一结果与长江经济带总体城市有着非常大的差别，可能是由于长江经济带中游城市并非像下游城市一样处于沿海地区，进出口并不十分方便；同时，中游城市经济发展水平相对较低，政府对于对外进出口的支持力度不强，导致进出口总额对于绿色创新效率的影响强度很小。

对于长江经济带上游城市而言，年末存贷款余额、教育水平、外商直接投资对于绿色创新效率的影响强度远大于其他因素，因子解释力分别为 0.288、0.286、0.264，说明年末存贷款余额、教育水平、外商直接投资是长江经济带绿色创新效率的核心驱动因素。而对于绿色创新效率的影响强度最低的是绿化覆盖率，因子解释力只有 0.027。

## 二、绿色创新综合效率主导因素识别

对于总体城市而言，进出口总额对于绿色创新综合效率的影响强度远大于其他因素，因子解释力为 0.088，说明进出口总额是长江经济带绿色创新综合效率的核心驱动因素。对于绿色创新综合效率的影响强度最低的是绿化覆盖率，因子解释力只有 0.006，约占进出口总额影响强度的 17.1%，还不到 1/5（见图 17 - 3）。

综合效率

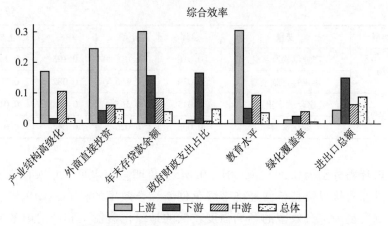

图 17－3　长江经济带绿色创新综合效率空间分异的驱动因素：2019 年

对于长江经济带下游城市而言，政府财政支出、年末存贷款余额、进出口总额对于绿色创新综合效率的影响强度远大于其他因素，因子解释力分别为 0.165、0.156、0.150，这说明政府财政支出、年末存贷款余额、进出口总额是长江经济带绿色创新综合效率的核心驱动因素。而对于绿色创新综合效率的影响强度较低的是绿化覆盖率和产业结构高级化，因子解释力分别为 0.025、0.016。

对于长江经济带中游城市而言，产业结构高级化对于绿色创新综合效率的影响强度远大于其他因素，因子解释力为 0.105，说明产业结构高级化是长江经济带绿色创新综合效率的核心驱动因素。而对于绿色创新综合效率的影响强度最低的是政府财政支出占比，因子解释力只有 0.008。

从表 17－3 来看，长江经济带上游城市的教育水平、年末存贷款余额、外商直接投资对于绿色创新综合效率的影响强度远大于其他因素，

表 17－3　　　　长江经济带绿色创新综合效率空间分异
驱动因素所对应的 q 值：2019 年

| 类型 | 变量 | 总体 | 下游 | 中游 | 上游 |
|------|------|------|------|------|------|
| 内源力 | 教育水平 | 0.036 | 0.050 | 0.093 | 0.305 |
| 外源力 | 外商直接投资 | 0.046 | 0.042 | 0.060 | 0.245 |
| | 进出口总额 | 0.088 | 0.150 | 0.063 | 0.045 |

续表

| 类型 | 变量 | 总体 | 下游 | 中游 | 上游 |
|------|------|------|------|------|------|
| 市场力 | 产业结构高级化 | 0.016 | 0.016 | 0.105 | 0.170 |
| | 年末存贷款余额 | 0.039 | 0.156 | 0.082 | 0.301 |
| 行政力 | 政府财政支出占比 | 0.048 | 0.165 | 0.008 | 0.011 |
| | 绿化覆盖率 | 0.006 | 0.025 | 0.040 | 0.013 |

因子解释力分别为 0.305、0.301、0.245,说明教育水平、年末存贷款余额、外商直接投资是长江经济带绿色创新综合效率的核心驱动因素。而对于绿色创新综合效率的影响强度较低的是绿化覆盖率和政府财政支出占比,因子解释力分别为 0.013、0.011。

### 三、绿色创新技术进步主导因素识别

对于总体城市而言,产业结构高级化对于绿色创新综合效率的影响强度远大于其他因素,因子解释力为 0.181,说明产业结构高级化是长江经济带绿色创新综合效率的核心驱动因素。对于绿色创新综合效率的影响强度最低的是绿化覆盖率,因子解释力只有 0.009,约占进出口总额影响强度的 4.97%,还不到 1/20(见图 17-4、表 17-4)。

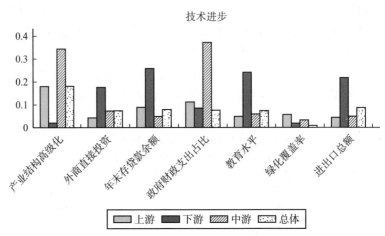

图 17-4 长江经济带绿色创新技术进步空间
分异的驱动因素:2019 年

表 17 – 4　　　　　　　长江经济带绿色创新技术进步空间分异
驱动因素所对应的 q 值：2019 年

| 类型 | 变量 | 总体 | 下游 | 中游 | 上游 |
|------|------|------|------|------|------|
| 内源力 | 教育水平 | 0.074 | 0.241 | 0.059 | 0.049 |
| 外源力 | 外商直接投资 | 0.074 | 0.176 | 0.073 | 0.043 |
|  | 进出口总额 | 0.087 | 0.217 | 0.049 | 0.044 |
| 市场力 | 产业结构高级化 | 0.181 | 0.021 | 0.344 | 0.180 |
|  | 年末存贷款余额 | 0.079 | 0.258 | 0.049 | 0.089 |
| 行政力 | 政府财政支出占比 | 0.076 | 0.085 | 0.372 | 0.112 |
|  | 绿化覆盖率 | 0.009 | 0.019 | 0.033 | 0.057 |

　　对于长江经济带下游城市而言，年末存贷款余额、教育水平、进出口总额对于绿色创新综合效率的影响强度远大于其他因素，因子解释力分别为 0.258、0.241、0.217，说明年末存贷款余额、教育水平、进出口总额是长江经济带绿色创新综合效率的核心驱动因素。而对于绿色创新综合效率的影响强度较低的是绿化覆盖率和产业结构高级化，因子解释力分别为 0.019、0.021。

　　对于长江经济带中游城市而言，政府财政支出占比、产业结构高级化对于绿色创新综合效率的影响强度远大于其他因素，因子解释力分别为 0.372、0.344，说明政府财政支出占比、产业结构高级化是长江经济带绿色创新综合效率的核心驱动因素。而对于绿色创新综合效率的影响强度最低的是政府财政支出占比，因子解释力只有 0.033。

　　对于长江经济带上游城市而言，产业结构高级化、政府财政支出占比对于绿色创新综合效率的影响强度远大于其他因素，因子解释力分别为 0.180、0.112，说明产业结构高级化、政府财政支出占比是长江经济带绿色创新综合效率的核心驱动因素。而对于绿色创新综合效率的影响强度较低的是外商直接投资、进出口总额，因子解释力分别为 0.043、0.044。

　　长江经济带绿色创新效率的影响过程受到外部因素多重影响，各影响因素彼此存在交互关系。由表 17 – 5、表 17 – 6 和表 17 – 7 可以看出，每两个因素交互探测后对绿色创新效率、绿色创新综合效率、绿色创新技术进步的影响强度显著增大，从不同交互类型来看，主要表现为双因子增强和非线性增强两种类型。

表 17 – 5　　长江经济带绿色创新 ML 指数空间分异因子交互作用：2019 年

| 地区 | 指标 | 教育水平 | 外商投资 | 进出口总额 | 产业结构 | 存贷款余额 | 财政支出 | 绿化覆盖率 |
|---|---|---|---|---|---|---|---|---|
| 全部城市 | 教育水平 | 0.038 | | | | | | |
| | 外商投资 | 0.149 | 0.034 | | | | | |
| | 进出口总额 | 0.197 | 0.168 | 0.035 | | | | |
| | 产业结构 | 0.222 | 0.237 | 0.245 | 0.112 | | | |
| | 存贷款余额 | 0.100 | 0.163 | 0.155 | 0.190 | 0.011 | | |
| | 财政支出 | 0.158 | 0.142 | 0.240 | 0.199 | 0.152 | 0.054 | |
| | 绿化覆盖率 | 0.118 | 0.112 | 0.151 | 0.186 | 0.191 | 0.119 | 0.008 |
| 下游城市 | 教育水平 | 0.058 | | | | | | |
| | 外商投资 | 0.148 | 0.043 | | | | | |
| | 进出口总额 | 0.271 | 0.280 | 0.106 | | | | |
| | 产业结构 | 0.171 | 0.278 | 0.313 | 0.034 | | | |
| | 存贷款余额 | <u>0.192</u> | <u>0.190</u> | <u>0.230</u> | 0.200 | 0.116 | | |
| | 财政支出 | 0.282 | 0.258 | 0.509 | 0.253 | <u>0.252</u> | 0.165 | |
| | 绿化覆盖率 | 0.348 | 0.438 | 0.352 | 0.112 | 0.378 | 0.375 | 0.022 |
| 中游城市 | 教育水平 | 0.031 | | | | | | |
| | 外商投资 | 0.130 | 0.028 | | | | | |
| | 进出口总额 | <u>0.062</u> | <u>0.057</u> | 0.0002 | | | | |
| | 产业结构 | 0.450 | 0.455 | <u>0.395</u> | 0.369 | | | |
| | 存贷款余额 | <u>0.076</u> | <u>0.080</u> | <u>0.032</u> | <u>0.414</u> | 0.003 | | |
| | 财政支出 | 0.438 | 0.557 | 0.432 | <u>0.649</u> | 0.439 | 0.351 | |
| | 绿化覆盖率 | 0.249 | 0.374 | <u>0.196</u> | 0.577 | 0.215 | 0.591 | 0.160 |
| 上游城市 | 教育水平 | 0.286 | | | | | | |
| | 外商投资 | <u>0.428</u> | 0.264 | | | | | |
| | 进出口总额 | 0.424 | <u>0.297</u> | 0.079 | | | | |
| | 产业结构 | 0.554 | 0.526 | <u>0.252</u> | 0.124 | | | |
| | 存贷款余额 | <u>0.389</u> | <u>0.423</u> | 0.418 | 0.520 | 0.288 | | |
| | 财政支出 | 0.519 | <u>0.331</u> | <u>0.142</u> | 0.470 | 0.558 | 0.036 | |
| | 绿化覆盖率 | 0.498 | 0.427 | <u>0.146</u> | 0.330 | 0.499 | 0.174 | 0.027 |

注：双下划线数据为双因子增强，无双下划线数据为非线性增强。

表 17 - 6　　　长江经济带绿色创新综合效率空间分异因子交互作用：2019 年

| 地区 | 指标 | 教育水平 | 外商投资 | 进出口总额 | 产业结构 | 存贷款余额 | 财政支出 | 绿化覆盖率 |
|---|---|---|---|---|---|---|---|---|
| 全部城市 | 教育水平 | 0.036 | | | | | | |
| | 外商投资 | 0.175 | 0.046 | | | | | |
| | 进出口总额 | 0.267 | 0.166 | 0.088 | | | | |
| | 产业结构 | 0.098 | 0.159 | 0.198 | 0.016 | | | |
| | 存贷款余额 | 0.133 | 0.186 | 0.220 | 0.138 | 0.039 | | |
| | 财政支出 | 0.201 | 0.114 | 0.285 | 0.105 | 0.200 | 0.048 | |
| | 绿化覆盖率 | 0.086 | 0.096 | 0.198 | 0.044 | 0.214 | 0.117 | 0.006 |
| 下游城市 | 教育水平 | 0.050 | | | | | | |
| | 外商投资 | <u>0.124</u> | 0.042 | | | | | |
| | 进出口总额 | 0.324 | 0.265 | 0.150 | | | | |
| | 产业结构 | 0.146 | 0.254 | 0.356 | 0.016 | | | |
| | 存贷款余额 | <u>0.243</u> | <u>0.197</u> | 0.260 | 0.242 | 0.156 | | |
| | 财政支出 | 0.285 | <u>0.227</u> | <u>0.539</u> | 0.267 | <u>0.263</u> | 0.165 | |
| | 绿化覆盖率 | 0.400 | 0.343 | 0.414 | 0.093 | 0.439 | 0.346 | 0.025 |
| 中游城市 | 教育水平 | 0.093 | | | | | | |
| | 外商投资 | <u>0.156</u> | 0.060 | | | | | |
| | 进出口总额 | <u>0.120</u> | <u>0.101</u> | 0.063 | | | | |
| | 产业结构 | <u>0.200</u> | <u>0.200</u> | <u>0.150</u> | 0.105 | | | |
| | 存贷款余额 | <u>0.142</u> | <u>0.126</u> | <u>0.111</u> | <u>0.186</u> | 0.082 | | |
| | 财政支出 | 0.198 | 0.154 | 0.130 | 0.217 | 0.194 | 0.008 | |
| | 绿化覆盖率 | 0.202 | 0.323 | <u>0.117</u> | 0.269 | <u>0.173</u> | 0.264 | 0.040 |
| 上游城市 | 教育水平 | 0.305 | | | | | | |
| | 外商投资 | <u>0.453</u> | 0.245 | | | | | |
| | 进出口总额 | 0.451 | <u>0.283</u> | 0.045 | | | | |
| | 产业结构 | 0.553 | 0.532 | <u>0.251</u> | 0.170 | | | |
| | 存贷款余额 | <u>0.432</u> | <u>0.449</u> | 0.446 | 0.576 | 0.301 | | |
| | 财政支出 | 0.494 | <u>0.289</u> | <u>0.090</u> | 0.393 | 0.607 | 0.011 | |
| | 绿化覆盖率 | 0.529 | 0.460 | <u>0.093</u> | 0.292 | 0.558 | 0.093 | 0.013 |

注：双下划线数据为双因子增强，无双下划线数据为非线性增强。

表 17 –7　　长江经济带绿色创新技术进步空间分异因子交互作用：2019 年

| 地区 | 指标 | 教育水平 | 外商投资 | 进出口总额 | 产业结构 | 存贷款余额 | 财政支出 | 绿化覆盖率 |
|---|---|---|---|---|---|---|---|---|
| 全部城市 | 教育水平 | 0.074 | | | | | | |
| | 外商投资 | 0.166 | 0.074 | | | | | |
| | 进出口总额 | 0.192 | 0.156 | 0.087 | | | | |
| | 产业结构 | 0.285 | 0.289 | 0.316 | 0.181 | | | |
| | 存贷款余额 | 0.153 | 0.146 | 0.107 | 0.313 | 0.079 | | |
| | 财政支出 | 0.180 | 0.155 | 0.144 | 0.283 | 0.148 | 0.076 | |
| | 绿化覆盖率 | 0.147 | 0.150 | 0.158 | 0.298 | 0.140 | 0.135 | 0.009 |
| 下游城市 | 教育水平 | 0.241 | | | | | | |
| | 外商投资 | 0.385 | 0.176 | | | | | |
| | 进出口总额 | 0.447 | 0.357 | 0.217 | | | | |
| | 产业结构 | 0.323 | 0.344 | 0.392 | 0.021 | | | |
| | 存贷款余额 | 0.406 | 0.333 | 0.290 | 0.384 | 0.258 | | |
| | 财政支出 | 0.335 | 0.278 | 0.282 | 0.179 | 0.299 | 0.085 | |
| | 绿化覆盖率 | 0.353 | 0.337 | 0.370 | 0.314 | 0.367 | 0.136 | 0.019 |
| 中游城市 | 教育水平 | 0.059 | | | | | | |
| | 外商投资 | 0.133 | 0.073 | | | | | |
| | 进出口总额 | 0.094 | 0.105 | 0.049 | | | | |
| | 产业结构 | 0.410 | 0.400 | 0.391 | 0.344 | | | |
| | 存贷款余额 | 0.100 | 0.105 | 0.083 | 0.389 | 0.049 | | |
| | 财政支出 | 0.458 | 0.475 | 0.420 | 0.434 | 0.432 | 0.372 | |
| | 绿化覆盖率 | 0.155 | 0.193 | 0.142 | 0.409 | 0.180 | 0.439 | 0.033 |
| 上游城市 | 教育水平 | 0.049 | | | | | | |
| | 外商投资 | 0.092 | 0.043 | | | | | |
| | 进出口总额 | 0.090 | 0.074 | 0.044 | | | | |
| | 产业结构 | 0.354 | 0.256 | 0.247 | 0.180 | | | |
| | 存贷款余额 | 0.161 | 0.118 | 0.118 | 0.334 | 0.089 | | |
| | 财政支出 | 0.220 | 0.178 | 0.181 | 0.365 | 0.254 | 0.112 | |
| | 绿化覆盖率 | 0.162 | 0.144 | 0.125 | 0.577 | 0.187 | 0.300 | 0.057 |

注：双下划线数据为双因子增强，无双下划线数据为非线性增强。

#### 四、绿色创新 ML 指数交互探测结果分析

各种驱动因素在交互作用下对长江经济带绿色创新效率空间分异的影响力呈加强态势。两种交互类型分别为双因子增强和非线性增强，双因子增强的交互作用值大于双因素中的最大值，非线性增强的交互作用值大于双因素之和。

对于全部城市而言，探测结果全部为非线性增强，几种因素相互作用之后对于长江经济带绿色创新效率的解释力均增大，说明影响绿色创新效率是多种因素共同起作用，而不是单一因素起作用。对于长江经济带绿色创新效率影响最大的交互因子是进出口总额∩产业结构高级化，交互后因子解释力为 0.245。而对于长江经济带绿色创新效率影响最小的交互因子是教育水平∩存贷款余额，交互后因子解释力为 0.100。同时，对于绿色创新效率影响力较大的几个交互因子进出口总额∩产业结构高级化、教育水平∩产业结构高级化、外商投资∩产业结构高级化，均含有产业结构高级化这一因素，说明产业结构高级化仍是长江经济带绿色创新效率的主要作用力。

从表 17-5 来看，对于长江经济带下游城市而言，大部分探测结果为非线性增强，少数为双因子增强。对于下游城市绿色创新效率影响最大的交互因子是财政支出∩进出口总额，交互后因子解释力为 0.509。而产业结构高级化∩绿化覆盖率是影响长江经济带绿色创新效率最小的交互因子，交互后因子解释力为 0.112。

对于长江经济带中游城市而言，大部分探测结果为非线性增强，少数为双因子增强。其中，中游城市绿色创新效率影响最大的交互因子是财政支出占比∩产业结构高级化，交互后因子解释力为 0.649；影响最小的交互因子是进出口总额∩存贷款余额率，交互后因子解释力为 0.032。

对于长江经济带上游城市而言，大部分探测结果为非线性增强，少数为双因子增强。对于上游城市绿色创新效率影响最大的交互因子是存贷款余额∩财政支出占比，交互后因子解释力为 0.558。而对于长江经济带上游城市绿色创新效率影响最小的交互因子是进出口总额∩财政支出，交互后因子解释力为 0.142。

#### 五、绿色创新综合效率交互探测结果分析

由表 17-6 可知，对于全部城市而言，探测结果全部都为非线性增

强。对于长江经济带绿色创新综合效率影响最大的交互因子是进出口总额∩财政支出占比，交互后因子解释力为 0.285。而对于长江经济带绿色创新综合效率影响最小的交互因子是产业结构∩绿化覆盖率，交互后因子解释力为 0.044。

对于长江经济带下游城市而言，大部分探测结果为非线性增强，少数为双因子增强。对于下游城市绿色创新综合效率影响最大的交互因子是财政支出∩进出口总额，交互后因子解释力为 0.539。而对于长江经济带绿色创新综合效率影响最小的交互因子是产业结构高级化∩绿化覆盖率，交互后因子解释力为 0.093。

对于长江经济带中游城市而言，大部分探测结果为双因子增强，少数为非线性增强。对于中游城市绿色创新综合效率影响最大的交互因子是外商投资∩绿化覆盖率，交互后因子解释力为 0.323；影响最小的交互因子是进出口总额∩存贷款余额率，交互后因子解释力为 0.111。

对于长江经济带上游城市而言，大部分探测结果为非线性增强，少数为双因子增强。其中，存贷款余额∩财政支出对上游城市绿色创新综合效率影响最大，交互后因子解释力为 0.607。而对于长江经济带上游城市绿色创新综合效率影响最小的交互因子是进出口总额∩财政支出，交互后因子解释力为 0.090。

## 六、绿色创新技术进步交互探测结果分析

对于全部城市而言，大部分探测结果为非线性增强，少数为双因子增强。对于长江经济带绿色创新技术进步影响最大的交互因子是存贷款余额∩产业结构高级化，交互后因子解释力为 0.313。而对于长江经济带绿色创新技术进步影响最小的交互因子是进出口总额∩存贷款余额，交互后因子解释力为 0.107。

对于长江经济带下游城市而言，11 个探测结果为非线性增强，10 个探测结果为双因子增强。对于下游城市绿色创新技术进步影响最大的交互因子是教育水平∩进出口总额，交互后因子解释力为 0.447。而对于长江经济带绿色创新技术进步影响最小的交互因子是财政支出占比∩绿化覆盖率，交互后因子解释力为 0.136。

对于长江经济带中游城市而言，大部分探测结果为双因子增强，少数为非线性增强。其中，财政支出占比∩教育水平对中游城市绿色创新技术进步影响最大，交互后因子解释力为 0.458；进出口总额∩存贷款余

额率对长江经济带中游城市绿色创新技术进步影响最小，交互后因子解释力为 0.083。

对于长江经济带上游城市而言，大部分探测结果为非线性增强，少数为双因子增强。对于上游城市绿色创新技术进步影响最大的交互因子是产业结构高级化∩绿化覆盖率，交互后因子解释力为 0.577。而进出口总额∩外商投资对长江经济带上游城市绿色创新技术进步影响最小，交互后因子解释力为 0.074。

# 第十八章 长江经济带绿色创新效率的区域调控方向

## 第一节 长江经济带城市绿色创新效率的类型划分

以长江经济带综合效率、技术进步、ML指数为基准，各城市绿色创新综合效率、绿色创新技术进步、绿色创新效率平均增长率均低于长江经济带相应指标平均增长水平，则属于绿色创新效率增长滞后型（其余情况依此类推），据此原则将长江经济带各城市划分为6种类型[①]（见表18-1）。

表18-1    长江经济带6种城市类型划分原则及内涵特征

| 城市类型 | 划分原则 | 内涵特征 |
|---|---|---|
| 绿色创新效率增长滞后型 | 绿色创新综合效率、绿色创新技术进步、绿色创新效率均低于区域平均水平 | 具备开发适宜性，但绿色发展水平低，显著特点是绿色创新综合效率、绿色创新技术进步低于长江经济带地级城市平均水平，需要强化区域统筹发展 |
| 技术进步引发绿色创新效率增长滞后型 | 绿色创新技术进步、绿色创新效率低于区域平均水平 | 综合效率高于平均水平，但区域开发适宜性较低，产业结构水平低，技术进步过低导致绿色创新效率低于平均水平 |
| 综合效率引发绿色创新效率增长滞后型 | 综合效率、绿色创新效率低于区域平均水平 | 技术进步水平高于长江经济带平均水平，具有一定绿色创新的技术优势，区域开发适宜性较高，但综合效率低下导致绿色创新效率改进相对滞后 |

---

① 李汝资、刘耀彬、王文刚、孙东琪：《长江经济带城市绿色全要素生产率时空分异及区域问题识别》，载《地理科学》2018年第9期，第1475~1482页。

续表

| 城市类型 | 划分原则 | 内涵特征 |
|---|---|---|
| 技术进步滞后型 | 技术进步低于区域平均水平 | 具备一定发展潜力，但不适宜大规模开发，绿色创新的技术水平不高，限制绿色创新效率增长，有进一步提升空间 |
| 综合效率滞后型 | 综合效率低于区域平均水平 | 具备较好的绿色创新技术水平及区域发展基础，拥有很高的区域开发适宜性，是未来重点开发区域，但资源配置效率仍有一定提升潜力 |
| 绿色创新效率增长稳定型 | 综合效率、技术进步、绿色创新效率均高于区域平均水平 | 经济发展本底优势显著，绿色创新技术水平高，未来需通过经济转型升级进一步转变生产方式，进行优化开发 |

## 第二节　长江经济带城市绿色 创新效率的优化导向

### 一、绿色创新效率增长滞后型

绿色创新效率增长严重滞后型包含 34 座城市，主要分布在城市群外围区域，如连云港市、徐州市、宿州市、淮南市、滁州市、合肥市、马鞍山市、芜湖市、绍兴市等城市位于长三角城市群外围，新余市、萍乡市、郴州市、衡阳市、湘潭市、娄底市、怀化市、岳阳市、永州市、宜昌市、荆门市等城市位于长江中游城市群外围，巴中市、达州市、南充市、绵阳市、德阳市、内江市、自贡市等城市位于成渝双城城市群外围区域，宜宾市、泸州市、昭通市位于黔中城市群外围，曲靖市、玉溪市位于滇中城市群外围。其显著特点是综合效率、技术进步低于长江经济带地级城市平均水平，导致绿色创新效率增长率低。上述城市经济本底条件较好，具备一定的开发适宜性，但绿色创新效率增长滞后，其原因在于这些城市的技术、资本等大量向周围的城市群聚集地转移，导致这些城市的创新投入及制度安排等方面与周边的城市群相比处于弱势地位。因此想要促进这类城市绿色创新效率的提升，要打破周边城市群带来的制约作用，强化对于绿色创新效率增长滞后型城市的技术和资本投入，促进绿色创新产业的发展，从而提高绿色创新效率。

## 二、技术进步引发绿色创新效率增长滞后型

该类型包括 13 座城市，以长江上中游地区经济发展水平相对落后连片贫困区及传统资源富集区为主，如泰州、淮北、宣城、景德镇、宜春、上饶、黄石、黄冈、株洲、乐山、眉山、安顺、毕节等城市。上述城市虽然综合效率高于平均水平，但技术进步过低导致绿色创新效率增长低于平均水平。对乐山、眉山、安顺、毕节等城市而言，主要处于长江经济带生态脆弱地区，区域开发适宜性不高。此外，连片贫困区域存在较为严重的"路径依赖效应"，导致区域发展过程中绿色创新技术投入不足，经济增长内生动力不强，规模经济不显著。对淮北、景德镇等城市而言，这些城市对初级加工制造业依赖，绿色创新技术薄弱，导致其传统高能耗产业带来的污染物排放量高，严重影响绿色创新效率的提升。因此，在合理利用城市资源环境（旅游、矿产等）要素基础上，未来需要强化城市点状开发提高经济集聚程度，完善基础设施建设，强化绿色创新技术投入来增强城市经济内生发展能力。

## 三、综合效率引发绿色创新效率增长滞后型

该类型包括 18 座城市，主要分布在长江下游的二三线城市、长江中游的中心城市、长江经济带上游经济发展较为落后的城市。其技术进步水平高于长江经济带平均水平，但综合效率低下导致绿色创新效率改进相对滞后。上述城市经济总量及劳动力投入在区域内具有一定优势，且具备一定的绿色创新技术，区域开发适宜性较高。但对于长江下游的二三线城市，如淮安、扬州、无锡、镇江、宁波等城市而言，由于受到附近中心城市集聚效应作用，区域经济要素向周边中心城市转移较为显著，从而限制了城市经济规模优势的发挥。对于长江中上游的中心城市，如武汉、长沙、南昌、重庆市等，政府为了带动周边城市的发展，将经济要素向周边欠发达的地区转移，同样限制了城市规模经济优势的发挥。对于长江经济带上游经济发展较落后的地区，如雅安、遂宁、广元、六盘水市等，绿色创新综合效率较低。因此，该类型城市应该进一步整合区域资源要素、优化资源配置效率，完善经济发展模式，进而提高绿色创新效率增长水平。

## 四、技术进步滞后型

该类型共有 23 座城市，该类型的城市大多数为省际边界区，比如盐

城、宿迁、阜阳、亳州、随州、十堰、遵义、贵阳、保山、临沧、邵阳、益阳等城市。该类型城市特点为综合效率与绿色创新效率均超过长江经济带城市平均水平，但技术进步指数较低，对城市绿色创新效率增长产生一定影响。主要原因是长期以来我国区域经济发展的"空间界面"并未真正打破，长江经济带各省对行政交界地区的创新投入及技术投入等方面与省内其他城市相比仍然处于弱势地位。因此，打破行政区边界带来的地方经济保护，强化省际协同发展，力争中心城市带动省际边界城市绿色创新技术的进步，完善市场经济、提升对外开放度、优化资源配置效率、推进绿色创新技术的革新，积极引进绿色创新产业支撑城市经济增长，这将是上述城市亟待解决的重要问题。

### 五、综合效率滞后型

该类型共有 14 座城市，以长江下游中心与次中心城市为主，具体为上海、常州、苏州、杭州、温州、嘉兴、湖州、台州、丽水、张家界、成都等城市。其共同特点是综合效率低于长江经济带平均水平，但技术进步及绿色创新效率增长率不同程度高于长江经济带平均水平，且具有很高的区域开发适宜性。上述城市处于产业结构重要转型期，产业结构升级效果初显，节能减排效果较为显著，但绿色创新经济规模效率不足，未来需进一步总结借鉴绿色创新产业发展经验，完善绿色创新经济发展模式；具有一定的绿色创新发展环境基础，但绿色创新产业发展模式仍有待完善。

### 六、绿色创新效率增长稳定型

该类型共有 7 座城市，其中昆明、咸宁、南京、舟山等城市沿海沿江，福州、赣州、金华市位于省域次中心城市。其综合效率、技术进步及绿色创新效率增长均在区域内具有显著优势。沿江沿海的城市交通便利，有助于与其他省市进行进出口往来；而位于省域次中心的城市，与各省中心城市交流联系也较为密切。综上所述，上述城市的共同点就是与其他省份的交流更加便利，有利于资本的积累和技术的进步，同时便于发挥规模经济的优势，因此绿色创新效率增长迅速。上述绿色创新效率稳定增长区域是长江经济带乃至全国未来经济增长的核心支撑（见表18 – 2）。

表 18 - 2    长江经济带城市绿色创新效率变化主要类型及分布区域：2019 年

| 城市类型 | 主要分布区域 | 数量 | EC | TC | ML 指数 |
|---|---|---|---|---|---|
| 绿色创新效率增长滞后型 | 城市群外围区域 | 34 | 0.99 | 1.03 | 1.02 |
| 技术进步引发绿色创新效率增长滞后型 | 上中游连片贫困区<br>传统资源富集区 | 13 | 1.05 | 1.01 | 1.07 |
| 综合效率引发绿色创新效率增长滞后型 | 长江下游的二三线城市<br>长江中游的中心城市<br>长江上游经济发展较为落后的城市 | 18 | 0.95 | 1.11 | 1.04 |
| 技术进步滞后型 | 省际边界区 | 23 | 1.15 | 1.03 | 1.19 |
| 综合效率滞后型 | 长江下游中心与次中心城市 | 14 | 0.99 | 1.18 | 1.16 |
| 绿色创新效率增长稳定型 | 沿海沿江城市<br>省域次中心城市 | 7 | 1.06 | 1.11 | 1.17 |
| 总体情况 | — | 109 | 1.03 | 1.07 | 1.09 |

资料来源：笔者整理。

# 参考文献

［1］习近平：《在全国脱贫攻坚总结表彰大会上的讲话》，载《人民日报》2021年2月26日第2版。

［2］习近平：《决胜全面建成小康社会夺取新时代中国特色社会主义伟大胜利：在中国共产党第十九次全国代表大会上的报告》，人民出版社2017年版。

［3］长江经济带创新驱动产业转型升级方案［EB/OL］.（2016-3-2）［2017-11-18］.http：//www.ndrc.gov.cn/zcfb/zcfbtz/201603/t20160309_792254.html.

［4］长江经济带发展规划纲要［EB/OL］.（2016-10-11）［2017-12-6］.http：//www.ndrc.gov.cn/fzgggz/dqjj/201610/t20161011_822279.html.

［5］习近平：《决胜全面建成小康社会夺取新时代中国特色社会主义伟大胜利：在中国共产党第十九次全国代表大会上的报告》，人民出版社2017年版。

［6］刘耀彬、戴璐：《江西省新型城镇化融入长江经济带的基础、障碍与关键》，社会科学文献出版社2016年版。

［7］王圣云、魏博通：《长江经济带创新发展报告（2018）》，经济科学出版社2018年版。

［8］王圣云、魏博通：《长江经济带创新发展报告（2019）》，经济科学出版社2019年版。

［9］王圣云、魏博通、向云波：《长江经济带创新发展报告（2020）》，经济科学出版社2020年版。

［10］王圣云等：《长江经济带区域协同发展：产业竞合与城市网络》，经济科学出版社2017年版。

［11］王圣云、宋雅宁、温湖炜等：《双向联系视域下长江经济带城市群网络结构——基于时间距离和社会网络分析方法》，载《经济地理》2019年第2期。

［12］李燕萍、毛雁滨、史瑶：《创新驱动发展评价研究——以长江经济带中游地区为例》，载《科技进步与对策》2016年第22期。

［13］王振等：《长江经济带创新驱动发展的协同战略研究》，上海人民出版社2018年版。

［14］吴传清、黄磊、文传浩：《长江经济带技术创新效率及其影响因素研究》，载《中国软科学》2017年第5期。

［15］毛良虎、姜莹：《长江经济带省域科技创新能力评价及空间关联格局分析》，载《科技进步与对策》2016年第21期。

［16］曹贤忠、曾刚、邹琳等：《基于面板数据的研发投入对区域经济增长影响分析》，载《长江流域资源与环境》2016年第2期。

［17］王姣娥、焦敬娟、金凤君：《高速铁路对中国城市空间相互作用强度的影响》，载《地理学报》2014年第12期。

［18］李琳、雒道政：《多维邻近性与创新：西方研究回顾与展望》，载《经济地理》2013年第6期。

［19］沈玉芳：《长江经济带投资、发展与合作》，华东师范大学出版社2003年版。